中国职业技术教育学会2021年度重点课题成果

课题编号：2021A015

适应性：需求与供给
——康养服务人才培养研究

Adaptability: Demand and Supply
—Research on Personnel Training of Health Care Service

■ 苏克治　吴树罡　尚秋实 ／ 著

大连理工大学出版社

图书在版编目(CIP)数据

适应性：需求与供给：康养服务人才培养研究 / 苏克治，吴树罡，尚秋实著．－－大连：大连理工大学出版社，2023.5
　ISBN 978-7-5685-3940-1

Ⅰ．①适… Ⅱ．①苏… ②吴… ③尚… Ⅲ．①养老－社会服务－人才培养－研究－中国 Ⅳ．①D669.6

中国版本图书馆 CIP 数据核字(2022)第 189009 号

大连理工大学出版社出版

地址：大连市软件园路 80 号　邮政编码：116023
发行：0411-84708842　邮购：0411-84708943　传真：0411-84701466
E-mail：dutp@dutp.cn　URL：http://www.dutp.cn
大连金华光彩色印刷有限公司印刷　　大连理工大学出版社发行

幅面尺寸：170mm×240mm　　印张：15.75　　字数：263 千字
2023 年 5 月第 1 版　　　　　　　2023 年 5 月第 1 次印刷

责任编辑：赵晓艳　　　　　　　　责任校对：夏圆圆
封面设计：张　莹

ISBN 978-7-5685-3940-1　　　　　　　　　　定　价：49.80 元

职业院校以社会培训为主要形式的康养服务人才培养体系研究

课题组成员

课题组顾问　　王　星

课题组组长　　苏克治　吴树罡

课题组副组长　尚秋实　赵　部　赵晓艳

课题组成员　　邱丽丽　纪莲莲　刘光艳　孙　晴
　　　　　　　毕智丽　史　晶　王晓历

前 言

进入新时代以来,人民对美好生活的向往、对高品质身心健康的追求不断提高并日益迫切。新时代、新变化带来新需求、新期待,新需求、新期待孕育新产业、新职业,新产业、新职业叩问高等教育和人才培养。

面对人民群众的诉求和呼声,以习近平同志为核心的党中央把维护人民身心健康摆在更加突出的位置,召开全国卫生与健康大会,确立新时代卫生与健康工作方针,印发《"健康中国2030"规划纲要》,发出建设"健康中国"的号召,推进疾病治疗向健康管理转变,努力为人民群众提供从婴幼儿到成年、再到老年的全生命周期卫生与健康服务。

"幼有善育",呵护"最柔软的群体"。科学的养护与保健,关系到每个人一生的身心健康和发育发展。现代研究证实,一个人80%~90%的运动技能、语言发展、思维认知乃至人格形成,都是在婴幼儿时期奠定的基础。当前,我国3岁以下婴幼儿数量超过4 700万。悉心呵护这个群体,做好科学育儿和养护,不仅关系到每个孩子的终身健康,也关系到未来国民整体身心素质的提升。

"促进健康、主动健康",做好成年人日常健康管理。每个成年人都是自我健康的第一责任人,而获得健康最简单也最有效的方法就是培养健康的生活方式。对成年人来说,在享受现代生活便利的同时,热爱健康、追求健康,掌握科学、全面的健康知识和健康技能,养成符合自身和家庭特点的健康生活方式,合理膳食、科学运动、戒烟限酒、心理养护,时时与自己的身体"对话",主动获得持续的身心健康和优良的生活品质,不仅是非常重要的,也是非常必要的。

当前,全球每4个老年人中就有1个中国人,空前规模的人口老龄化正在重塑中国——我国老年人口基础规模庞大,老龄化程度持续加深,老年人口数量将长期保持世界第一位。2021年,我国60岁及以上人口为2.673 6亿,占全国人口的18.9%;65岁及以上老年人口为2.005 6亿,占全国人口的14.2%。与此同时,有关数据显示,我国约有1.9亿老年人患有慢性病,失能、半失能老年人约有4 000万,阿尔茨海默病患者约有1 500万。而人口老龄化与城镇化过程相互叠加,使得空

■ 适应性：需求与供给——康养服务人才培养研究

巢和独居老年人达到1.18亿。以上因素急剧推高养老护理需求。据测算，未来我国养老护理员的需求量将达到1 500万，然而现实是，2020年我国养老护理员仅有50余万。巨大的反差揭示了养老护理从业者的巨大缺口。

以上三大群体全生命周期的健康需求，激发"大健康"向"大康养"转变。康养作为一个新兴支柱产业，包括康和养两个方面。其中，康是目的，指健康；养是手段，包括养育（未成年及成年）、养生、养老等多个方面，是对人的全生命周期中不同阶段的健康养护。这些新需求和新期待，通过每一名社会成员、每一家医疗卫生机构、每一个养老看护机构，绘制成一张全方位、全周期、全产业的大康养图谱。

在此基础上形成的大康养理念，决定了康养服务必须涵盖健康照护、养老护理、家政服务、婴幼儿照护等多个领域，其客群也是全龄化的，并由此呈现出多元化、专业化、精品化、个性化等特点。而数字技术的发展，带来了智慧医疗、智慧护理、智慧康养、数字处方、数字疗法、体育康养、文旅康养、全周期康养，"医康养护"一体化、个性化看护，健康新材料、康养新器具，连续性、全方位的治疗期住院、康复期护理、稳定期生活照料、安宁疗护一体化的健康养老服务等，这些对从业人员的技能要求更加复合，专业知识要求更加多元——不仅需要掌握医学、药学、护理学、管理学、教育学、心理学等相关专业知识，具备较为扎实的理论基础，还需要具备突出的实操能力。

当前，社会急需大量具备急救应对、心理护理、健康照护、康复治疗、能力评估、风险管理、人际沟通交流等专业知识和技能以及一定自主创新能力的专业康养服务人才，亟待建立适应经济社会发展需要的康养服务人才职业体系。将康养职业类别、级别和领域与学历教育、职业教育、专业技术职称评定等结合起来，贯通职业资历和学历资历，实现康养服务人才分级培养、分层培养以及体系化、复合化培养，是社会赋予我们的重大时代课题。基于以上观察和考量，解构传统护理技能人才培养体系，构建新型康养服务人才理论和康养服务人才培养体系，成为当务之急。

2021年10月，苏克治、吴树罡组建"职业院校以社会培训为主要形式的康养服务人才培养体系研究"课题组，两人共同担任课题组组长，以尚秋实、赵部、赵晓艳为副组长，以邱丽丽、纪莲莲、刘光艳、孙晴、毕智丽、史晶、王晓历为成员，围绕康养服务人才培养展开研究，本书就是课题组形成的研究成果之一。

本书旨在站在未来、回望当下，基于5G时代我国智慧康养的行业前瞻，把握新时代康养产业发展脉搏，探索复合型康养服务应用技能人才的素养结构和构成，尝试建立基于跨界融合的复合型康养服务应用技能人才培养体系、培养条件和培养模式，从更宏观的视角提出康养服务人才的培养对策。

本书共分三篇十章。第一篇"康养产业发展现状及趋势分析"由孙晴、史晶执笔，分三章分析了康养产业有关理论、我国康养产业发展现状及发展趋势展望。第二篇"康养服务人才"由尚秋实、纪莲莲执笔，分三章探讨了我国人才观的流变及其对技术技能人才培养的影响以及高素质跨学科复合应用技术技能型人才、康养服务人才核心的能力结构。第三篇"康养产业人才培养"由刘光艳、邱丽丽、毕智丽执笔，分四章分析了职业教育人才培养体系构建的理论基础、康养服务人才培养概况、康养服务人才培养模式的构建、康养服务人才培养的对策和建议。

在本书编写过程中，我们得到了众多同行、专家的支持和帮助。在此，特别感谢南开大学周恩来政府管理学院院长助理、博士生导师王星教授的指导，感谢山东欣悦健康科技有限公司提供的支持，感谢大连理工大学出版社各位编辑以良好的专业素养和严肃认真的态度给予本书的帮助，感谢现代职业教育网对在线调研工作给予的支持！

由于笔者水平有限，本书仍可能存在错漏，欢迎读者批评指正。

2023 年 3 月

目 录

第一篇 康养产业发展现状及趋势分析

第一章 康养的基本概念和内涵 ………………………………………… 3
- 第一节 康养概念的提出和分类 ………………………………… 5
- 第二节 康养产业的研究现状、相关概念及属性 ……………… 12
- 第三节 康养产业发展模式 ……………………………………… 21

第二章 我国康养产业发展现状 ……………………………………… 29
- 第一节 我国康养产业发展的背景 ……………………………… 31
- 第二节 我国康养产业相关政策的发展脉络 …………………… 32
- 第三节 我国康养产业总体概况 ………………………………… 40

第三章 我国康养产业发展趋势展望 ………………………………… 47
- 第一节 康养产业发展趋势 ……………………………………… 49
- 第二节 我国康养产业发展的新机遇 …………………………… 53
- 第三节 我国康养产业发展的对策和建议 ……………………… 58

第二篇 康养服务人才

第四章 我国人才观的流变及其对技术技能人才培养的影响 ……… 67
- 第一节 我国传统人才观 ………………………………………… 69
- 第二节 我国近现代人才观 ……………………………………… 72
- 第三节 中华人民共和国成立后的人才观 ……………………… 81
- 第四节 我国技术技能人才培养及职业教育发展历程 ………… 84

第五章 高素质跨学科复合应用技术技能型人才 …………………… 97
- 第一节 人才类型的划分及我国人才队伍的变迁 ……………… 99
- 第二节 高素质跨学科复合应用技术技能型人才及其特征 …… 103

第六章 康养服务人才核心能力结构	113
第一节 康养服务人才供需现状	115
第二节 康养服务人才核心能力结构	119

第三篇 康养产业人才培养

第七章 职业教育人才培养体系构建的理论基础	135
第一节 联合国教科文组织教育2030框架与职业教育	137
第二节 技能型社会与职业教育	141
第三节 技能型社会建设背景下畅通人才培养通道	144
第四节 技能型社会建设背景下完善国家资历框架	145
第五节 职业资格认证	147
第八章 康养服务人才培养概况	149
第一节 康养服务人才培养体系现状	151
第二节 康养服务人才培养存在的问题——以养老类专业为例	158
第三节 《中华人民共和国职业教育法》对于康养服务人才培养的启示	167
第九章 康养服务人才培养模式的构建	169
第一节 康养服务类专业职业能力分析	171
第二节 康养服务类专业人才培养方案的设计	176
第三节 康养服务类专业课程体系的构建	179
第四节 康养服务类人才培养质量保障体系的构建	190
第十章 康养服务人才培养的对策和建议	195
第一节 国外康养服务人才培养概况	197
第二节 畅通康养服务人才培养通道	199
第三节 构建康养服务人才培养模式	202
第四节 改善康养服务人才从业待遇	208
第五节 康养人才培养的特色发展	210
参考文献	214
附 录	224
附录一 医养一体 两院融合	224
附录二 康养中心护理员核心胜任力调查问卷	228

第一篇

康养产业发展现状及趋势分析

第一章

康养的基本概念和内涵

第一章 康养的基本概念和内涵

康养既是民生事业,也是新兴支柱产业。康养包括康和养两个方面,康是健康,是目的;养是手段,养包括养育、养生、养老。联合国世界卫生组织定义健康为"不仅是没有疾病,而且包括躯体健康、心理健康、社会适应良好和道德健康"。养育主要是指对未成年人的抚养教育;养生是指通过疗养、保养、涵养、滋养等方法颐养生命、增强体质、预防疾病、延年益寿,即为了维持生活品质、身体健康,最大限度地增加生命长度、多元性和自由度;养老包括老年人的自我养生,也包括家庭和社会对老年人的奉养。康养产业从领域上主要包括康养基础设施建设、康养产品(器具服务)、健康食品药品、医疗康养、生活辅助服务和康养教育等。本章主要围绕康养产业的界定、康养产业的属性、康养产业的投融资机制、康养产业的发展实践等方面展开研究。

第一节 康养概念的提出和分类

一、康养概念的提出

(一)康养概念的界定

康养一词由英文单词"wellness"翻译而来,"wellness"是"wellbeing"自我实现和"fitness"养生结合起来的组合词。wellness 在剑桥词典的释义是"the state of being healthy",指保持健康的状态,注重预防和促进健康。康养"wellness"这个词最早是由美国医生哈尔伯特·邓恩提出来的,他认为康养是一个人精神、思想以及与外在环境的协调。康养协会和国际水疗协会认为康养是主动追求生活和个人积极态度的融合,积极预防身体疾病,改善身心健康,增强生活质量,提高生活幸福感。兰兹·考夫曼认为康养是指健康的身体、精神与灵魂的和谐,即自我责任感、健身、美容护理、营养与饮食、放松、心理活动、社会关系和环境敏感度等多种元素的融合。"康养"与"健康、养生、养老"概念相比更加具有包容性,涵盖内容也更广。

康养要做的就是健康和养育、养生、养老。康养行业的目标是未成年人、成年人、老年人的生命全周期,具体内容涵盖养育成长及保障健康等生活全方面。但现在被更多接纳的理解是,从行为心理学上来说,康养被称作行为主题活动,是保障康养的"聚会"。更一般地看,"康"是目的,"养"是方式。因而"康养"被界定为配合外界因素,改进人的心身状况,维持最好状态的活动。

健康、养育、养生、养老的概念由来已久,但康养近几年才流行起来。在广泛的健康需求驱动下,相关概念和认识如中医药疗养、养生旅游等得到了市场和资本的青睐。"康养"这一概念出现的频率越来越高,逐渐被部分学者接受并引入房地产业,与现有概念相结合形成新的如康养小镇、康养社区等产品形式。综合来看,学者们对于"康"为"健康"的理解是相同的,不同之处在于"养"的内涵。综合有关文件及相关文献研究,康养的概念可以分为广义和狭义两种。从广义的角度来说,康养是指融合养老养生、医疗康复、文化、旅游、体育等诸多产业的一种新兴产业;从狭义的角度来说,康养是指为目标人群提供的有利于健康的产品及服务。本章从广义的康养产业的角度出发,对康养进行论述。

在健康中国发展战略的大环境下,健康产业、业态创新、新模式层出不穷并发展壮大,健康产业进入高速发展的黄金期。在健康产业的诸多子行业中,医疗健康市场的发展速率高过诊疗、药业等其他传统行业。大健康产业关联性强、覆盖范围广,容易与工作、旅游业、现代农业等创新融合,产生新活力。

（二）康养与疗养的区别

与一般的"康养"对比,"疗养"是一个更专业的定义。疗养是指通过治疗、休养逐步地恢复健康或体力,是持续的、系统化的个人行为,还可以是指歇息、疗养、恢复等暂时性的、有目的性的单一医疗健康个人行为。在更多的范围之内,从生命的角度来讲,康养品质更高,范围更宽泛。康养要考虑生命的三个维度:一是寿命的长短,即长度;二是生活富有,精神实质富有,即丰富度;三是生命自由度,即国际上用以描述生命质量的指标体系。

如前所述,康养的核心作用是最大限度地增加生命长度、多元性和自由度。现阶段,人们在谈到康养时,最多的是健康养老服务,并且广泛认为健康养老服务群体是老年人和亚健康状态人群。其实,从生命的长度、丰富度、自由度三个维度上,任何人都可以根据自身的情况在这样一个管理体系中寻找特殊位置。换句话说,从少年儿童到青年、中老年,即不同年龄段的人,对康养都有不同的能力和类别的要求。从健康人群到亚健康人群,包括各类患者及需要临终关怀的人群,都属于康养范围。

(三)医养与康养的结合

在健康中国战略和健康老龄化视域下,养老服务被赋予"健康养老"新内涵。2019年10月31日,十九届四中全会通过的《中共中央关于坚持和完善中国特色社会主义制度 推进国家治理体系和治理能力现代化若干重大问题的决定》指出:"积极应对人口老龄化,加快建设居家社区机构相协调、医养康养相结合的养老服务体系。"这是中央政府政策文件首次使用"康养"概念。2020年1月,孙春兰在北京调研时再次强调,要加快构建居家社区机构相协调、医养康养相结合的养老服务体系,努力使广大老年人享有健康快乐的晚年。自2013年国务院提出"医养融合"的发展思路,中央政府不断完善医养融合相关政策,逐步从医养融合向医养结合过渡,最终转向医、康、养一体化的整合式医养康养模式。

1. "医养康养"的概念

"医养康养"是指以健康老龄化为理念,以不同类型的老年人健康养老需求为着眼点,在政府的宏观指导下,充分发挥家庭、社区、机构等主体合力,整合养老照护、医疗卫生、健康管理等资源,为老年人提供健康教育、预防保健、疾病诊治、康复护理、长期照护、安宁疗护等融为一体的、连续综合的健康养老服务。"医养康养"为我国"医养结合"养老模式提供了一种新的发展思路,重在强调养老的康养之意,从老年人"身、心、灵"全方位健康医疗照护出发,在做好老年人的生活照护和基本医疗服务的基础上,加强老年人的健康管理和疾病预防,着重提高老年人医疗康复服务质量,构建"医疗为先、养老为要、健康为重"的养老服务体系,实现"老有所医、老有所养、老有所乐"。

具体而言,"医养康养"结合型养老模式是指将老年人的医、康、养需求有机结合,为老年人提供综合全面、多层次、个性化的"医""康""养"服务。其中"医"主要包括三个方面的内涵:一是日常医疗保障,主要是对老年慢性病患者提供检查、咨询、医疗诊治服务;二是急重症紧急救护,主要针对突发疾病的老年人,通过与医院进行合作,为其提供突发疾病快速就医的绿色通道;三是临终关怀,主要针对末期老年癌症患者,为其提供身体上的护理服务和心理上的疗养服务,重在保障晚期病人的心理健康和提高晚年生活尊严及质量。"康"即"康复"和"健康管理"。"康复"主要针对大病初愈的老年人,为他们提供康复护理和康复训练服务。在康复的过程中,除了康复的基本知识外,还需要康复辅助器具。"健康管理"是指为健康老年人提供健康管理知识讲座、疾病预防、中医养生保健服务,延长老年人身体健康和生活自理时间。"养"即"照护",是指为老年人提供基本生活照料服务、文化娱乐服务以及精神慰藉服务。

2. "医养康养"的内涵

我国自2013年首次提出"医养融合"概念以来,中央政府不断完善相关医养融合的政策,使"医养融合"逐步从概念演化至当前的医、康、养融为一体的养老新模式。2015年,民政部等十部委发布《关于鼓励民间资本参与养老服务业发展的实施意见》(民发〔2015〕33号),国务院办公厅转发《卫生计生委等部门关于推进医疗卫生与养老服务相结合指导意见的通知》(国办发〔2015〕84号),分别对民间资本的加入及医养结合给予了新的政策支持。因此,2016年,在康养领域首次出现了"森林康养"及"医养结合"等关键词;2017年,主要探讨康养产业、康养旅游、养老产业等方面,这主要与2017年民政部等六部门印发的《关于开展养老院服务质量建设专项行动的通知》(民发〔2017〕52号)和财政部等三部门发布的《关于运用政府和社会资本合作模式支持养老服务业发展的实施意见》(财金〔2017〕86号)等政策密切相关;在此基础上,民间资本的加入使康养产业的发展更加蓬勃,于2018年出现了"康养小镇""乡村振兴""特色小镇""智慧康养""产业融合"等新关键词,这些新关键词的提出使康养领域的发展更加多元化,为更多民间资本的加入提供了新的切入点,促进了康养产业不断发展;2021年,初步建立了康养新模式,并创造出更多的经济效益及社会效益。

(1)服务理念人性化

"医养康养"结合型养老模式坚持"以人为本""大健康""互联网+"三大服务理念。坚持以老年人的健康养老需求为中心,融合健康老龄化理念,为老年人提供不同类型的健康养老服务,加强老年人的健康管理和教育,对影响老年人健康的因素进行提前干预,建立疾病预防体系。扎根社区、居家、机构,探索"互联网+老年健康"服务模式,促进医养康养服务线上线下互动,推动老年人健康全生命周期管理。

(2)服务主体多元化

"医养康养"结合型养老服务的主体可分为独立提供主体和合作提供服务主体。其中,医养康养养老服务独立提供主体是指内设医务室或护理站的养老机构和开设老年病科、设立老年人照护病床的医疗机构。合作提供服务主体是指养机构与周边的医疗机构签订合作协议，医疗机构为养老机构开通预约就诊绿色通道，为入住老年人提供医疗巡诊、健康管理服务。除此之外，医疗卫生服务延伸至家庭、社区，通过签约家庭医生的方式为老年人提供基本医疗服务。

（3）服务对象细分化

"医养康养"结合型养老模式主要针对四类群体：一是健康老年人，以预防和发现疾病为目标，主要为其提供健康教育、健康咨询、疾病预防、文化娱乐服务；二是患有慢性病的老年人，其自理能力逐渐衰退，以促进生活自理为目标，为其提供健康促进、健康检查等基本医疗服务以及生活照料服务；三是失能老年人，以降低疾病复发率为目标，为其提供康复护理、医疗保健和基本照护服务；四是患有末期癌症的老年人，以提高其最后阶段的生命质量和减轻疼痛为目标，为其提供心理慰藉和临终关怀服务。

（4）服务内容综合化

"医养康养"是伴随人的生命全过程，在健康老龄化背景下发展起来的，以提高老年人个体和群体的生命长度、丰富度、自由度为目标，以维护老年人健康权益为中心，以满足老年人健康养老服务需求为导向，在"医养结合"养老服务上升级。"医养康养"为老年人提供基本生活照料、文化娱乐、预防保健、疾病诊治、健康管理、中医养生、康复护理、人文关怀、精神慰藉、生命教育等连续性综合服务，满足老年人多层次、多样化的健康养老需求，践行健康中国战略。

二、康养分类

（一）按消费群体分类

从消费群体来看，康养可分为两个方面。

一方面，从消费群体的年龄构成来看，人的一生要经历不同的阶段，依据年龄构成进行划分，不同年龄群体有不同的产业分类。

妇孕婴幼康养：康养产业中新的分支。随着社会和家庭对妇孕婴幼群体重视程度的不断提升以及该群体消费转向多元化，妇孕婴幼的健康需求不再局限于医疗保健，更多母婴健康产品服务持续涌现，如产前检测、产后恢复、胎儿早教、小儿推拿、妇幼膳食、益智玩具等其他围绕妇孕婴幼群体的康养产品。

青少年康养：满足青少年群体康养需要的产业集合。针对这一群体的康养供给,更多是围绕教育、体育、旅游、美容、养生以及心理咨询等方面展开的,如健身赛事、康复医疗、中医药疗养、亚健康防治、美体美容、心理诊疗等相关产品与服务。

中老年康养:由于业界始终将健康和养老视为康养产业的主要组成部分,且现阶段中国社会加速步入老龄化阶段,因此中老年康养长久以来集中于养老产业。就现阶段该群体实际需求来看,中老年康养不仅包含养老产业,还包含医疗旅游、慢病管理、健康检测、营养膳食、老年文化等相关及周边产业。

另一方面,从消费群体的个体健康来看,一般把人分为健康、亚健康和病患三个群体:健康群体重保养;亚健康群体重疗养;病患群体重医养。

健康群体的保养:健康群体的康养需求集中在对身心的保养上,即通过健康运动、休息以及其他心理和精神方面的康养行为等保持身心健康状态。基于健康人群的康养业主要集中在体育、健身、休闲、旅游以及文教和影视等领域。

亚健康群体的疗养:亚健康群体是目前康养产业最关注的群体之一,对应的康养业主要集中在健康检测、疾病防治、保健康复等行业。例如中医养生、保健品、康复运动、心理咨询、休闲旅游等,都是亚健康群体疗养类康养产业的主要构成。

病患群体的医养:病患群体医养是目前康养产业最成熟的构成部分,涉及行业主要集中在三个层面:一是诊疗、医护等医疗服务业;二是生物、化学制药等药物制造加工业;三是医疗器械、电子设备等装备制造业。

(二)按市场需求分类

康养的基本目的是实现从物质到精神各个层面的健康养护,实现生命丰富度的内向扩展。

基于养身的康养:对身体的养护,保证身体机能不断趋于或保持在最佳状态,是目前康养最基本的养护内容和目标。例如保健、养生、运动、休闲、旅游等产品或服务,旨在对康养消费者的身体进行养护或锻炼,满足康养消费者身体健康的需要。

基于养心的康养:对心理健康的关注和养护,使康养消费者获得心情放松、心理健康、积极向上的心理体验。因此,养心康养主要涉及心理咨询、文化影视、休闲度假等对人心理层面产生影响的产品或服务。

基于养神的康养:对人的思想、信仰、价值观念等精神层面的养护,旨在保证个人精神世界的健康和安逸。基于养神的康养业主要涉及安神养神、宗教旅游、艺术

第一章 康养的基本概念和内涵

鉴赏与收藏以及禅修等产品及服务等。

（三）按关联产业分类

根据康养产品和服务在生产过程中所投入生产要素的不同,可以将康养产业分为康养农业、康养制造业和康养服务业三大类。

康养农业:所提供的产品和服务主要以健康农产品、农业风光为基础和元素,或者是具有康养属性、为康养产业提供生产原材料的林、牧、渔业等融合业态。例如果蔬种植、农业观光、乡村休闲等。它以农业生产为主,满足消费者有关生态康养产品和体验的需要。

康养制造业:为康养产品和服务提供生产加工服务的产业。根据加工制造产品属性的不同又可以分为多种。例如,康养药业与食品,如各类药物、保健品等;康养装备制造业,如医疗器械、辅助设备、养老设备等;康养智能制造业,如可穿戴医疗设备、移动检测设备等。

康养服务业:主要由健康服务、养老服务和养生服务组成。健康服务包括医疗卫生服务、康复理疗、护理服务等,养老服务包括看护服务、社区养老服务、养老金融服务等,养生服务包括美体美容、养生旅游、健康咨询等。

（四）按资源差异分类

康养产业是资源依赖性很强的产业,根据自然资源的不同可将康养产业分为不同类型。

森林康养:以空气清新、环境优美的森林资源为依托,开展包括森林游憩、度假、疗养、运动、教育、养生、养老以及食疗（补）等多种业态的集合。

气候康养:以地区或季节性宜人的自然气候（如阳光、温度等）条件为康养资源,在满足康养消费者对特殊环境气候的需求下,配套各种健康、养老、养生、度假等相关产品和服务,形成的综合性气候康养产业。

海洋康养:主要以海水、沙滩、海洋食物等海洋资源为依托,形成的海水和沙滩理疗、海上运动、海底科普旅游、海边度假、海洋美食等产业。

温泉康养:因大多数温泉本身具有保健和疗养功能,故它是传统康养旅游中极重要的资源。现代温泉康养已经从传统的温泉汤浴拓展到温泉度假、温泉养生,以及结合中医药、健康疗法等其他资源形成的温泉理疗等。

中医药康养:以传统中医、中草药和中医疗法为核心资源形成的一系列业态集合,主要包括中医养生馆、针灸推拿体验馆、中医药调理产品,以及结合太极文化和道家文化等形成的修学、养生、体验旅游等。

(五)按地形地貌分类

根据不同的地形地貌,可以分为高原康养、山地康养、丘陵康养、平原康养。

高原康养:基于空间特征的康养分类中被关注最多的概念之一。高原由于独有的气候特征和自然风光,往往成为人们旅行的向往之地;又因其自然和文化等保存相对完整,故形成了以旅游休闲、高原食品、宗教文化以及民族医药等为主打产品的康养业态。

山地康养:针对户外运动爱好者以及静心养性者呈现一动一静的形态,主要有登山、攀岩、徒步、户外生存、山地赛车,以及户外瑜伽、山地度假、禅修活动等。

丘陵康养:主要集中在丘陵规模较大和景观较好的地区,丘陵由于特殊的景观和生态环境,其产品以农产品种植、药材生产、生态体验等为主。

平原康养:主要集中在农业发达地区,其产品以绿色果蔬、保健食品等为主。

第二节 康养产业的研究现状、相关概念及属性

一、康养产业的研究现状

以中国知网、万方数据库及维普数据库为文献检索源,分别以"康养结合""康养+养老""康养+医养"为主题词进行精确检索,检索类型限定为"期刊"及"学位论文",检索时间截至2022年9月15日,共检索出3 619篇文献。在除去重复文献、会议记录,以及企业发展报告、政府相关报告、经验交流等非研究型文献后,共获得1 038篇有效文献。从研究方向看,绝大部分为应用性研究论文,专门针对康养产业理论的研究性论文极为少见;从论文层次看,只有1篇论文为博士论文,73篇为学位论文。对"康养产业"的内涵与外延,国内外迄今尚未有明确而权威的定义,对"康养产业"的界定范畴、统计标准难以统一。在内涵与外延尚未得以明确界定之前,康养产业的理论研究基础——研究范畴与研究框架更是没有科学构建。在对"哪些经济活动属于康养产业?"或者"哪些产品或服务的提供属于康养产业?"这些最基本的理论问题没有得到很好回答的前提下,对康养产业的研究范畴就是

不明晰的,对康养产业的研究就失去了逻辑起点;在研究框架尚未构建的前提下,对康养产业的研究就是缺乏理论范式指导的,其理论研究自然也难以深入开展。在顺利实施"健康中国战略"的同时,亟须对"康养产业"进行深入的理论研究。其重要前提是对康养产业开展最基本的理论层面的研究,首先,要回答"什么是康养产业?""经济体中哪些经济活动属于康养产业?"等问题。实际上,就是要对"康养产业"的内涵与外延进行清晰的界定。其次,要对于"康养产品"经济属性的认识、"康养产业"的研究范畴的界定、"康养产业"的理论研究框架开展研究。以上对于"康养产业"基本理论问题的研究与厘清,有利于"康养产业"理论研究的深入开展,总结其发展规律;有利于为"康养产业"实践提供科学的理论指导,纠正实践中偏差行为;有利于产业政策的不断完善,实现政府与市场资源在产业中的最优配置。

(一)国外研究现状

国外没有"康养产业"的提法,而是称其为"健康产业"。对于"健康"的认识,国际上经历了一个不断发展的过程。世界卫生组织于 1947 年提出"健康不仅仅是没有疾病和虚弱的状态,更是一种在身体上、心理上和社会上的完好状态"。1989 年增加了"道德健康"因素,认为"健康"包括生理健康、心理健康、良好的社会适应性、道德健康四个因素。对"健康产业"的界定,狭义上指经济体系中向患者提供预防、治疗、康复等服务部门的总和,对应于我国的"医疗卫生服务业";广义上即"大健康产业",在狭义概念基础上,包含了美国经济学家保罗·皮尔泽在《财富第五波》中所提及的康养产业,即针对非患病人群提供康养产品和服务活动的经济领域,因此广义的"健康产业"包括了医疗产业和康养产业。对于健康产业的外延,世界银行、世界卫生组织对健康产业的统计包括医疗服务业、医药产业、健康管理、康养食品、养老产业、健康旅游等领域。

与"健康产业"相近的概念还有"银发经济"。在经济合作与发展组织(OECD)的出版物中,"银发经济"被定义为"产业界或部门为老年人提供的产品或服务"。牛津经济学从操作性出发,将"银发经济"定义为"为 50 岁及以上群体提供的产品和服务的总称"。一些学者梳理了其外延,主要包括:适用于老年人住院和门诊护理中的 IT 应用、智能生活、住房改造、独立生活能力的促进,卫生经济学的老年相关领域,与老年人相关的教育和文化、信息技术与媒体、服务机器人、旅游、文化、娱乐、日常生活服务、金融服务等内容。欧美研究文献中对"银发经济"的研究范围包括养老服务与产品的开发、市场策略、产业挑战与解决方式等,是众多的产业部门的集合。"银发经济"等同于我国的"养老产业"一词,只是在养老产业的特性上,更强调其市场性以及对老年人需求的回应。整体上,国外对于"健康产业"的研究主要侧重于健康经济学(卫生经济学)的视角,研究方向大体包括医药卫生体系、医疗保障、健康行为的经济学研究等。

(二)国内研究热点、展望及述评

国内学术界对康养产业的研究主要围绕着康养产业的界定、康养产业的属性、康养产业投融资机制、康养产业发展实践等方面展开,取得了较丰富的研究成果。

1. 研究热点

对已检索文献进行关键词聚类分析,得出我国康养领域关键词频数前8位及关键词聚类。根据聚类分析结果,"建设康养特色小镇"作为关键词共出现56次;而"老龄化"作为康养产业发展基础,以关键词形式共出现58次;"森林康养"则依靠森林等自然资源,延伸至养老领域,作为关键词共出现62次,三者位居当前康养领域关键词热点前三。除此以外,基于当前"互联网+"的日渐壮大,虽然家庭户规模较前缩小,但可以预期,短时间内我国居家养老人群仍占大多数,为求让每一位老年人都能享受康养发展的福利,"智慧康养"在其中发挥着举足轻重的作用,其中智能康养的养老产品及养老服务同时发展,两者共同为打造一个智慧养老的服务平台而努力。因此,更完善的"智慧康养"体系建立仍是当今研究的热点。另外,目前在智慧养老设备方面的研究较多,但老年人对其了解甚少,在老年人群中的应用范围并不广泛。因此,为养老机构提供适老化家居及适老化养老产品等仍是目前的研究侧重点,唯有真正将适老化落实于养老发展的细节中,才能为我国康养事业的发展提供硬件基础。这表明我国各研究团队对于康养领域的研究主要基于国家日益加重的老龄化,旨在打造一个依靠森林、乡村等自然资源并兼容旅游、医疗、养生、"互联网+"等多产业融合发展的新模式,以期为我国老龄化开创新的养老道路。

2. 研究展望

整体上,目前对于康养产业的研究还仅仅涉及其最基本的理论层面的研究,未来该领域的研究将主要围绕以下几方面展开:

一是加强对康养产业演进规律的研究。产业具有明显的生命周期特征,一个产业处于生命周期的不同阶段,其在技术特征、风险特征、市场营销、营利能力、产业扩张等方面会表现出明显的差异。对于产业开展生命周期的研究,有助于深化对于产业演进规律的认识。在实践上,有助于指导企业做出正确的投资决策和经营决策,有助于指导政府部门制定和实施适宜的产业政策。现有研究对于康养产业所处生命周期常常主观判定为成长期,并没有开展周密的研究推导,使得有关判定缺乏科学性。应运用科学的产业生命周期分析方法,动态分析康养产业的生命周期特征,揭示出康养产业随时间推移而体现出的演进和变化规律。对于我国康养产业目前所处生命周期进行研究,在科学判断的基础上,深入研究现阶段我国康养产业具有的各种产业特征,指导康养产业政策的制定和实施,指导产业投资决策、融资决策、经营决策等具体的经济行为。

二是加强对康养产业发展中"政府与市场关系"的研究。党的十八大以来确定了使市场在资源配置中起决定性作用,更好发挥政府的作用。康养产业发展中"政府与市场关系"的确定直接影响到产业资源配置,从而影响到康养产业的发展效率与效果。可借鉴公共管理学理论,研究政府在康养产业供给中的作用、康养产业发展中效率与公平目标的实现、康养产业发展的政府规制决策、康养产业发展的政策管理等。

三是加强对康养产业发展的产业经济学研究。"产业经济学"是对未来康养产业开展研究的一个重要视角,应借鉴和运用产业经济学的理论和研究方法对康养产业开展系统的研究。首先,借鉴和运用产业经济学理论,对康养产业开展系统的研究,包括对其产业结构、产业关联、产业布局、产业组织、产业政策、产业竞争力等方面开展研究;其次,加强对康养产业的实证研究和规范研究。运用实证研究方法,对理论研究成果进行检验,揭示出康养产业发展的本质特征和内在规律;运用规范研究方法,对康养产业发展效率等进行评价,为中央和地方政府不断完善康养产业政策提供理论指导。

四是加强对"保障性康养产业"的公共经济学研究。"保障性康养产业"属于公共经济学的范畴,因此,未来可借鉴和运用公共经济学的理论和研究方法对"保障性康养产业"开展系统的研究,如对"保障性康养产品"的公共产品属性与范围进行界定,研究"保障性康养产业"的市场失灵和外部性特征、政府职能及其边界等,分析"保障性康养产业"的供求机制、运行机制、公平机制、评价机制与激励机制等,指导政府部门不断完善"保障性康养产业"领域的产业政策。

3. 研究述评

通过以上分析可以看出,国内外相关研究成果在研究视角和研究内容方面存在较大差别。国外没有提出"康养产业"概念,而"健康产业"概念经历了一个从狭义到广义的发展过程。国外对"健康产业"的研究侧重于健康经济学(卫生经济学)的研究视角,在研究内容方面主要是应用经济学的基本原理和计量方法研究医药卫生领域的一系列相关问题,包括医药卫生体系研究、医疗保障研究、健康行为的经济学研究等;国内对"康养产业"概念的提出始于2014年,在研究视角方面更侧重于产业经济学的研究视角,在研究内容方面近年来围绕着康养产业的界定、康养产业的属性、康养产业投融资机制、康养产业发展实践等开展了大量研究。

在概念界定方面,"康养产业"、"健康产业"、"养老产业"(国外称"银发经济")、"老龄产业"、"养生产业"五个概念中,"养老产业"与"老龄产业"的研究范畴相同,都是指为"老年人"这一特定群体提供产品或劳务,满足其生活需求的经营活动的总称。这使得这两个概念与"康养产业""健康产业""养生产业"具有明显的区别,同时,由于对"健康产业""养老产业""老龄产业"的研究时间较长,目前对于这些概念基本上形成了比较权威的界定,从而使得其研究范畴得以确定。特别是,国内对于"健康产业"的界定经历了一个从狭义的"健康服务业"到广义的"大健康产业"的最新变化,而这种变化也使得国内理论界和政府部门对于"健康产业"的研究范畴能够与国际上保持一致,为在该领域开展国内外理论交流和政府合作奠定了基础。相比较而言,目前对于"康养产业"的概念界定尚不清晰。整体上,由于研究时间较短,目前国内外学术界对康养产业的研究尚处于起步阶段,虽然近年来相关研究成果大量涌现,但多数是关于康养产业的实证研究,而相关基础理论研究严重缺乏,导致对于康养产业的概念认识混乱不清,内涵与外延界定不统一;对于康养产业的产业属性、产业范畴缺乏权威界定,对于康养产业的产业统计标准难以落实;对于康养产业的理论研究框架缺乏研究,对于康养产业的发展规律缺乏理论层面的分析和研究。从康养产业的发展实践看,缺乏相关基础理论的指导导致发展实践中出现一哄而上的现象,非理性投资、风险认识不足等诸多问题不断涌现,对康养产业的持续健康发展造成严重负面影响。因此,加强康养产业基础理论研究迫在眉睫,而首先要做的,就是对于康养产业进行概念界定与理论构建。

从以上分析可以看出,目前对于"康养产业"的概念尚未形成统一的、权威的观点,使得对其研究范畴产生了不同的认识,影响了"康养产业"相关理论研究的深入开展。在内涵方面,首先,目前国内对于"康养产业"的概念比较有代表性的观点有三个:一是首届中国阳光康养产业发展论坛提出的"健康与养老服务产业";二是李后强提出的包含"健康"和"养生"两个方面;三是何莽提出的包含"健康""养生""养老"三个维度。其次,相关概念的界定未对"产业"与"事业"进行特别的区分,导致"健康产业"与"健康事业"、"养老产业"与"养老事业"混淆不清。在外延方面,首先,目前国际上没有统一的产业统计口径,道琼斯和富时集团推出的行业分类标准(Industry Classification Benchmark,ICB)将"健康产业"统计为"卫生康养供应商""医疗设备""医疗物资""生物科技""制药"五个从属行业,与我国的《健康产业统计分类(2019)》相比,在统计口径上要窄一些,这使得进行比较时存在很大的困难;其次,"康养产业"在产业统计时通常不作为一级产业进行统计,道琼斯和富时集团推出的 ICB 是目前国际上为数不多的将"健康产业"单独列为一级产业的行业分类标准(FTSE Russell,2017),但并没有得到广泛的应用,这给"康养产业"的统计工作带来很大的难度;最后,"健康产业"与"养老产业"在统计口径上存在交叉统计的情况,例如,《健康产业统计分类(2019)》中健康产业的一个大类"医疗卫生服务"下的"康复、护理服务"包含小类专科医院、疗养院、护理机构服务、精神康复服务、临终关怀服务、康复辅具适配服务;大类"健康促进服务"下的"健康养老与长期养护服务"包含小类家庭服务,其他居民服务业,老年人、残疾人养护服务,社会看护与帮助服务。可以看出,《健康产业统计分类(2019)》对于"健康产业"和"养老产业"的统计存在交叉的情况。

二、康养产业的相关概念

(一)康养产业的界定

近年来随着康养产业的迅速发展,相关研究大量出现,并成为国内的研究热点。但由于研究时间较短,目前对于其研究范畴和研究框架尚未得到充分的发展,没有形成一致的观点,很大程度上影响了该领域理论研究的深入开展。通过对国内外相关研究成果进行梳理,将"康养产业"与"健康产业""养老产业""老龄产业""养生产业"等概念进行比较,认为在"大健康观"被普遍接受的背景下,应将"康养产业"理解为包含"大健康产业"与"养老产业"两部分,并进一步对"康养产业"的内涵与外延进行了界定。提出对康养产业内涵与外延的理解应注意四个要点:一是康养产业的内涵与外延涉及广义与狭义之分,在进行理论研究时应进行说明。从狭义上对"康养产业"进行界定,只包括其提供私人产品的部分,不包括提供公共产品的部分,即狭义上只包括"产业"部分,不包括"事业"部分。广义上既包括提供私人产品的部分,也包括提供公共产品的部分。或者说,广义上包括"产业"和"事业"两部分。二是康养产业的内涵与外延是动态变化的,对其内涵与外延的把握,应在特定的时代背景、技术发展背景、收入背景和健康理念背景下做出。三是通过对比不同国家在康养产业统计分类方面的差异、关注康养产业统计分类的最新变化,有利于加强对康养产业内涵与外延的理解。四是可以从社会分工现状与发展趋势的角度加深对康养产业的理解。随着社会分工的不断深化,康养产业的内涵将不断丰富、外延将不断拓展。

  2016年发布的《"健康中国2030"规划纲要》中指出,应积极促进健康与养老、旅游、互联网、健身休闲、食品融合,催生健康新产业、新业态、新模式。所以康养产业还在不断发展和壮大。国内"康养产业"概念的提出始于2014年。与"康养产业"密切相关的概念,包括"健康产业""养老产业""老龄产业""养生产业"等。国内对"健康产业"的大量研究始于21世纪初,对"养老产业""老龄产业"的大量研究始于20世纪末,对"养生产业"的研究可以追溯得更早。郭德君(2016)认为,健康产业不是特指某个具体产业,而是与"大健康"概念相对应的整体性产业链以及产业体系,一切与人类健康息息相关的产业都具有健康产业方面的含义。石智雷等(2016)认为,大健康的内涵主要包括身体、精神、环境三个大的方面以及预防、治病、康复康养和养生等领域的健康实践。丁小宸(2018)提出,健康产业涵盖健康管理、医疗康养、健康保险、健康食品、医疗器械、医疗旅游、养老产业等新兴业态。张毓辉等(2017)认为,健康产业是以医疗卫生与生物技术、生命科学为基础,提供以维护、改善和促进健康为直接或最终用途的各种产品、服务的行业与部门的集合,包括:以康养食品和中药材种植养殖为主体的第一产业,即健康农、林、牧、渔业;以药品、医疗器械、康养器具等生产制造为主体的第二产业,即健康相关产品制造业;以医疗卫生和健康管理与促进服务为主体的健康服务业。张车伟(2019)认为,健康产业包括健康食品业、康养品业、健身业、健康信息服务业、健康保险业、健康产品批发零售业、医药制造业、养老养生服务业等产业,以及提供基本健康服务等公益事业的内容。可以看出,目前国内理论界对于"健康产业"的界定与国外"大健康产业"的概念是一致的。政府部门对于"健康产业"的认识经历了一个从狭义的"健康服务业"到广义的"大健康产业"的变化过程。《国务院关于促进健康服务业发展的若干意见》(国发〔2013〕40号)指出:"健康服务业以维护和促进人民群众康养为目标,主要包括医疗服务、健康管理与促进、健康保险以及相关服务,涉及药品、医疗器械、保健用品、保健食品、健身产品等支撑产业,覆盖面广,产业链长。"2014年4月,国家统计局发布了《健康服务业分类(试行)》,将"健康服务业"定义为"以维护和促进人类康养为目标的各种服务活动"。它只涉及第三产业。2019年4月1日,国家统计局发布了《健康产业统计分类(2019)》,借鉴了世界卫生组织的分类方法,将"健康产业"界定为"以医疗卫生和生物技术、生命科学为基础,以维护、改善和促进人民群众健康为目的,为社会公众提供与健康直接或密切相关的产品(货物和服务)的生产活动集合"。确定了健康产业统计的具体范围划分原则:一是生产产品(货物和服务)的目的是维护、改善、促进人的健康状况,与健康直接或密切相关;二是产品(货物和服务)提供应当以医疗卫生技术、生物技术和生命科学为基础;三是产业链的延伸应当遵循在健康服务业的基础上,延伸至不因物理形态等变化而改变其健康目的和功能的行业。根据上述原则,健康产业统计涵盖第一、二、三产业的相关内容。经过2019年的统计调整,政府部门对于健康产业的统计与"大健康产业"的范畴界定保持了一致。

目前涉足康养产业的企业,主要有原有房地产业转型、金融保险业转型、矿产产业转型等。对于康养产业,不同的研究者从不同的角度进行了解读。无论怎么解读,首先必须声明,康养产业绝不仅仅是养老地产,也绝不局限于养老金融,而应该是以康养服务为核心的产业集群或产业链条。根据消费群体、市场需求、关联产业、资源差异和地形地貌的不同，又可以衍生出不同的康养产业类型。康养产业目标客群有银发养老客群（老年群体）、养生康养客群（中青年群体）、医疗康复客群（疾病群体）、美容康体客群（健康群体）。当前，市场聚焦老年人群体和亚健康群体。随着需求多样、市场细分、产业外延，美容美体群体、母婴群体也跻身新一代康养消费群体。康养产业呈现市场需求庞大、发展前景广阔，但有效供给不足、产业发展机遇与挑战并存的特征。

1. 养老产业和老龄产业的概念

对于"养老产业"，目前国内理论界比较一致的观点认为，其广义上指满足老年人生活需求的产业总称，包括养老照料护理、医疗保健、老年文化教育、旅游休闲、金融服务、法律支援等多个产业在内的新兴产业集群。狭义上指提供养老照料护理服务的产业总称，其外延包括为机构或居家老年人提供饮食、起居、清洁、卫生、心理慰藉等日常生活的照料服务，以及提供疾病预防、保健、康复、照护活动的医疗护理服务等内容。2020年2月4日，国家统计局发布了《养老产业统计分类（2020）》，将"养老产业"定义为"以保障和改善老年人生活、健康、安全以及参与社会发展，实现老有所养、老有所医、老有所为、老有所学、老有所乐、老有所安等，为社会公众提供各种养老及相关产品（货物和服务）的生产活动集合，包括专门为养老或老年人提供产品的活动，以及适合老年人的养老用品和相关产品制造活动"。它具体涵盖了第二、三产业中涉及养老产业的全部内容。

对于"老龄产业"，较有代表性的观点认为，它是为老年人提供产品或劳务、满足老年人衣食住行用等各方面需求的各种行业，包括生产、经营和服务三个方面。

2. 养生产业的概念

"养生"在我国具有悠久的文化传统，养生文化的滥觞可追溯到夏商时期。中国传统医学以养生长寿、治未病为最高宗旨，不断提高着人们对于养生文化的认同程度。"养生"广义上是一门人类提高自身组织功能、自身康复能力的学问，人们可以借该学问实现延年益寿的愿望。狭义上指通过非药物的方法提高人体自身康复能力的学问。李后强（2015）将其定义为"通过各种方法颐养生命、增强体质、预防疾病，实现延年益寿、生生不息的生活方式和医事活动"。对于"养生产业"，国内学者从不同角度开展了一些研究，包括养生健身文化产业。高杰（2019）认为，"养生产业",又被称为"健康产业",是借助传统与非传统医学治疗使人的身体得到健康和放松,使工作压力得到缓解的一种方式。"健康养生产业"有狭义与广义之分。狭义上仅指与人身体健康有关的,与医药及医疗服务直接相关的产业活动;广义上不仅包括与人身健康有关的医药、医疗产业活动,还包括除医药、医疗产业活动之外,与人身健康有关的边缘产业活动,如休闲娱乐、保健服务等产业活动。

(二)康养产业的概念

目前,对"康养产业"尚未形成统一的、清晰的概念界定。2014年12月,首届中国阳光康养产业发展论坛第一次提出"康养产业"这一新名词,意指"健康与养老服务产业","包含健身养生业、旅游休闲业等相关产业,是现代服务业的重要组成部分"。李后强(2015)认为"康养"主要包含了"健康"和"养生"两个方面,将"康养"定义为"在特定的外部环境中,通过一系列行为活动和内在修养实现个人身体上和精神上的最佳状态"。何莽(2018)将"康养"分为"健康""养生""养老"三个维度,将"康养"看成"以养为手段,以康为目的"的活动,是对生命的"长度""丰富度""自由度"三位一体的拓展过程,是结合外部环境改善人的"身""心""神",并使其不断趋于最佳状态的行为。

三、康养产业的属性

相关研究表明,康养产业具有公共产业性质。一些学者对康养产业的基本属性和功能属性进行了研究。基本属性研究方面,李后强(2015)所著《生态康养论》率先提出并论述了生态康养理论,认为生态康养产业是一种高级形态的现代服务业。杨继瑞、赖昱含(2018)总结了2017年首届"中国西部康养产业发展论坛"中专家的观点:蒋永穆教授表示,康养产业具有准公共产品的特点,投入大,见效慢;曾庆均表示,养老产业投入大,回收期长,运营风险较高,且易受经营场所、金融信贷等要素制约。周永(2018)分析了康养产业融合发展的内在原理。功能属性研究方面,高铭蔓、陈力等(2018)认为发展康养产业能够带动产业转型。高妍蕊(2017)指出,财政部研究室汪义达认为发展康养产业符合我国经济社会发展趋势,是深化供给侧结构性改革的重要内容,是应对我国老龄化和适应经济社会发展的必然选择,有利于产业升级和经济结构优化,能够加快我国经济发展新、旧动能转化。

第三节 康养产业发展模式

"健康中国"已上升为全国性战略,"康养"已然成为人们美好生活目标的重要测度指标,我国的康养产业正在由小众重视变为大众共识。康养产业是一个产业综合体,需要以康养为主题通过产业集聚、产业融合和符号互动,将关联产业整合在一起并得到同步发展,产生聚合整合效应。康养需要在医、养、行、娱、购、游、护、健等方面做文章,保障康养服务对象的生理健康和心理健康。康养产业需要在森林康养、滨海康养、滨湖康养、田园康养、文化康养等多种形式上创新发展,方便康养服务对象做出适当选择。借鉴国外发展经验,补齐康养产业发展进程中面临的短板,在发展制度、基础设施、人才储备、空间布局、区位选点等方面进行前瞻性思考。

一、康养产业发展实践

康养产业不仅包括食、住、行、游、娱、医、教等直接产业,也包括有关老年人的食品加工、用品制造、旅游咨询、家政服务、劳动服务等间接产业,是以康养为发展目标集聚多个产业形成的产业综合体。在发展历程上,它可以分为行政主导事业接待、市场改革初期发展和市场改革提档升级三个阶段。从2013年起,国家相继出台了很多有助于康养产业发展的政策文件,在发展养老服务、促进健康服务、支持健康养生、开放养老市场、发展乡村旅游等方面不断推出举措,鼓励以"旅游+"及"生态+"方式创办森林人家、康养基地、乡村民宿、特色小镇,将优质生态资源变为人们的生活享受。康养的服务对象已经从老年人拓展到各年龄段,发展康养产业的目标越来越清晰,其核心是提高生命的长度、丰富度和自由度。因此,康养在"健康+养老"之外,还包括养生、医疗、旅游、体育、文化等多业态。在珍视健康和守护生命这一点上,各年龄段的人群都有共同的追求。

二、中国康养产业链布局

《"健康中国2030"规划纲要》指出,应积极促进健康与养老、旅游、互联网、健身休闲、食品融合,催生健康新产业、新业态、新模式。在我国,康养产业布局主要有如下类型:

(一)医养康养科技产业

其特点是当地具有较强的生命科学或大健康产业,以此为基础和发展引擎,打造具备科技价值含量特色的健康科技项目。此类项目多具有或毗邻较为优质的大学和科研资源,项目的打造对于吸引、集聚和协同产业及人才落地的能力有特殊要求。其核心业态将以生物科技、医药研发、创投孵化、教育科研为主。

(二)康养健康服务产业

其特点是依托当地的自然环境与交通辐射能力,构建优质的医疗健康服务体系,服务当地及所辐射的特定医疗服务受众或老年人群体。此类项目对吸引优质合作伙伴、构建较强的医疗品牌及长期高品质运营能力有着特殊的要求。以医疗健康服务和养老产业为经营核心,以养老设施销售作为财务的平衡和补充,嫁接专业的医疗健康(医疗、康复、护理和养老)和配套业态运营方,建立长期的医疗健康服务及养老运营能力,打造核心的医疗健康服务产业,实现康养产业的可持续发展。

(三)康养服务队伍教育培训产业

目前,康养行业拥有大量专业人才,如公共营养师、健康管理师、社区康复师、心理咨询师、社会体育指导员等。但是,这些人才既不属于卫生部门管辖,也不属于民政和人社等部门管辖,游离在正规监管体系之外,找不到管理归口。而我国养老和医疗又归属民政和卫生计生部门管理,这就使得一直以来的养老模式普遍存在医养分离的现象,同时也导致了医疗和护理方面的从业人员专业化水平差距较大的现状。

教育部办公厅等七部门发布《关于教育支持社会服务产业发展 提高紧缺人才培养培训质量的意见》(教职成厅〔2019〕3号)中明确指出了养老服务专业的范

围,其中高等职业学校涉及的主要专业有老年服务与管理、护理(老年护理方向)、家政服务(老年服务方向)和社区康复(老年康复方向)等。根据现代康养产业发展需求,依据职业范围、职业特点、职业能力,现代康养人才需要具有扎实的老年医学知识、较强的康复训练指导能力、适时的康复护理心理关怀、必要的康养宣传及预防、正确选配康复辅助器具等专业技术技能,同时具备老年照护问题解决、养老项目开发等多方面的实践能力。

(四)康养旅游产业

康养旅游产业的特点是依托当地的资源禀赋,如自然、生态、人文、历史和文化等,打造以优势资源为主题引领特色的健康养生项目。康养旅游,实则是康养旅居,强调轻旅、宜居、重养。当然,旅游景观是一个吸引点,但真正吸引人的是环境和气候。康养需要住下来,这就需要旅居,不居何以养?康养,并非单指养老。全年龄段都需要养,幼儿养育、少年养智、青年养情、中年养生、老年养老,由此开发亲子旅游、研学旅行、婚恋旅游、休闲旅游、度假旅游等,进而基于资源、功能等发展中医医养、文化修养、森林绿养、有机食养、体育健养、温汤浴养、休闲颐养等。此类项目的建设发展对业态的区别化定位、特色元素打造及长期运营能力均有特殊要求。其核心业态将以休闲养生、文化娱乐、休闲观光、生态农场和医疗旅游为主。

(五)家居全龄化改造产业

居家养老是绝大多数老年人的现实选择,实施居家适老化改造对于提升居家养老质量、释放新兴消费、培育经济动能具有重要意义。卫生间进行防滑处理,洗澡时配置沐浴椅,床边安装护栏或者抓杆……居家适老化改造对很多人来说还是个新鲜事,但其实离大家的生活并不遥远,实施起来也没有想象中那么复杂。近年来,我国开始大力推动老年人居家适老化改造工程,有关部门联合发布了相关指导意见,各地也积极探索,增强了老年人居家生活的安全性、舒适性和便利性。但与我国的老龄化现状以及庞大的居家适老化改造需求相比,当前的适老化改造还处于起步阶段,存在覆盖面小、认知度低、规范标准缺乏等问题,亟须有关各方共同努力,进一步加快推动居家适老化改造。

居家适老化改造是一项民生工程,各地要坚持需求导向,将居家适老化改造纳入养老服务体系建设统筹推进。政府重点支持保障特殊困难老年人最迫切的居家适老化改造需求。"十四五"规划纲要提出，支持200万户特殊困难高龄、失能、残疾老年人家庭实施适老化改造，配备辅助器具和防走失装置等设施，以满足其居家生活照料、起居行走、康复护理等需求为核心，改善居家生活照护条件，增强居家生活设施设备安全性、便利性和舒适性，提升居家养老服务品质。

居家适老化改造要坚持市场驱动，强化政策保障，加强产业扶持，注重激发市场活力。要将老年人居家适老化改造需求与居家养老服务需求潜能引导释放出来，发展壮大养老服务、居家养老设施、老年用品等消费市场。支持装修装饰、家政服务、物业等相关领域企业主体拓展适老化改造业务，积极培育带动性强的龙头企业和大批富有创新活力的中小企业，推动市场规模不断扩大，服务质量持续提升，打造恒温、恒湿、恒氧、恒净、恒静的智能生态人居环境。

除去老年人之外，儿童、残疾人等对于家居也有特殊要求。满足他们需求的家居改造，也具有非常广阔的市场。

（六）心理健康服务产业

《中国城镇居民心理健康白皮书》数据显示，目前73.6%的城镇居民处于心理亚健康状态，存在不同程度心理问题的人有16.1%。随着经济的发展和消费的升级，越来越多的人开始关注自身心理健康状态。2020年全球健康研究所《定义精神健康经济》报告显示，全球心理健康市场规模已经达到1 210亿美元。业内人士预估，国内心理健康领域市场规模约在3 000亿元人民币。

在各群体中，老年人群体是一个被忽视但是非常重要的群体。近年来，老年人群体的心理咨询需求增长迅速，很多老年人在退休之后都不能适应变化的生活环境，有些甚至感到郁闷、颓废，觉得自己不被家庭需要了。导致老人心理健康问题的原因还有很多种，年龄阶段与生活环境的变化是一个很重要的原因。当老年人到了更年期、退休期或是子女离开身边后，性格可能会发生很大变化。

心理负担太重也会导致老年人的心理健康问题，其实不只是老年人，消极的负面情绪对每个人的伤害都很大，对于老年人来说，还可能会使他们自身的免疫能力降低。从一些老年人身上我们还可以看到一个很大的特点，那就是情绪不稳定，过于大起大落或是大悲大喜,这样的情绪很容易让老年人在受到刺激的情况下发生意外。要从心理去分析老年人的心理健康状态,了解心理咨询对于他们的帮助。有研究显示,通过认知-行为团体心理咨询,使冠心病、抑郁、焦虑等老年患者从认知改变到行为改变,抑郁、焦虑及服药依从性的影响效果显著,提升了老年人的生存质量,改善了老年人的负性情绪,为慢性病延伸护理奠定了基础。

(七)田园康养产业

康养产业根据分布区位可以划分为城市康养社区、城郊康养小镇和田园康养综合体。城市康养社区相对于森林康养、滨海康养、滨湖康养等模式,依托城市便利的交通网络、丰富的医疗资源和高质量的专业队伍,会成为更多人的主要选择。发展条件较为优厚的城郊地区也成为康养服务的锁定区域,城郊康养小镇是自《"健康中国2030"规划纲要》发布以来的一个重要发展方向。康养小镇位于城郊,具有可广阔发展的物理空间,以森林、海洋、湖滨等优质自然生态资源为主题发展起来,郊区康养小镇能够方便地与城市建立联系,同时又具有田园乡土情怀,能够同时满足"原住民"与"新住民"生活质量提升的需要,结合体验农业、循环农业和创意农业发展起来。建设郊区康养小镇是拉动康养产业发展的重要举措,在项目拉动过程中需要发挥经营者市场和投资者市场的双牵引作用。

通过"农事+乡情+乡景"打造乡村主题。乡村田园康养模式以"乡村田园"为主题,围绕农事、乡情、乡景营造返璞归真和回归自然的康养环境。康养主体在这样的环境中享受"微度假、慢生活、新休闲"。乡村田园康养需要依托康养主体消费需求划分为短期、中期和长期康养项目,将养生、养老与乡村田园体验游结合在一起,依托乡村优质的生态资源建设康养小镇,做到环境美、行为美、思想美、生活美。乡村田园体验游正在成为旅游产业的增长点,乡村田园康养是将城乡紧密联系在一起的纽带。康养主体通过体验农家生活、享受农家膳食、感受农家情感,在田园情境中享受慢节奏生活。乡村田园康养模式也是展示乡村文化和拉动乡村文化发展的重要平台,将乡村文化记忆的物理空间、惯习空间、生活空间与康养小镇的建构紧密结合在一起,让田园康养小镇浸润、彰显乡土文化。乡俗、乡事、乡趣以及节庆、祭祀、庙场、艺术等都可以成为田园康养模式的景观。乡村田园康养将"情+

景＋养＋文"紧密整合在一起,成为以新住民为主体的原住民文化的"放大器",田园文化在"养"新住民,新住民也在"养"田园文化。

(八)森林康养产业

基于"绿色生态"修炼康养主体的内家功。森林康养模式以"绿色生态"为主题,将游览观光与养生健体结合在一起。优质的生态资源是森林康养的重要支撑,步道、氧吧、森林、绿地是森林康养的重要支撑要素。森林浴是指利用森林中绿地、森林、空气等良好的生态资源,人们通过充分吸收树木释放出的氧气和多种芳香物质达到养心、养气、养神、养体目标的康养模式。人的身心健康需要在躯体、心理、心灵、社会、智力、道德、环境等方面处于完好状态。森林康养需要严苛的环境条件,森林是该种康养模式的主要景观,森林康养同样是产业综合体,需将森林、医药以及养生文化整合在一起。消费主体可以通过身体感官聆听声音、感受气味、辨识色彩、触摸自然,从而达到调节情绪、放松心情、消除疲劳、振奋精神的目的。森林康养的综合生态环境,能够修复人的身体各项生理指标,使得养身与养心同步发展,达到较田园康养更佳的效果。在森林康养模式下,消费者可以充分展示其业余爱好,在多元文化交融中共同打造文化空间,将生活、休闲、学习、运动等结合在一起,通过对生活方式的解构与重构,人与人、人与环境间融洽相处,实现"养身＋养心"目标。

(九)文化康养产业

链接特色文化以"文化＋"促进"康养＋"。康养不仅要保障康养主体膳食好、心情好,还要通过让康养主体感受文化资源和产生理性思考,通过文化渲染让康养主体产生新追求,提升康养主体"乐"的品质和境界。文化康养产业的主题是"文化",需要突出地方文化特色,使优美的自然环境成为文化的重要衬托。民俗、遗迹、历史、典故、古建、婚庆等都是带有区域特点的文化符号。以文化为平台,通过"文化＋"方式将膳食、风景、医疗、运动、生活等融合在一起,将文化资源转化为文化享受和养生资本。文化康养需要依托既定物理空间进行,物理空间内的文化印痕和文化符号成为传承文化记忆和营造文化气场的主角,康养主体通过在文化场域内感悟文化灵气吸收文化精髓,将文化引领转化为文化行动,在潜移默化中改变消费者行为,在符号互动过程中不断修正康养主体的文化认知,重新建构人与自然、人与人之间的关系,使其由文化消费者转为文化生产者和文化贡献者。老年人康养要做到重新学习、重新融入和重新实践,文化康养就是"再社会化"的过程,通过学习新技能融入青年人社会,在参与式和体验式文化旅游中感受文化乐趣,陶冶文化情操,感受文化魅力。

第二章

我国康养产业发展现状

第二章 我国康养产业发展现状

伴随着经济社会的发展和大众生活水平的日益提升,以及科技进步和人工智能的发展,创新与技术突破进一步推动了生活态度和消费观念的变化。对健康产品与服务的需求大幅度提升,康养需求从单一医疗向疾病防治、养生健康、身心健康恢复等多种服务项目变化。康养产业发展在康复、医疗、教育等市场前景广阔,政府有期待,市场主体有积极性,人民群众有需求。康养产业互融共生性强,与旅游业、医疗产业等诸多产业深度融合,呈现多种模式多元开发的状态。

第一节 我国康养产业发展的背景

康养产业发展具有有效地增加就业、拉动消费、改善民生等多种经济与社会效益。作为朝阳产业,进入新发展阶段,要形成"双循环"新发展格局,首要是扩大内需。从产出的消费群体看,康养产业是比较典型的内需型产业,这些产业所创造的最终产出大多供国内消费者使用。进入新发展阶段,加快康养产业高质量发展,需要回归产业发展的初心,厘清康养产业发展的背景、内涵和国家层面的政策演化轨迹。

近年来,各地出台支持健康、养老等产业发展的相关政策时,大多使用"康养产业"。康养产业之所以成为产业界投资、地方政府扶持和理论界探讨的热点,主要是基于以下三方面的背景:

一是贯彻落实国家宏观战略部署的重要举措。近年来,国家提出产业结构转型升级、健康中国、乡村振兴、积极应对人口老龄化、"两山理论"、"五大幸福产业"等重大部署,为新时代经济与社会发展指明了方向。康养产业作为落实这些重大战略的产业集成,被视作促进民生福祉和产业结构调整的新引擎,也被视为建设健康中国的"大处方"。

二是符合当前健康与养老等产业的阶段性要求。2013年,国务院先后印发《关于加快发展养老服务业的若干意见》(国发〔2013〕35号)和《关于促进健康服务业发展的若干意见》(国发〔2013〕40号),我国养老产业和健康产业得到了政策的重点关注与大力扶持,取得了巨大发展。但与此同时,这些产业在各自领域与融合发展方面都面临一些新的挑战,有待于通过更高层次的康养产业政策来发挥资源整合的优势。

三是有助于满足人民日益增长的康养需求。在健康、养生等理念越来越得到大众认可的当下,康养产业回应了人们对健康长寿和高品质生活的向往和需求。按照发达国家的经验,当人均 GDP 达到 7 800 美元左右时,康养产业将启动并保持持续增长。对政府而言,发展康养产业可以释放内在消费潜力,培育新的经济增长点。据统计与康养产业密切相关的养老、卫生等行业,劳动者报酬占增加值的比重为 75%~93%,通过较高的劳动者报酬占比直接增加劳动者的收入,为消费奠定更加坚实的基础,进而间接促进国内需求的扩大,形成叠加效应。

第二节 我国康养产业相关政策的发展脉络

一、我国康养产业相关政策的发展

(一)康养理念的酝酿阶段

康养这一理念是在健康、养老等产业的发展过程中逐渐成熟起来的。早在 2013 年,国务院出台的两份文件中就提出了各个相关产业统筹发展的思路。在《国务院关于加快发展养老服务业的若干意见》(国发〔2013〕35 号)中,提出要"促进养老服务与医疗、家政、保险、教育、健身、旅游等相关领域的互动发展"。同年发布的《国务院关于促进健康服务业发展的若干意见》(国发〔2013〕40 号)中将"加快发展健康养老服务"作为主要任务之一,并将健康服务业的产业链扩大至"医疗服务、健康管理与促进、健康保险以及相关服务,涉及药品、医疗器械、康养用品、康养食品、健身产品等支撑产业"。可以看出,此时已表现出"康"与"养"相统筹的思想雏形,并将"康"扩展至"大健康"的范畴,但此时养老服务业和健康服务业仍是两个相对独立的产业,尚未深度融合。

（二）"康"与"养"的融合发展阶段

2015年,国务院办公厅转发卫生计生委等部门《关于推进医疗卫生与养老服务相结合的指导意见》(国办发〔2015〕84号),开始推动医疗卫生与养老服务在服务体系和保障体系上的全面融合。2016年,中共中央、国务院印发《"健康中国2030"规划纲要》,将健康老龄化作为目标之一,提出要"积极促进健康与养老、旅游、互联网、健身休闲、食品融合,催生健康新产业、新业态、新模式"。同年年底发布的《国务院办公厅关于进一步扩大旅游文化体育健康养老教育培训等领域消费的意见》(国办发〔2016〕85号)则进一步将包括旅游、文化、体育、健康、养老、教育培训等在内的产业统一归纳为"幸福产业",把幸福产业各领域之间的融合发展作为提质扩容的主要手段之一。由此可见,此时的养老服务业和健康服务业的融合逐渐深入,在众多全国性政策中表现出相互渗透、整合式发展的特点。

（三）康养产业的正式提出阶段

"康养产业"作为关键词在全国性政策中的正式提出,是出现在产业转型和乡村振兴等政策中的。2017发布的《国务院关于支持山西省进一步深化改革 促进资源型经济转型发展的意见》(国发〔2017〕42号)中,将"支持大同市建设综合康养产业区"作为山西省产业转型升级的重点行动之一,这是在中央政策中首次出现"康养产业"这一关键词。2018年,中共中央、国务院印发《乡村振兴战略规划(2018—2022年)》,将发展康养产业同时作为提升农村养老服务能力和发挥乡村自然资源多重效益的一个重要抓手。2019年,国家林业和草原局、民政部、国家卫生健康委员会、国家中医药管理局发布的《关于促进森林康养产业发展的意见》(林改发〔2019〕20号),则是第一个专门针对康养产业的全国性意见。可以看出,近年来康养产业逐渐作为一个专门产业出现在全国性政策的视野中。与此同时,对康养产业的治理也逐渐加强,出台了针对森林康养产业、康养旅游、康养职业技能培训等方面的更为细化、更具针对性的政策。目前,国家层面的康养产业发展方向引领主要集中在七个方面,即产业融合、中医药与康养、旅游与康养、体养融合、互联网＋康养、高端医疗、医养结合。

二、中国康养产业发展优势

(一)康养产业相关政策日趋完善

2015年,"健康中国"上升为国家战略。2016年10月25日,国务院印发《"健康中国2030"规划纲要》,指出到2030年,健康产业规模显著扩大,成为国民经济支柱性产业。2017年10月18日,习近平总书记在党的十九大报告中指出,实施"健康中国战略",要"完善国民健康政策,为人民群众提供全方位全周期的健康服务"。《中国康养产业发展报告(2017)》指出我国康养产业发展潜力巨大,到2030年将达到22万亿元产业规模。2019年8月,社会科学文献出版社出版的《康养蓝皮书》发布了《中国康养产业发展报告(2018)》,评选出全国康养10强市(地级)和全国康养50强县(市)。2019年12月,"首届中国康养大会"在北京召开,标准排名城市研究院、中国健康养老产业联盟通过构建生态环境指数、医疗水平指数、民生幸福指数、产业融合指数、康养政策指数等五大类评价指标,对中国333个地级行政区(含293个地级市)进行打分排序,得出"2019中国康养城市排行榜",评选得出"中国康养50强"。国家卫生健康委、教育部、科技部等十五部门联合印发《"十四五"健康老龄化规划》,强调持续发展和维护老年人健康生活所需要的内在能力,促进实现健康老龄化。康养产业的巨大发展潜力使得地方政府对其重视程度不断提高,许多地方积极挖掘自身康养资源,努力将康养产业发展为当地新的经济增长点。社会资本对康养产业的投资也在持续增加。

中国康养产业已显现出强劲发展潜力,但高速发展的环节中,也显现出现行法律法规无法跟上产业增长速度、顶层设计还没到操作层面、设施设备紧缺、人力资源匮乏等问题。特别是政府扶持康养类政策碎片化,政策实施尚需贯彻落实。全国各地方对康养行业的相关政策支持力度很大,在土地出让、政府补贴、税费减免等多个方面出台了一系列政策优惠。但一些单位的各项政策落实不到位,欠缺对应的配套设施实施机制,造成现行政策无法贯彻落实,无法充分运用政策优惠实现企业康养产业持续发展的激励适用功效。例如有些文档条文不具体,用语模糊不清,实施起来弹力非常大。有的部门在执行政策时把"可减免"理解成"不减免",把"可"理解为不是必须办的事项。

第二章　我国康养产业发展现状

（二）中国康养产业发展时机相对成熟

1. 向深度老龄化社会迈进,"银发经济"发展处于利好时机

据第七次全国人口普查统计,我国总人口已达到14.117 8亿,人口年均增长率降至0.53%,而我国60岁以上老年人口占比升至18.7%,较前一次人口普查升高5.44个百分点,意味着我国正面临着老龄化进一步加深的大背景,对我国的社会保障工作提出了更大的挑战。

人口老龄化被公认为21世纪重大世界性社会问题之一。目前,我国人口老龄化问题严重,存在老年人口规模大、老龄化进程快、城乡差异明显、老年人口质量提高等特点。一是老龄化规模大、进程快。民政部预测,"十四五"期间,我国老年人口将突破3亿,我国从轻度迈入中度老龄化社会。从规模看,我国老年人口规模大。在第七次全国人口普查中,家庭户的规模较前缩小,这意味着我国传统的"养儿防老"模式正逐渐发生变化,机构养老、社区养老等养老模式占比将逐渐增大,如何建设一个令国民满意的养老服务体系仍是目前亟待解决的问题。老龄化进程的加快,使得劳动力的供给减少,家庭负担增大,同时也导致了基本公共服务供给压力的增大,但是,此时正是"银发经济"发展的利好时机。

2. 转变思想观念,康养行业驶入快车道

随着国民的健康意识和卫生安全责任感的增强,人们对于康养产业的重视程度愈加提高,健康消费需求持续攀升,对健康产品的偏好也逐渐发生转变。不同的年龄阶层展现出不同的健康诉求,"70"后及年龄更大的人主要追求身体的健康;人到中年,来自家庭和工作双重压力的"80"后主要追求康养以及美容保养;更为年轻的"90"后主要追求美容保养以及心理健康层面。追求养生已经不再是老年人的标签,而康养产业的手段更加多元,康养产品及服务的种类和模式存在巨大的市场消费力。

政府加大了对康养产业的投入力度和支持力度,自2020年3月以来,国家层面发布了五十多份提及"康养"及相关关键词的文件与通知。2020年5月,《关于新时代推进西部大开发形成新格局的指导意见》指出,西部地区应快速推进旅游业、休闲养生服务业的发展,牢牢把握旅游风景区和边境旅游先行试验区作为探索道路的基础,是构筑区域支柱产业的重要方法。互联网健身概念也在公众中兴起,各建设平台与直播平台开展合作,针对不同运动习惯、不同运动场景开设居家健身课程以吸引用户。线上与线下业务结合的方式更具有吸引力,也更具有广阔的发展前景。

3. 康养产业前景广阔,成为乡村振兴新动能

据盛世华研发布的《2019—2025 年中国乡村康养行业市场营销发展趋势预测研究报告》,2020 年大健康产业总规模超过 8 万亿元。在乡村振兴及大健康政策背景下,我国康养产业将迎来重大发展机遇。乡村康养涵盖养老、养生、医疗、文化、体育、旅游、休闲等诸多产品服务,产业覆盖面广、融合度高、延伸链长。

通过推动康养产业与畜牧业的融合发展,打造如农耕锻炼、健康膳食、理疗等康养旅游产品,能够有效激活乡村资源,提高产业附加价值和产业韧性,从而加速乡村传统产业创新升级,带动乡村区域发展。乡村康养有助于促进城乡要素双向流动,帮助乡村地区实现由"输血式发展"向"造血式发展"转型,进而从经济、社会、生活等多方面推进城乡一体化。在传统城乡关系中,农村人口长久、大量地流入城市,遏制了乡村地区主动发展的能力。发展乡村康养产业,有利于吸引优秀人才下乡置业,带动城市资本、知识、技术等要素流入乡村,同时也能够将追求品质体验、具备高消费力的城市客群引流到乡村地区。此外,乡村康养所传递的"健康、养生、休闲"等理念能够对乡村当地居民产生积极的辐射引领作用,有利于乡村生活品质的提升。

4. 康养科技产品发展,为自助养老提供了更广阔的空间

我国大力加强公共医疗卫生建设,医用病床市场发展前景非常广阔,其产品的种类与使用功能也逐渐丰富。在全民健康需求不断增长和康养产业快速发展的背景下,要求康养家具尤其是医用病床产品的设计与生产制造更加专业化。

2021 年,全球医疗器械销售规模为 4 613 亿美元,预计 2024 年将增至 5 945 亿美元,其间年复合增长率约为 5.60%。2016—2020 年,我国医疗器械的市场规模年复合增长率达 15.0%。随着人们生活水平的提高、人口老龄化的加剧,康复器械作为提高失能者及老年人生活质量的重要工具,必将在全球范围内愈来愈受到重视,市场业务潜力巨大。我国庞大的人口基数决定了对康复器械存在巨大的刚性需求,不同的人群对康复器械也有着不同的需求。据统计,我国现有脑卒中患者 1 400 万人,每年新发卒中患者 300 万人,并以较快的速度递增。

1980—1995 年,我国康复医疗产业处于起步阶段,在这个时期我国开始引进现代康复医学,并在1988年成立了中国康复研究中心,全国各地陆续开始建立康复机构;接下来的十年里,我国康复医疗产业进入试点推广阶段,在全国二十多个省、自治区、直辖市先后成立康复服务机构,且康复服务的面积在不断拓宽;至今,康复医疗产业进入全面发展阶段,国家不仅关注康复面的扩大、康复数量的增长,而且兼顾康复质量的提升。

(1)康养科技产品研究现状

康养科技得到了突飞猛进的发展。如患者可通过按键显示屏自主调节床面高度、倾斜及翻转角度,电动及液压双驱动系统增强了床体制动的稳定性。床底的机器人运动单元可探测物体,帮助使用者避开障碍,其可远程监控的顶棚显示屏作为视频播放器和部分家电设备的控制器,使用简单且操作方便。多款可变换调节体位的多功能医用病床,可拆卸的两侧护栏、输液架及可调节高度的餐桌等构件支持患者多种使用需求。又如基于射频识别技术的智能病床,该系统可自动提醒使用者清洗消毒被褥等床上用品,同时可以追踪病床产品的维修和售后信息,对医院的后勤保障起到了一定的辅助作用。减少患者产生褥疮的智能病床,当置入的芯片监测到床面温度超过预定的阈值时,会提示护理人员协助患者翻身等。

在满足患者基本使用需求的基础上,产品多结合患者生理及心理特征。例如:床与椅形式的转换,增加病床的运动便捷性;为防止患者跌落地面造成伤害,部分床体可调节至离地面18 cm的超低位置;感应夜灯的设置可辅助照明,方便患者起夜行走;控制器同时设置在床体头部与脚部,亦可直接用脚操作。多功能电动病床在发达国家的医疗机构中已较为常见,家庭住宅、养老院、社区医院的病床基本实现电动控制,产品的迭代升级速度持续增长,人性化设计理念体现显著。

案例 2-1 智慧康养——智能康复训练用仿行走治疗床

针对脑卒中患者开发的智能康复训练用仿行走治疗床,主要适用于脑卒中早中期恢复患者。该床集平躺、斜立、坐立、按摩、理疗、智能步行、生理指标检测等功能于一体,聚焦"适应患者个性化特征的人机共融协作控制"的科学问题,首创仿真行走康复模式,实现了机械功能与人体康复需求的完美结合,可对头、颈、躯体、四肢进行科学、合理、有效的康复训练,可应用于医院康复科、康复中心、养老院中家庭脑卒中患者的康复治疗。

目前脑卒中患者主要采用治疗师一对一人工康复治疗,徒手指引和帮助患者进行抬升或屈伸运动,每个患者每个部位平均训练30分钟,每个治疗师平均每天需接待20名患者,康复治疗过程单调乏味、劳动强度大、效率低,特别是脑卒中早中期患者很多康复训练人工无法完成,这也是影响脑卒中患者功能恢复而致残的主要原因之一。随着研究改进,智能康复训练用仿行走治疗床可自动升降、调整体位及脚步受力情况,模拟仿真行走、操控肢体运动,进行头、颈、躯体、四肢的康复训练,具有预防骨质疏松、维持肌肉活性、改善血液循环等作用。智能康复训练用仿行走治疗床功能全面,能进行科学、合理、有效的康复训练,并采用智能监控设备,基于5G与各种移动终端设备进行远程智能控制,为自助养老提供了更多的可能性。如图2-1所示为智能康复训练用仿行走治疗床。

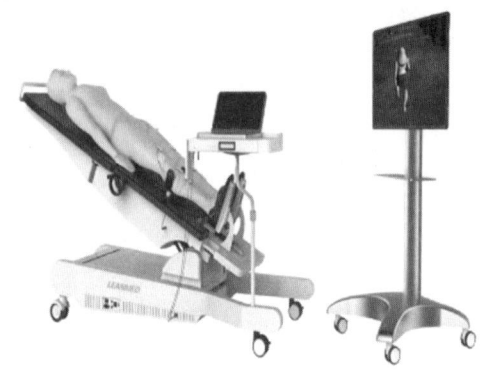

图2-1 智能康复训练用仿行走治疗床

(2)康养科技产品发展趋向

①人性化。病床在众多康养或医用家具品类中升级迭代的发展速度较快,人们更加注重产品的品质,同时也促使设计师与生产厂商研发更具人性化的康养家具。从仅是一张临时救治的板床到现如今多功能的专业电动病床,医用产品在设计过程中,将逐渐切合患者与医护人员的行为习惯与思维方式。在保证病床的基本使用需求与性能要求的基础上,将结合患者生理结构变化及心理隐性需求,研发以人为本的产品,使患者得到更多关怀与尊重。

②整合化。根据调研,有较大收益的品牌经销商在病床产品设计中,通常集成多种使用功能,满足大部分患者与康养医护人员的使用需求,成为价格适中、市场需求量大的基础款病床。在产品迭代升级中,较高端多为可模块化组合设计的个性化产品,购买者可根据自身需求选购配件与其他特殊功能。随着适老家具、康养

家具、智能家具和智能家居的功能发展和技术推进,单一床体的设计已能够满足使用者人际交往、娱乐休闲、医疗康养等多功能需求。

同时,同一康养空间内多产品联动整合化的趋势也逐步呈现。物联网技术提高了周边设施的通用性,结合医疗设备方便使用者就地诊疗与远程操控。但产品单体存在信息孤岛问题,如何打破信息流程壁垒仍将是智能化整合的挑战。

③智能化。随着新时代下高新技术的发展,现有的较高端康养产品研发中,智能化技术正不断优化。按键触控与语音指令控制的交互方式得以实现,嵌入式系统与传感器应用技术逐渐普及,新型的机构设计、机器定位与导航、机器视觉、信息处理等先进技术集成,结合无线网络技术与大数据平台的建立,家电企业相继涌入市场等多方面因素,均为智能家具的发展提供了新的机遇和发展空间。病床产品不再仅仅是单纯的卧具,其设备也将实现更高程度的自动化与智能化,并逐步向完全人工智能化迈进。

5. 康养功能性食品流行,为康养产业发展带来更多维度

健康意识提高使得民众越发意识到健康的重要性,认识到提高人体免疫力的重要性,通过健康饮食、健身运动、服用适合自身的康养品来提高免疫力已经深入人心。

我国康养品市场规模持续增长,2019年市场规模达2 227亿元,2021年增至2 708亿元,2023年有望突破3 250亿元,康养品行业未来可期。主要表现在:一是市场发展驱动强劲。随着近年来国民收入水平、健康意识、老龄化对慢病管理需求的提高,城市化、生活环境问题引发人们对健康关注度增强,以及在国家强监管下康养品企业纷纷开启"自律+转型"模式,且科技进步带来的营销手段及渠道升级加持(电商平台+直播带货+社群营销等),这些都成为康养品市场发展的重要驱动力。二是消费提升空间巨大。国民整体消费观念在攀升,亚健康人数越来越多,消费者对康养的需求和认同更为迫切;目前我国康养品人均消费水平偏低,月人均消费100元,为发达国家的1/8~1/6,增长空间巨大;消费人群日趋扩大化、细分化,养生康养并非"银发一族"专属需求,"年轻一代"、中年群体正逐渐成为康养品

行业增长的主要驱动群体。

6. 中等收入群体扩大推动健康生活需求快速升级

随着我国经济社会的快速发展,中等收入群体不断扩大,人们对健康生活的需求普遍由"有病才医、医治导向"向"注重保健、医防结合"过渡,加速向"生命管理、未病先防"迈进。人们更加关注健康问题,追求健康生活成为新消费趋势。康养产业需求呈加速增长趋势。

第三节 我国康养产业总体概况

一、我国康养产业市场探析

康养产业目标群体有银发养老群体(老年群体)、养生康养群体(中青年群体)、医疗康复群体(疾病群体)、美容康体群体(健康群体)。当前,市场聚焦老年人群体和亚健康群体。随着需求多样、市场细分、产业外延,美容美体群体、母婴群体也成为新一代康养消费群体。康养产业呈现市场需求庞大、发展前景广阔,但有效供给不足、产业发展机遇与挑战并存的特征。

截至2022年第一季度,全国各类养老机构和设施总数达36万个、床位812.6万张。养老床位总数比2012年底的416.5万张翻了近一番。10年来,我国聚焦老年群体"急难愁盼"问题,有效满足老年人多层次、多样化养老服务需求,中国特色养老服务体系正加快构建,养老服务供给更趋优化。

养老服务供给不断加大。2012—2021年,中央财政累计投入359亿元支持养老服务设施建设,社区养老服务基本覆盖城市社区和半数以上农村社区,居家社区机构相协调、医养康养相结合的养老服务体系持续健全。在老年人福利救助保障方面,高龄津贴、养老服务补贴、护理补贴、综合补贴分别惠及3 069.5万、447.9万、78.9万、70.2万名老年人;截至2022年第一季度,全国1 419.9万名老年人得到最低生活保障,371.7万名老年人被纳入特困人员救助供养范围。

第二章 我国康养产业发展现状

随着我国人口深度老龄化,老年人群体基数大、增长快、结构分化,以及"50后"婴儿潮群体步入养老刚需,我国健康养老产业进程进一步加快。预计2030年中国老年康养产业市场消费需求将达到20万亿元左右,老年产业规模将达到22万亿元,对GDP拉动达到8%。康养产业远景可期,将成为名副其实的国家经济支柱之一。人口老龄化背景下,我国农村地区的养老问题更为突出。中国当前有6亿多农村人口,在老龄化城乡倒置、未富先老、农村青壮年劳动力转移、传统家庭养老功能弱化、农村医疗保障制度不健全等挑战下,广大农村老年群体的养老问题将是乡村振兴中亟须解决的重要课题和时代性难题,也将是未来康养产业的重要布局和趋势选择。而农村老年人养老主观需求集中在医疗需求、经济供养需求、精神慰藉需求和生活照料需求。

二、我国康养产业模式与案例分析

(一)需求透视

1. 养老

我国老年人口基数庞大,养老需求大,老龄化城乡倒置背景下农村养老问题突出。老龄化进程加快,庞大的老年人群体具有普遍的消费需求、较强的消费能力和购买养老服务的强烈意向,如图2-2所示为老年人消费意向。

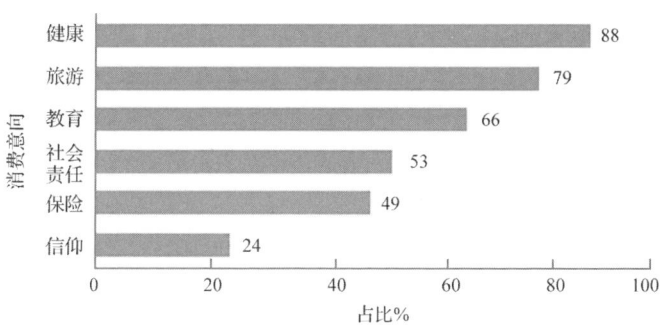

图2-2 老年人消费意向

随着我国人口深度老龄化,老年人群体基数大、增长快、结构分化,以及"50后"婴儿潮群体步入养老刚需,我国健康养老产业进程进一步加快。预计2030年中国老年康养产业市场消费需求将达到20万亿元左右,老年产业规模将达到22万亿元,对GDP拉动达到8%。康养产业远景可期,将成为名副其实的国家经济支柱之一。人口老龄化背景下,我国农村地区的养老问题更为突出。

2. 亚健康管理

亚健康群体康养消费需求大,疗养类康养服务备受推崇。随着亚健康问题的日趋突出及人们对健康问题的日益重视,社会对于亚健康防治的需求日益增长,亚健康群体康养市场逐渐成为我国康养市场主要构成之一。我国主流城市中白领亚健康群体比例高达76%,其中接近60%处于过劳状态。

3. 美容微视

美容康体群体消费能力强,发展平台广阔。随着"颜值经济"发展,医疗美容消费概念由年轻女性群体导入市场,我国庞大的女性人口为以美容康体为主要服务内容的医美行业提供了广阔的发展平台。国际美容整形外科协会(ISAPS)数据显示,当前我国整形渗透率为2%,美国、巴西等发达国家平均为10%。未来中国将会有上亿人消费医美服务,行业规模将进一步增长。

(二)宏观供给

1. 从供给总量看

康养产业供需失衡矛盾凸显我国康养产业存在基础设施供应不足、产业结构不够健全、康养专业人才匮乏等问题。与发达国家相比存在较大差距,养老设施建设存在较大缺口。虽然,我国康养产业遍地开花,但受康养产业回报慢、粗放式发展、政策碎片化、配套设施单一、人才资源短缺等因素制约,尚未形成完善的产业体系。

2. 从供给对象上看

养老行业是布局重点,医美行业成新秀。养老行业供给呈现:重点布局高端养老社区服务,居家养老、机构养老、社会养老三种模式相结合;房企、险企、国企专业化转变,进入规模化、标准化、连锁化有序扩张阶段;以万科、远洋、保利、乐成等为代表的房地产企业,以泰康、合众、平安、国寿等为代表的保险企业,以中信、首开、北控、首钢、京煤等为代表的国有企业,以强劲资本快速切入健康养老产业。医美行业包括上游的耗材与器械生产商、中游的医美机构及下游的导流服务商,投融资热点集中在产业链中下游,涌现了诸如瑞士蒙特勒羊胎素美容胜地、韩国整形美容、巴西整形美容等一批国际性、复合型知名美容康体旅游目的地。

三、康养产业模式解读及案例

(一)传统医疗模式产业化,新型模式不断涌现

在文旅融合大背景下,传统医疗康养模式趋向产业化体系化,养老服务模式、农村集体养老模式、月子中心模式等新型康养模式不断涌现,呈现出市场更加细分化、服务内容专业化、全家庭体验产品多样化等特征。

1. 医疗康复模式

医疗康复是康养产业的传统形式,以先进的医疗技术为核心,依托中西医疗产业资源和适宜的康疗养生气候,配套完善的养生养老设施,提供专业化的医疗诊断、医护疗养、健康检查、康复护理服务产品。

案例 2-2 博鳌乐城国际医疗旅游先行区——国家级医疗旅游开发园区

基本简介:2013年2月28日,国务院正式批复海南设立博鳌乐城国际医疗旅游先行区,并给予九项支持政策。该项目位于琼海市嘉积镇城区与博鳌亚洲论坛核心区之间的万泉河两岸,规划面积约为20平方千米。

运营情况:产业带动效应初显,带动博鳌机场包机客流、博鳌地区会展业和周边餐饮服务业发展。园区落地项目增加近2 000个就业岗位。2017年以来,先行区接待就医人员约2万人次,接待客商、游客已达1.8万人次。

项目特点:国际医疗旅游服务、低碳生态社区和国际组织聚集地。

2. 养老服务模式

以需要不同程度专业养老照护服务的全龄长者为服务对象,以机构养老、社区养老为主要形式,依托托老所、福利院、临终关怀医院、老年公寓、老年社区,提供养老服务、专业化医疗、康复服务、临终关怀服务等服务保障。

从产品类型上看,主要有复合型养老、机构型养老、社区型养老、特色主题养老、全龄社区养老、嵌入式服务中心养老、老年公寓养老、医养结合型养老、旅游养老等养老业态。从运营模式上看,分为长期持有型、销售型、租赁集合型,常见营利模式有押金制、会员制、保单捆绑制三种形式。

案例 2-3 上海亲和源养老综合社区——综合养老社区

基本简介： 位于上海市南汇区康桥镇，建筑面积为 10 万平方米，户型面积为 66~130 平方米（共 838 套）。地面建筑面积为 84 477 平方米，其中老年住宅 12 幢，共计 910 套电梯公寓，可容纳 1 800 名老人；公共建筑面积为 8 018 平方米，配餐中心面积为 2 419 平方米。

运营情况： 由亲和源股份有限公司开发，2005 年投入运营，发展较为成熟，目前有 1 000 多名老人入住，已在海南三亚、辽宁营口、浙江海宁、浙江宁波等地通过控股或参股的形式实现初步扩张。

项目特点： 以会员制老年社区为依托，融居家养老、机构养老为一体的中高端养老社区。

特色项目：

（1）会议服务配套。集养老度假、文化休闲、娱乐购物、学习健身于一体的服务配套。国际会议中心定期举办大型的国内、国际性研讨会。老年医院设门（急）诊部，护理中心共设 300 张床位。服务设施包括社区服务中心、医疗服务中心、家政服务中心等。文化娱乐健身设施和兴趣小组包括配套老年大学、藏书阁、书法绘画厅等，开展英语沙龙、交际舞等 20 余个兴趣小组。

（2）秘书式服务。首创秘书式服务体系，提供全方位、不打扰的养老生活。"生活秘书"提供 24 小时各项生活服务，"快乐秘书"推荐组织社区内丰富多彩的兴趣活动小组，"健康秘书"建立个人专属健康档案绿皮书。

案例 2-4 乌镇雅园——学院式养老

基本简介： 位于浙江桐乡乌镇，总面积约为 60 万平方米，划分养生居住区、颐乐学院、度假酒店区、休闲商业区、雅达国际康复医院、养老示范区六大功能板块。

案例 2-5 北京泰康之家·燕园——保险养老

基本简介： 位于北京昌平新城核心区域，总建筑面积约为 31 万平方米，总投资约为 54 亿元，共能容纳约 3 000 户居民入住。该项目为引入国际 CCRC 养老模式，配备专业康复医院和养老照护专业设备，供独立生活老人及需要不同程度专业养老照护服务的老人长期居住的大型综合高端医养社区，是中国首家获得 LEED 金级认证的险资投资养老社区。

特色项目：

（1）专业养老照护服务。养老社区客户将根据身体情况划分等级，包括活跃老者、独立老者、协助生活、专业护理、记忆障碍、临终关怀等。

(2) 医养结合。配有二级康复医院——泰康燕园康复医院,可为社区老人及周边居民提供慢病预防、治疗康复、长期护理、慢病管理、临终关怀的全过程医疗护理服务;对外与北京三甲医院建立绿色通道,社区签约999急救车驻场,可及时响应紧急医疗救治需求。

(3) 适老化设计,打造五星级舒适生活居所。社区设施进行60多项适老化设计,独立生活区分为三种户型,面积为64~181平方米;护理区户型为30平方米,满足不同身体状况老人的需求。

案例2-6 平安养生养老综合服务社区

基本简介:位于浙江省桐乡市,总投资为170亿元,总建筑面积约为150万平方米。

项目特点:融养老公寓、亲情社区、度假休闲三大产品线,集生活、疗养、田园、休闲为一体的全龄化全配套养生养老社区。

特色项目:"全龄化"+"一站式"养老。设置完善的社区服务,以养老服务为核心,提供健康、护理、医疗、膳食、康娱等八大健康管家服务模块。社区内有以三级甲等医院瑞金医院为核心的三级医疗体系,从幼儿园到高中的国际顶尖学校,全球专业养老管理机构量身打造的健康生活模式等健康服务。

3. 农村集体养老模式

目前国家政策正在向农村和养老两个方向持续倾斜,处于农村养老模式实践性探索过程中。养老方式主要是以互助养老为形式的政府、村民、社会自治养老,包括互助幸福院、互助养老合作社、互助照料中心,资金来源有政府资金补贴、村集体公有投入、社会慈善募捐。

案例2-7 福建泉州永春县农村居家养老服务站

基本简介:永春县60周岁以上老年人口达8.6万,占全县人口的14.28%。以居家为基础、社区为依托、以机构为补充、医养相结合的城乡养老服务体系,打造"15分钟养老服务圈"。

特色项目:

(1) 县、镇、村多级养老服务网络和运营。建设农村区域性养老服务中心,通过承包、委托、合资合作等公建民营方式,将乡镇敬老院打包或分期分区打包交由专业化养老服务组织或企业连锁化运营。

(2)高中低端养老市场供给。政府托底,重点保障经济困难老年人、孤寡老年人、计划生育特殊家庭老年人和做出特殊贡献老年人等的养老需求,加强公办保障性养老机构、经济型养老机构和老年康复护理机构,增加社会化养老服务供给,保障中、低端养老市场供应。

(3)护理型养老服务和一体化医养结合项目。推动护理型养老院建设,加强老年护理院、老年康复疗养院、综合医院、老年专科医院等养老机构和医疗机构协作,打造以养老照护、健康服务、生活扶助、心理慰藉、文体娱乐为一体的医养结合项目。

(4)老年活动组织。发挥农村基层党组织、村委会、老年协会等作用,积极培育养老服务社会组织,依托农村社区综合服务中心(站)、综合性文化服务中心、村卫生室、农家书屋、全民健身等设施,为留守、孤寡、独居、贫困、残疾等老年人提供丰富多彩的关爱服务。

(5)惠民养老补贴。为永春县户籍80周岁以上的非机关、非企事业单位的老年人发放高龄补贴、购买意外伤害保险。

(二)发展趋势

1. 康养产业互融共生性强

当前,康养产业与旅游业、医疗产业等诸多产业深度融合,呈现多种模式多元开发的状态。

2. 康养产业市场更加细分

一方面,医疗康复传统模式产业化、规模化、专业化发展;另一方面,在当前消费多元化的影响下,社区养老模式、母婴康复模式、农村集体养老模式等小众细分市场康养产业也逐渐发展。

3. 关注全年龄康养产品

除针对银发养老客群的养生养老产品外,针对儿童、母婴群体、中青年人群等不同年龄段的系列康养产品不断发展。

4. 康养产业服务更加专业化、便捷化

养老服务模式中,除传统养老机构、养老院形式外,日间照料中心、居家社区养老服务机构、延续护理机构等服务类型日趋成熟。

第三章

我国康养产业发展趋势展望

第三章 我国康养产业发展趋势展望

健康产业能拉动经济增长,能带给国民福祉,关系到我国经济转型和绿色发展的理念,因此得到了相关部门的高度重视和全力支持。2023年,我国人口老龄化形势日益严峻,国家将积极应对人口老龄化,并将其上升为国家战略,力求找出一条有中国特色的、有效应对人口老龄化的路子,形成中国特色的养老服务体系。亚健康和人口老龄化问题导致健康产业需求大幅增加,健康诊疗产业今后将得到长久发展,并展现出产业协调发展、高品质消费、产业链条化、康养服务优化的发展趋势,本章主要围绕康养产业发展趋势、康养产业发展机遇、康养发展对策展开研究。

第一节 康养产业发展趋势

一、积极应对人口老龄化上升为国家战略

我国人口老龄化快速发展,2022年,我国进入老龄人口快速增长的平台期,而我国人口出生率创新低,快速老龄化,叠加人口出生率下降,是我们必须面对的人口形势,也是养老产业发展最基础和核心的数据支持。

《中国统计年鉴2021》数据显示,2020年的人口自然增长率不足十年前的25%,特别是自2016年实施二孩政策以来,人口自然增长率由6.53‰降至1.45‰,特别是2017年以后,下降速度加快。人口出生率用"断崖式下降"来形容亦不为过,更为严重的是,根据目前的数据预测的发展趋势,2023年出生率仍将快速下降,二孩、三孩政策的作用有限,需要出台更加有力的措施,争取改变出生率快速下降的趋势。

2021年3月12日,《中华人民共和国国民经济和社会发展第十四个五年规划和2035年远景目标纲要》对外公布,我国未来5~15年健康养老大方向确定。关于健康养老产业顶层政策方向,主要体现在"实施积极应对人口老龄化国家战略"。具体来说,要以"一老一小"为重点完善人口服务体系,推进养老事业和养老产业协同发展,健全基本养老服务体系,大力发展普惠型养老服务,支持家庭承担养老功能,构建居家社区机构相协调、医养康养相结合的养老服务体系,加强对护理型民办养老机构的政策扶持,养老机构护理型床位占比提高到55%。

二、康养的高品质消费迅速提升

不容置疑,将来社会对医疗的需求将继续增长。根据世界卫生组织的一项全球调查结果,世界上只有5%的人口真正健康,有20%患有很多疾病,约75%处在亚健康情况。这表明中国14亿多人口中最少有10亿人有不同程度的健康问题。庞大的亚健康群体表明我国有广阔的保健医疗市场。伴随着人们对健康问题的高度关注和健康意识观念的提高,健康消费在人均收入中的比例愈来愈大,医疗消费开支也随之快速增长。亚健康和老年人群体非常容易受到健康问题的困扰,对健康服务的需求更高。预估到2030年,中国养老服务产业经营规模将达到22万亿元,带动GDP增长8%,人均收益也将产生消费需求水准升级,将来人们对健康医疗的需求将趋于品牌化、个性化。诊疗市场巨大的需求和消费更新发展趋势,将导致我国保健医疗行业进入快速发展的黄金期。

三、产业发展呈现链条化发展态势

现阶段,我国健康诊疗产业发展的一个大问题是产业深度和广度不足,产业链没有有效拓宽和辐射。但是随着政策、资产、科技等诸多因素的引入和优化,健康诊疗产业将发展成为传动链条,和周边产业产生有效互动。就目前发展趋势看,健康诊疗产业发展不会再局限于医疗和养老服务。"医养"方式已被地方政府部门载入"十四五"整体规划并开始推广。该方式既满足养老服务需求,又最大限度地给予诊疗服务,是发展养老服务体系新的发展方向。此外,伴随着高新科技在康养产业的全方位应用。行业版块开始向度假旅游、金融等细分化行业深层次发展,逐步形成一体化服务方式。例如,在产业整体规划设计层面,现阶段已完成旅游板块、中医药学健康养生旅游版块、少数民族药业生态旅游板块、中医药学网络资源科学研究旅游板块四大版块,并打造出相应的健康养生线产品。通过健康养生与度假旅游结合,做大做强本地药业健康养生网络资源,同时促进有关产业结合发展。

与此同时,愈来愈多的社会资产开始进入健康诊疗行业。诊疗服务领域的社会资产自由经济引起了投资风潮。2016年至今,制药公司等许多传统企业进入康养行业。阿里、腾讯、百度搜索等新兴企业均把握住这个机会跨界营销,投资康养领域的私立医院,引发了市场的高度关注。

四、康养产品层出不穷,康养服务不断优化

庞大的人口数量和需求与现有公共资源和健康养老服务网络资源不足之间的矛盾,必然造成健康诊疗产业的持续转型与新式健康诊疗产品和方式的层出不穷。这种方式的变化首先出现于养老服务行业。伴随着老龄人口快速增长和养老服务需求的提高,现有的敬老院、养老院、养老公寓等已不能满足市场需求,倒逼康养服务不断优化。

家庭和社区卫生服务开始普及化。从市场主体看,私营社区门诊所也有能力给予居家养老服务,其服务对象不局限于老年人。社区门诊所进到社区居家养老服务领域,不但可以处理养老服务资源匮乏的问题,而且能充分运用这些日常利用率不高的社区门诊所。现阶段,广东已经制定推动社会医疗政策,以提高高品质医疗资源的流动性,为扩张基础诊疗服务注入动力,推动当地实施养老服务、医疗资源与养老服务网络资源结合的"医养"方式。将来,医养将在诊疗卫生体制、养老服务和社区等多个方面得到提升。通过多种方式,创建覆盖城镇、具有一定经营规模的医疗服务网络,为全体社区住户提供诊疗服务。

"精准医学""森林诊疗""康养小镇""移动诊疗"都是新时代、新市场需求下衍生的健康诊疗产品。伴随着国家产业发展政策的正确引导,更多的社会资产正在进入健康诊疗行业。除大中型国有企业和社会资产外,一些创新型中小型企业同样受到市场的热烈欢迎。这些创新的小企业对市场敏感,反应灵敏。它们在处理市场需求问题时比大企业更具有创新性,同时也可以帮助大企业处理解决不了的问题,并且能够积极尝试与创新和健康诊疗有关的新模式、新技术、新产品。健康诊疗行业发展被注入新活力,预计更多创新健康诊疗产品和服务将层出不穷并被不断优化。

五、智慧健康养老成为热点

"互联网"的基本概念方式促进了许多传统行业的深刻转型。"互联网"定义被引进健康诊疗行业领域后,市场上出现了基于"互联网+养老服务"的O2O产品。

资产的逐利性与健康诊疗行业的长久性之间存在纯天然矛盾,社会资本和私营企业在发展前期更为重视平台和终端设备产品而轻资产战略,资产侧重于选择投资互联网平台智慧的健康诊疗项目,以快速攻占细分化市场。

工业和信息化部、民政部、国家卫生健康委关于印发《智慧健康养老产业发展行动计划(2021—2025年)》的通知(工信部联电子函〔2021〕154号)指出,智慧健康养老产业是以智能产品和信息系统平台为载体,面向人民群众的健康及养老服务需求,深度融合应用物联网、大数据、云计算、人工智能等新一代信息技术的新兴产业形态。它协同推进技术融合、产业融合、数据融合、标准融合,推动产业数字化发展,打造智慧健康养老新产品、新业态、新模式,为满足人民群众日益增长的健康及养老需求提供有力支撑。

到2025年,智慧健康养老产业科技支撑能力显著增强,产品及服务供给能力明显提升,试点示范建设成效日益凸显,产业生态不断优化完善,老年人"数字鸿沟"逐步缩小,人民群众在健康及养老方面的幸福感、获得感、安全感稳步提升。推进建设区域智慧健康养老服务综合信息系统平台,依托区域养老服务中心,推进养老补贴、养老服务、行业监管信息化,实现老年人信息的动态管理。鼓励各地建设区域性健康养老大数据中心,建立健全居民电子健康档案、电子病历、老龄人口信息等基础数据库。重点发展远程医疗、个性化健康管理、互联网+护理服务、互联网+健康咨询、互联网+健康科普等智慧健康服务。2021年,工业和信息化部、民政部、国家卫生健康委等联合开展2021年智慧健康养老应用试点示范遴选工作。

在保障老年人在数字社会中的正常权益方面,要在出行、就医、就餐、购物等高频服务场景中保留人工服务渠道,防止出现强制性数字应用、诱导性线上付款等违规行为。在开展数字助老行动、推动数字产品和服务适老化改造方面,鼓励开发适合老年人使用特点的硬件产品和软件应用,依托老年大学、养老服务机构等丰富老年人数字技能培训形式和内容,推动提升老年人数字素养与技能。

在利用"互联网+"大力发展"智慧养老"方面,鼓励互联网企业积极响应,各"大厂"纷纷宣布聚焦老年人日常生活涉及的出行、就医、消费、办事等高频事项和服务场景,主动进行适老化升级,以微信为代表的社交通信类 APP,进行默认字体放大,并添加了功能指引;以抖音为代表的娱乐资讯类 APP,通过线下沟通会优化产品;以美团为代表的生活服务类 APP,增加了语音点外卖、线下门票预订关怀版专区等功能。

商务部、中央网信办、国家发展改革委印发《"十四五"电子商务发展规划》,要求:积极构建"互联网+养老"模式,实现个人、家庭、社区、机构与养老资源的有效对接和优化配置;生活服务数字化赋能行动;积极发展线上线下融合的零售餐饮、家政养老、健康医疗、全民健身、美容美业、垃圾回收等便民生活服务。

第二节 我国康养产业发展的新机遇

如果把 2013 年作为中国康养产业"元年",那么,2023 年就是中国康养产业"第一个十年"的收官之年。与十年前不同,2022 年的中国康养产业完成"认知觉醒",对产业规律、政策导向、市场现状、行业格局、国外品牌、地区差异、营利模式有着清晰、清醒的认识。此外,更为重要的是,随着国家统计局《养老产业统计分类 2020》的颁布和产业创新的不断演进,一个"万物康养"的未来版图愈加清晰:每一个行业都将以自己的方式奔向"银发经济",银发群体将成为每个细分领域不可忽视的重要消费者。在这个特殊的产业发展节点上,我们看到,无论是刚刚准备进军康养的企业,还是已在康养扎根多年的企业,都在不约而同地思考一个问题,即下一个十年,中国康养产业有哪些发展机遇?

一、从被动刚需到主动消费,新老年人群体多维需求爆发,康养产业将是高附加值产业

高龄、刚需是过去十年康养产业的主旋律;未来,以"低龄、活力、品质、消费"为标签的新老年人群体将成为新蓝海。中国互联网信息中心在 2020 年公布的数据显示:我国中老年群体网民规模增速最快,50 岁及以上网民占比为 28%,规模近 3 亿;美团 2021 年发布线上消费报告显示:50 岁以上线上消费者同比增长 46.7%;携程

旅游2020年发布数据显示:"50后""60后"度假人群占比为35%……2022年始,中国第二次婴儿潮人群(1962—1973年)开始进入退休年龄,平均每年增加退休人口超过2 000万,这些老年人被定义为"新老年群体",他们具备以下五个特征:文化水平显著提高;有较多财富积累;有多维度消费需求;广泛涉猎互联网;独生子女父母。他们是推动中国银发经济发展的底层基础。

康养产业是涵盖文化、旅游、医疗等诸多业态的备受国民关注的新兴产业,随着旅居康养、医疗旅游、社区养老等多元模式的发展及以房养老、信用消费、疗养复合信托等新产融模式的出现,康养产业将会成为多元消费并存、产业链条化、产品创新化、资本社会化、智慧引领化的高附加值产业。

养老模式将是未来康养产业的重要布局,要将农村养老纳入乡村振兴战略通盘考虑。首先,要放开养老服务市场,实行政策兜底养老,加大医疗设置供给和医疗养老服务保障。其次,推动自上而下的政府推广向自下而上的"自发机制"转变,充分调动乡村村民自身力量,挖掘创新居家养老、互助养老、以地养老、"妇老乡亲"养老等养老服务供给方式。同时,要关注老年人家庭,引导青年就业、落实义务教育,阻断贫困代际转移。

二、在"长护险+医保+政采"共同推动下,社区居家养老快速发展

作为传统赛道,社区居家养老发展较为波折,始终无法找到可复制的营利模型,但近年来,在"长护险+医保+政采"等支付端政策支持下,以福寿康为代表的社区居家养老企业快速发展,并不断得到资本认可。

目前,长护险已普及至全国49个城市,约1.4亿人参保,年人均减负超过1.5万元;家庭病床已纳入医保,并在北京、上海、深圳、天津、杭州、福州、西安、成都、郑州、苏州等多个城市试点,逐渐全国推广;社区居家服务站点建设补贴、运营补贴、流量补贴及多种形式政府采购力度空前……此外,我们看到:除传统玩家外,已有多家头部险企建立居家养老业务部,整合优质服务资源,嫁接保险产品,探索政府支付以外的新型商业模式。

2022年，北京六部门联合印发《关于支持开展"物业服务＋养老服务"试点工作的通知》，确定北京首开集团等四家试点单位，"物业＋养老"再次承担起破局社区居家养老的新使命；知名巨头京东、阿里、华为、科大讯飞也早已通过互联网、科技的方式参与社区居家养老平台的建设、运营……

无论是立足客户规模、政策导向，还是立足产业发展、中国国情；无论是传统居家上门照护，还是社区嵌入式小微机构、智能居家科技终端、适老化家装、家庭医疗服务，社区居家都是康养产业中最让人兴奋的赛道之一，一切都刚刚开始。

三、床位空置率高，养老营销代理成为重要的平台

目前，全国各类养老机构整体真实入住率约为50%，大量养老床位长期空置已成为制约康养产业发展的顽疾。在这一背景下，营销化成为绝大多数康养企业/项目的核心痛点，需求旺盛。但在供给端，养老行业营销代理平台屈指可数，供需之间的巨大差异给养老营销机构带来巨大机会。目前，业内营销代理机构可分为"平台模式"和"项目模式"两类，前者既包括养老网等知名业内网站，也包括美团、大众点评等综合性生活服务平台，作为行业整体需求的汇集和分发；后者主要指类地产营销代理机构，采取项目制模式，集中精力和资源快速提升项目建设速度。

平台模式的价值在于提升行业整体获客效率，项目模式的价值在于提升单项目获客效率，两者各有侧重，商业模式、未来走向也截然不同。随着产业发展和企业成长，我们欣喜地看到，营销的价值越来越得到重视和认同。我们也坚信，营销可以给康养产业带来真正的希望，给康养项目带来盈利。

四、聚焦产业链生态协同，赋能"投资＋运营"双驱动成为趋势

2021年，昱言养老在业内首提"万物＋养老"理念，这背后是康养产业链的迅猛发展，以及产业链生态协同对于企业发展、营销获客、运营服务赋能的凸显。与早期单一赛道、单一产品线布局不同，今天的康养企业大多选择站在产业视角重新审视未来机会，也充分意识到产业链对于企业现有业务、现有项目的推动作用，纷纷布局老年大学、智慧养老、劳务派遣、建筑设计、营销获客、老年餐饮、适老环境、保

健食品等细分领域。与此同时,在布局方式上也与早期企业截然不同,"有所为有所不为"成为新康养企业的共同价值观。通过投资+运营双驱动模式,充分发挥各自在不同领域的机制、资源优势,从而构建企业的隐性竞争壁垒和战略护城河。

公建民营,是近年来各大康养企业首选的项目类型,竞争激烈。其实,与公建民营仅一字之差的"公办民营"也是一个巨大蓝海,在很多下沉区域,依然有很多优质项目获取机会。

无论是公建民营,还是公办民营,其本质都是通过引入市场化运营主体提升项目经营效率,从而实现政府减负和企业盈利的双赢局面。

因此可以得出:康养项目的经营提升(不是运营),是一个巨大的市场和商业机会,也是当前康养企业最愿意付费或需求合作的痛点。经营的提升,就是对项目财务指标、营利能力的提升,是一种"对结果负责"的直观体现。一个经营成功的项目,一定是个运营不错的项目;但一个运营成功的项目,却不一定经营得很好。这是行业走到今天,我们需要面对的一个事实。很多有远见的康养企业,早已开始整合内、外部资源,从"经营视角"不断重新梳理项目,寻求解法,即使那些已经实现入住率100%的项目,依然有巨大的盈利提升空间,通过有效的经营手段,可以大幅提高坪效、人效、客单价。近年来,外资养老品牌逐渐失去光环的一个很重要原因就是它们缺乏"经营思维"和"经营能力"。如果合作不能带来收益,只会增加成本,这种合作模式必然会越来越艰难。此消彼长,正是在这样的背景下,以红日、哺恩、陶乐家、寸草春晖为代表的本土品牌越来越得到行业和合作方的认同。

五、盘活老年人群体"闲置资源",激发老年人就业热情

从被动老龄到积极老龄,既是国家战略的高瞻远瞩,亦是个体层面的内在驱动。多项针对老年人群体再就业调查报告显示:我国老年人群体再就业意愿普遍较强,其中具备一定专业技能与特长的老年人再就业意愿最高,例如教师、医生、顾问、会计等。

老年人就业,是一个巨大的蓝海市场。在美国,60~64岁人口的就业率达到55%;在德国,60~64岁人口的就业率达到60.3%;在日本,60~64岁人口的就业

率达到68.8%……而中国60～64岁人口的就业率仅有26.9%，与发达国家相比，增量空间明显。

老年人群体工作责任心强，具备较强奉献精神，工作中充满激情，更愿意融入社会发展，综合用工成本较低。随着社会发展和企业认知加强，将会有越来越多适合老年人群体的就业岗位出现，从而盘活他们的"闲置资源"，为其提供更多选择。2021年年底，BOSS直聘曾推出"帮爸妈找个好工作"活动，我们相信，未来围绕老年群体就业供需两端的商业机会和营利模式会越来越多。

老年人群体，是互联网最大的"存量"。2021年，工信部要求115个网站和43个APP启动适老化改造。在政策的另一面，互联网巨头早已主动进军银发赛道，无论是腾讯的银龄学堂、贝壳的教老年人用手机，还是抖音的银色闪耀计划，都在积极抢占这最后一块增量市场。

在康养创新领域，老年大学是近年来的热门赛道，已有多个创业项目获得融资，但我们要清晰地看到：老年大学的投资价值并不在于业务本身的营利能力，而是其作为老年群体的流量入口价值。一旦成为银发经济的C端流量入口，就拥有了无限可能，因为无论是做产品、服务，还是做金融，最终都通过一个个具体的C端用户完成转化和变现，实现价值增长。

因此，对于老年流量型业务，是可以长期看好的，但在具体落地过程中，依然需要不断思考与迭代，例如：有没有比老年大学更高效、更低成本的获客方式？有没有可以同时完成获客和变现的创新业务？……虽然中国康养产业已走过十年，但相比于漫长岁月，这只是刚刚起步。凡是过往，皆为序章。中国康养产业的确定性和延展性将吸引无数企业、无数人才涌入。任何时代，都有机会；任何项目，都并非注定失败。相比于略显悲观的论调，我们更愿意用一种积极的、乐观的、有前瞻性的态度去面对中国康养的现在和未来，这是本书的初心所在。

六、养老社区模式不断升级，康养全龄社区未来空间无限

近年来，养老社区（CCRC）逐渐取代养老机构，成为各大头部企业布局的首选产品方向。同时，养老社区模式也不断迭代升级，向全龄社区、健康社区方向进化。

康养全龄社区的出现,改变了目前绝大多数养老社区脱离社会、过于高龄的生活场景,更符合未来中国长者对老年生活的向往。2021年,贝壳研究院发布《2021社区居家养老现状与未来趋势报告》,从"养老居住"的角度展现了未来中国老年人理想中的养老场所和方式,居家养老再次成为首选。山东省滨州市欣悦健康打造的"一张床·医康养"医养结合新模式为康养全龄社区建设提供了可资借鉴的样板模式(详见附录一)。我们相信:随着市场教育的深入,康养全龄社区将愈得到客户认可,成为中国特色养老的成功实践。

随着康养产业的不断发展,建筑设计、适老家具、智慧养老等康养产业链不断洗牌,以昱见为代表的产业门户平台成为下一阶段的新机会。康养产业链集聚了无数细分领域,每个细分领域又集聚了无数企业,如何在纷繁复杂的资源网中找到适合企业/项目的、高性价比的服务商、产品供应商以及相关资源是很多企业的真实痛点。

产业门户平台的价值并不在于简单的资源展示,而是对优质服务商、供应商的筛选、评估,以及后期管控。在这方面,美国老年护理产品及服务供应平台Direct-Supply是一个比较成功的案例。该平台可以降低企业进入康养产业的门槛,以及提高企业/项目进入的成功率。为别人创造价值,自己才会有价值,这是康养产业平台的机会和使命。

七、专业化养老服务和长期照护等项目,将是健康养老模式的有效突破点

当前,我国康养产业深耕社区养老模式,国内高端养老地产的兴起主要源于地产行业升级,总体呈现养老地产化。随着养老地产竞争加剧,未来竞争内容将转向专业化养老服务本质,地产行业特征将会向延长后产业链中单一地产节点的专业化转变,地产租赁回报模式将转向基于多元服务的、更具选择性和弹性的利润群。基于服务内涵本身和服务对象,面向普通老年人的日常照料和面向高龄或疾病老年人的专业化长期照料,将成为养老服务模式的专业化服务重点。

第三节 我国康养产业发展的对策和建议

一、促进养老体系发展多元多业态发展

(一)居家养老：以上门医疗、家政和康复需求为主

居家养老是指老年人以家庭为中心，其日常生活及照料均由家人完成，仅在有必要时，寻求养老机构、医疗机构提供医疗及心理援助。居家养老主要涉及的服务包括养老机构等提供的上门助浴助卫、日间照护、上门医疗、上门康复、家政清洁等。此外，居家养老用户会购买如移动诊疗、紧急按钮等设备，为老年人在家生活提供安全及健康保障。居家养老是我国最普遍的模式，目前居家养老花费主要由子女和老年人个人收入自费承担，政府补贴较少，因此基本属于自费市场。而政府补贴部分一般由各地民政局承担，但支付的客单价很低，只能保障老年人最基本的需求。

案例 3-1　南京新百旗下安康通

安康通成立于1998年，是国内最大的居家养老服务企业，以自有互联网平台为入口，通过室内硬件系统、移动智能设备与专业化的家庭服务团队相连接，为家庭成员和助老员转送实时信息及专家建议，为老年人提供居家紧急救助、居家照护、健康管理等服务。安康通属于养老服务平台型企业。其核心基础业务是自营居家呼叫中心，由安康通提供居家通信设备，可提供一键紧急呼救功能。由于该核心业务使用场景有限，服务频次低，后续也发展出日常家电维修、代购商品、预订出租车以及查询天气等生活服务项目，这些服务项目都由第三方合作机构提供，可以更大程度地满足老年人复杂而琐碎的需求，提升用户黏性。安康通收入主要包括服务费与平台开发费。服务费包括信息服务费、援助服务费和健康管理服务费，其中，信息服务主要是通过安康通设备为老年人提供的咨询、查询、代购、家政、维修等服务；救援服务主要是安康通提供的日间照料、助餐、助洁、助浴、心理疏导等服务；健

康管理主要是电话医生服务。平台建设是为政府部门建设各类养老服务平台的收入。费用收取对象主要是政府部门、企业和个人。

(二) 社区养老：负担低、专业化、响应快的养老模式

社区养老以家庭为主要生活场所，在社区建设养老服务中心，通过提供店内床位及专业护理、便利药品及设备销售、就近换药、康复训练及紧急救助，上门提供医疗、护理、养老餐、助浴、心理疏导等获得盈利。一方面，社区养老可以在很大程度上满足老年人医疗及护理方面的需求；另一方面，老年人在需求得到满足的同时仍与家人同住，最符合我国孝道传统需要，也可以减轻老年人负担。目前这种模式在我国是受政策鼓励支持的发展方向。

案例 3-2 凤凰股份

凤凰股份专注于房地产开发及销售，以各类商品住宅，包括中高层住宅、低密度的多层住宅与别墅销售为主，拥有国家一级房地产开发资质。公司旗下健康养老地产项目凤凰怡然居主要为花园洋房和低层建筑产品，项目占地面积近 20 万平方米，建筑面积约为 17.2 万平方米，通过配备活动中心、康复养老中心，与南京爱乐思健康合作，实现康复医院、护理院、养老院、社区机构服务项目的覆盖。凤凰股份以原有房地产业务配套养老设施为基础，实现养老服务走进社区。主要收入为服务费、床位费等。其中：服务费包括店内服务及就近上门服务；床位费一般按年、按房间类型收取。

(三) 机构养老：目前高端机构营利模式较为清晰

机构养老是指为老年人提供专门生活场所，如养老院、福利院和敬老院等，并提供日间照料、医疗护理、康复锻炼、老年社交等服务。我国机构养老以公办机构为主，民办机构为辅。民办机构又分为高端机构和中低端机构。目前这种模式在我国占比较低，而在欧美发达国家较为普遍。

案例 3-3 宜华健康亲和源

宜华健康亲和源（简称亲和源），成立于 2008 年，目前在上海、浙江、辽宁、山东和江西等地有 9 个养老园区。亲和源以宜老化养老社区为依托，通过会员制入住模式，为老年人提供秘书式生活照料、医疗护理及社交娱乐服务。亲和源收入主要分

为会员费和服务费。按照床位可转让与不可转让,亲和源将会员卡分为A卡和B卡;另外,按照大、中、小户型的区别,两种会员卡有不同等级的收费:A卡根据户型的不同收取不同的年费,另外再收取一次性会员费;B卡根据户型不同收取不同会员费,再每年收取一定的年费。除会员费收入,后续服务也分为免费和自费两种。收取到的会员费、服务费,亲和源一方面用于现有项目运营团队的投入,一方面用于新项目的开发,从而实现项目的不断拓展和完善。

二、发展生态康养,为乡村振兴战略下养老行业创造新机遇

乡村振兴为生态康养产业发展迎来新的机遇,各级人民政府应当发挥农村资源和生态优势,支持特色农业、休闲农业、现代农产品加工业、乡村手工业、绿色建材、红色旅游、乡村旅游、康养和乡村物流、电子商务等乡村产业的发展;支持发展农村普惠型养老服务和互助性养老。国家鼓励社会资本到乡村发展与农民利益联结型项目,鼓励城市居民到乡村旅游、休闲度假、养生养老等。完善土地支持政策,对集中连片开展国土绿化、生态修复达到一定规模和预期目标的经营主体,可在符合国土空间规划的前提下,在依法办理用地审批和供地手续后,将一定的治理面积用于生态旅游、森林康养等相关产业开发。

森林康养是生态康养的重要内容之一,国家林业和草原局印发《全国林下经济发展指南(2021—2030年)》(林改发〔2021〕108号),明确了森林康养的释义:以森林景观和森林环境为背景,以森林食品、生态文化等为主要资源和依托,配备相应的养生休闲及医疗、康体服务设施,开展以修身养性、调适机能、延缓衰老为目的的森林游憩、度假、疗养、保健、健身、养老等活动的统称。该指南强调,立足地方社会经济发展水平、消费需求、传统文化及森林资源等本底条件,因地制宜开展保健养生、康复疗养、健康养老、休闲游憩、健身运动、健康教育等森林康养服务,重点突出、科学定位,构建特色突出、差异化发展的森林康养产业体系。

三、完善产业政策、基础设施,发展战略新兴产业

加速发展服务业。推动现代服务业专业化和顾客价值向高端品牌拓宽,推动

各种企业登记参加服务项目提供,加速研发与制造的发展。智慧物流、法律援助等服务行业,推动服务业与高端装备制造、现代化农业紧密结合,完成服务项目智能化,推动生活服务类产品高品质多元化更新,加速发展保障身心健康、养老服务、育儿教育、度假旅游、家政服务、房地产业等服务行业,提升公益型和特殊服务提供,推进服务业标准化和特色化。

综合推进设施建设。新设备系统软件合理布局,加速第五代移动通信技术、工业物联网、大数据技术等基本建设。

加快智能化发展。发展数字经济,推进数字产业化和产业数字化,增进数字经济和传统产业紧密结合,构建具备竞争力的数字化产业群。

四、促消费、扩投资,全方位拉动消费

在发展康养的消费上,适应消费理念升级发展趋势,进行传统消费,培养消费升级,适当调整公共消费。对焦知名品牌,推动交易健康绿色安全性发展,激励新消费模式向业态创新发展。发展服务消费,放开外资企业的市场准入制度。

拓展投资空间,优化投资结构,保持投资合理增长。消费理念升级、传统消费和培养消费升级的态势,也为生态体系健康发展提供极佳的发展机会,产生新的消费方式和新商圈。国家发改委等14单位印发《近期扩内需促消费的工作方案》,其中多处内容涉及健康教育服务项目发展,尤其是带薪年休假的实行,对推动生态健康和发展起着至关重要的作用。生态健康诊疗不但有机会填补社会民生的薄弱点,而且可能作为战略新兴产业得到项目投资。

五、康养职业技能培训将成康养产业新增长点

加大人力资本投入,增强职业技术教育适应性,提升我国高等职业教育、产教融合、校企合作办学,充分发挥网络远程教育优点,完善终身学习体系,建设学习型社会,有利于化解我国环境卫生人才缺乏难题。2020年10月,人力资源社会保障部、民政部、财政部、商务部、中国妇联发布《关于实施康养职业技能培训计划的通知》(人社部发〔2020〕73号),给出了任务目标。2020—2022年,将培训超过500万

名医护人员,其中养老护理超过200万名。灵活运用目前各种技能和公共性实践基地,提升全国各地10个左右(康养)技能型人才基地的专业标准、教师队伍等建设,持续提高学生的水平。

六、加快推进康复医疗,稳妥推进长期护理保险制度试点

实现养老保险金全国统筹,逐渐延迟退休年龄。推进社会医疗保险、失业险、工伤险省级统筹,完善重疾医保和救济规章制度,推行异地就医结算,进一步创建长期护理保险规章制度,积极、主动发展商业医疗保险。伴随着职业教育进一步加强和学习型社会的持续发展,人才的培养难题逐步适时解决。我国适用发展多层面、多支撑点的养老保障体系,积极主动发展商业医疗保险。

医养康养护理迎来发展机遇,国家卫生健康委员会、国家发展和改革委员会等八部门联合印发《关于印发加快推进康复医疗工作发展意见的通知》(国卫医发〔2021〕19号)指出,康复医疗工作是卫生健康事业的重要组成部分。加快推进康复医疗工作发展对全面推进健康中国建设、实施积极应对人口老龄化国家战略、保障和改善民生具有重要意义。该意见在健全完善康复医疗服务体系、加强康复医疗人才培养和队伍建设、提高康复医疗服务能力、创新康复医疗服务模式等方面提出了具体的要求。

老年医疗护理服务试点。国家卫生健康委办公厅印发《关于开展老年医疗护理服务试点工作的通知》(国卫办医函〔2021〕560号),国家卫健委在北京市、天津市、山西省、吉林省、上海市、江苏省、浙江省、安徽省、山东省、湖北省、广东省、广西壮族自治区、海南省、四川省、陕西省等15个省区市试点老年医疗护理服务。为引导有条件的地区加快发展老年医疗护理服务,先行先试,探索创新多元化老年医疗护理服务模式,积累老年医疗护理服务的机制体制和政策体系等方面的有益经验,发挥典型示范带动作用,以点带面推动全国老年医疗护理服务快速发展。在相关政策的大力支持下,医养结合、康养产业、康复医疗、长期护理等专业服务将成为新的发展趋势。

七、以中医药健康产业全方位推动健康中国建设

2021年6月15日,国家卫健委办公厅发布《关于实施进一步便利老年人就医举措的通知》(国卫办医函〔2021〕311号),提出不断优化医疗服务流程,改善老年人就医体验。要优化挂号、预约诊疗流程,减少老人就医障碍。一方面,要设立老年人快速预检通道,由专人指导老年人查询健康码;另一方面,要提供多渠道预约挂号服务,除了传统挂号渠道倾斜外,还鼓励医联体牵头医院逐步将预约诊疗信息系统延伸至医联体内的医疗卫生机构、医养结合机构,畅通双向转诊通道。要从科室建设角度,鼓励设置老年医学科。鼓励有条件的二级及以上综合医院设置老年医学科,开设老年人综合服务门诊,提供诊疗、康复、护理、用药指导等"一站式"服务。

要推动老年人居家医疗服务,将病床延伸至老年人家中。鼓励医疗机构通过医联体、互联网等手段将服务延伸至老年患者家中,按照《关于加强老年人居家医疗服务工作的通知》要求,通过家庭病床、上门巡视、家庭医生签约等方式,根据《居家医疗服务参考项目(试行)》,结合实际优先开展需求量大、医疗风险低、适宜居家操作实施的技术和服务项目。

全方位推进健康中国建设。优先选择发展居民健康医疗,坚持预防为主,进一步推动健康中国行动,完善国民健康推动现行政策,织密健康中国保障网,为人民群众提供专业、全周期的健康医疗。适用社会办医,推进远程医疗系统。坚持中西医并重,全力发展中医药学工作。重视健康文化教育、慢性病和残疾恢复服务水平、精神心理和身心健康。广泛开展爱国卫生运动,推动全民养成文明行为等良好的生活习惯。完善全民健身运动服务体系,加速大健康产业发展。

健康中国建设是国家战略,为推进健康中国建设,国家有适用社会办医、营销推广远程医疗系统、全力发展中医药学工作、培养全员文明行为合理膳食、加速大健康产业发展等政策扶持。生态康养产业链具体内容更加丰富,服务项目更加全面。

第二篇

康养服务人才

第四章

我国人才观的流变及其对技术技能人才培养的影响

第四章 我国人才观的流变及其对技术技能人才培养的影响

伴随着改革开放的日益深入和经济社会的快速发展,"人才是第一生产力"的理念已经深入人心,培养大量适岗人才成为学生、家长以及社会各界的普遍共识。但是,对于什么样的人有资格被称为"人才",人才应该具备哪些特点和素质等,国内曾展开过长期而激烈的讨论。其实,纵观我国5 000多年的发展历程,伴随着时代更迭和诉求变化,"人才"的内涵和外延也在不断地做出调整。本章拟通过对我国人才观及人才培养机构演变过程的梳理,分析并找到引发人才培养变化的根源,以及人才观流变对我国技术技能人才培养产生的影响。

第一节 我国传统人才观

在我国5 000余年的历史发展长河中,由于社会形态以及经济、政治发展水平的不同,对人才的诉求也不一样。教育作为人才培养的基础,在不同的历史时期、不同的社会形态下,经历了不同的发展阶段和发展形态。

一、我国古代人才培养机构的更迭

早在商代的甲骨文卜辞中,就已经有关于教学的记录。当时的学习内容主要包括习武、习礼、书写、计算等。西周时期,以"六艺"即礼、乐、射、御、书、数等为主要内容,大力培养贵族子弟,期盼其能够成为道德高尚、体魄强健的未来统治者。同时,《礼记·王制》记载,西周时期民间优秀子弟可以被选入国学学习,同学之间"入门以齿",即按照年龄排序而不是按照学生的出身门第排序。这是中国古代最早关于平民子弟享有与贵族子弟同等的受教育权的记载。此时的教育机构主要是"官学",即"学在官府"。

春秋时期,孔子提出人的天赋素质没有太大区别,相互之间的差异是由后天教育与社会环境影响而形成的[1]。因而,人人都可以受教育,人人也都应该受教育[2]。他在杏坛讲学,开创了私学先河,使教育范围在平民中进一步扩大。随后,诸子百

---

[1] 子曰:"性相近也,习相远也。"出自孔子著,景菲编译,支旭仲主编.论语[M].西安:三秦出版社,2018:131.
[2] 子曰:"有教无类。"出自孔子著,景菲编译,支旭仲主编.论语[M].西安:三秦出版社,2018:121.

家如纵横家、法家、墨家等也纷纷广收门徒,培养各式各类的人才。一时间,呈现出"百花齐放、百家齐鸣"的现象。私学作为"基础教育"开展的一个重要载体,对知识的普及起到了至关重要的作用。

西汉时期,由政府设立的官学大行其道。元朔五年(前124),汉武帝效仿春秋战国时期的"养士"之风,建立太学以"养天下之士",设置博士弟子50名。太学面向平民开放,可通过直接选拔和地方选送两种方式进入太学学习。至汉成帝时,太学中的博士弟子增至3 000人。汉质帝时,更是增加到了30 000余人。汉代太学规模之宏大世所罕见。光和元年(178),东汉灵帝创办了专门学习文学艺术的洪都门学,成为中国历史上最早的"专科大学"。

魏晋南北朝时期,由于政局纷乱,官学时兴时废。但这一时期出现了涉及律学、书学、算学、文学、医学等实用内容的学校,如南朝的四学馆(含儒学馆、玄学馆、文学馆、史学馆),大大丰富了教育内容。《南齐书·礼志》记载,西晋在"贵贱士庶皆需教,国学太学而存之"的理念影响下,在招收官员子弟的中央官学之外,开始面向平民子弟开设官学。这成为我国封建统治者面向平民子弟设立官学的开端。

隋朝时,隋文帝设立了国子寺,官学再次由衰转兴。隋炀帝继承隋文帝的政策,将国子寺改名为国子监。唐朝时,中央官学繁盛,制度完备,以儒家经典教育为内容的经学和以专门知识为内容的专科教育并存,如国子监设立了国子学、太学、四门学、律学、书学、算学等。开放的办学态度,使官学教育在唐朝达到了顶峰。此外,唐朝还出现了由著名学者私人创建或主持的高等学府,即书院。

书院虽然兴起于唐朝,但在北宋初年达到顶峰。比较著名的书院有应天书院、岳麓书院、白鹿洞书院、嵩阳书院、石鼓书院等。南宋后期,书院逐渐落寞。但宋代设立了地方教育行政机构——提举学事司,将学校教师纳入管制,由政府任命或升迁。地方官学得以普及。

元朝时,政府进一步放宽了平民百姓接受教育的限制条件——除专门为皇家后裔开办的宗学与民族学校以外,普通官学不再设出身门第要求。官学成为平民百姓通过刻苦学习"平步青云"的一个重要载体。也正因如此,官学逐渐成为科举制度的附庸,失去了开放的办学格局。国子监作为全国最高教育机构,与各级地方官学一起,一直延续到清末才被新式学堂所取代。

太学、国子监以及各级地方官学,作为我国封建社会上层统治者培养人才的主要场所,在办学育人、繁荣学术、科举取士等方面积累了经验,取得了成就,在中国乃至世界教育史上都占有非常重要的地位,起到了巨大的作用。而私学的兴起,打破了上层统治阶级对教育的垄断,使基础教育得到了最大限度的普及。特别是蒙学的发展,在知识传播上起到了不可替代的作用。

二、我国古代人才培养理念及其形成原因

在长期的人才培养过程中,我国的传统教育形成了众多先进的人才培养理念。如孔子提出的"有教无类"教育思想,为人人接受教育提供了理论基础;"学而不思则罔,思而不学则殆",提倡学生将学习和思考结合在一起获取知识;"博学之、审问之、慎思之、明辨之、笃行之",培养了学生的批判性思维和辩证性思维;等等。但是,伴随着皇权的高度集中和封建制度的日益巩固,中国传统的人才培养视野却越走越窄。

春秋时期,"百家争鸣"带来了文化的高度繁荣和教育的长足进步,各类人才井喷式发展。无论是倡导"仁政"的儒家,还是在各国间纵横捭阖的纵横家,抑或是大兴变法的法家、精于技巧设计的墨家等,都各凭本事在社会发展进步中占据一席之地,且没有高低贵贱之分。"士农工商"仅仅作为"上古四民"的分类而存在,并不代表彼此之间的差异和等级。如《春秋谷梁传》云:"古者有四民:有士民,有商民,有农民,有工民。"《管子·小匡》云:"士农工商四民者,国之石民也。"此外,从《墨子·公输》中也可以非常直观地看出来,楚王对公输班这样的匠人态度恭敬,没有一丝一毫的怠慢。

然而,秦汉以来,对于人才的定义愈加狭窄。"士农工商"也不再仅仅是行业的划分,而是有了政治色彩,代表着不同的社会地位。这主要是因为:

在经济层面上,聚族而居、精耕细作的农业文明,孕育了自给自足的生活方式,形成了根深蒂固的农政思想,国家和人民对科技创新、工业进步、商业发展等的需求并不高也不迫切。为了推动农业发展,虽然在天文历法、机械制造、水利工程等方面涌现出一批优秀的专家学者,如汉朝的张衡、三国时期的马钧、隋朝的宇文恺等,他们的发明创造和宏大工程,不仅造福了当时的黎民百姓,也为后人留下了熠熠生辉的工匠精神。但是,从历史文献记载来看,无论从人才数量上还是他们所处的社会地位上,都远远落后于"学而优则仕"的士子们。

在政治层面上,上层统治者担心商人的富足会给自己的统治以及早已确立的等级制度带来冲击。为了维护自己的特权地位,他们推行"重农抑商"的政策,极力

限制商品经济的发展,严重抑制了我国古代商品经济的萌芽和发展,并从根本上使技术技能开发和创新丧失了动力。秦汉以来,我国几乎没有出现特别有名的商人。直到明清时期才出现了沈万三、胡光墉等知名商人,但也都在封建皇权面前一败涂地。

文化层面上,西汉初期"罢黜百家,独尊儒术",使儒家思想逐渐成为我国封建社会的正统思想。儒家的教化以人际关系事务为中心,旨在通过个人在心智和道德上的自我约束维系稳定的社会秩序。在教育目标上,更加注重从道德上完善个人品行,而忽略了实践层面的锻炼和培养。"学而优则仕""劳心者治人,劳力者治于人"等观念逐渐深入人心,进一步抑制了科学技术的发展和实践人才的培养。

明清以后,统治者实行了"闭关锁国"的政策。唐宋时期形成的开放的办学格局消失殆尽,教育视野更是日益狭窄扭曲。文字狱的残酷让读书人噤若寒蝉,埋头经文,不问世事。"八股取士"也使得学校教育逐渐沦为统治阶级操纵人民思想的国家机器,加剧了脱离实际的学风,对学术发展、科技进步、经济与社会发展等都产生了消极的影响。

第二节 我国近现代人才观

1840年,英国人用坚船、利炮和鸦片敲开了中国的大门。随后,西方列强发动了一系列侵略战争,逼迫中国签订了大量丧权辱国的不平等条约。中国一步步沦为半殖民地半封建社会。为了救亡图存,从清政府到民间的有识之士,在人才培养上进行了大胆的尝试和积极的探索。

一、晚清末年人才观及人才培养机构

列强入侵的冷酷现实,让清政府和民间的有识之士认识到:科举考试选拔出来的"人才"不能救中国;以"礼"和"仁"为核心思想、将德育放在首位的中国传统儒家教育,不能有效推动科技进步、经济发展和生产力提高;中国要救亡图存,达到"师夷之长技以制夷"的目的,必须培养大量专门人才,发展工业、科技、军事……清末"四民皆士"的平等主义理想、西方文化入侵带来的教育视野的逐步开阔,以及对传统文化信心的全面崩塌,使中国迅速摒弃了传统的儒家教育;在教学内容上,移植

第四章　我国人才观的流变及其对技术技能人才培养的影响

西方百科全书式的课程,天下万事万物都是学习研究的对象;在教学语言上,开展了"白话文运动",将教育从文言文中解放出来,变成人人都听得懂的语言……自给自足式自然经济的解体,工业、商业、金融业、交通运输业等现代经济产业的迅速发展,科学技术以及生产机器越来越广泛的使用,在客观上为社会教育的开展提供了可能与基础。通过一系列探索和变革,在官方和民间的共同努力下,截至辛亥革命,我国已经基本建立和实施了近代学制。

(一)民间有识之士的探索

林则徐最先提出了学习西方先进文化和科技的主张。以奕䜣、曾国藩、李鸿章、左宗棠、张之洞等为代表的洋务派,把这种观点落到了实处,开设新式学堂培养各种新型人才。"中学为体,西学为用",逐渐成为教育改革的主导思想。1862年,京师同文馆建立。它是清末第一所官办外语专门学校,也被视为中国近代教育的起点。1866年,清朝船政大臣沈葆桢在福建福州马尾港开设福州船政学堂,以"习学洋技"为宗旨,培养专门的船政人才。福州船政学堂分为前学堂和后学堂,前学堂学习制造技术,又称造船学堂,目标是培养能够设计制造各种船用零件并进行整船设计的人才;后学堂则主要是学习驾驶和轮机技术。1868年,前学堂内添设"绘事院"和"艺圃",其中"绘事院"主要培养用图纸生产的制作人才,"艺圃"实际上是在职培训学校,其采用的工读结合的教育模式开创了我国近代职工在职教育的先河。此后,洋务派兴办了矿物学堂、机械学堂、电报学堂、武备学堂等大量新式学堂,选拔并派遣留学生到国外学习先进的科技和军事技术,对旧式的教育体制形成了一定的冲击。但是,洋务派主要关注教育如何转化为强大的生产力,对于教育塑造人、改造人的功能有意无意地忽视了。在改革效果上,最终没能改变中国面临的困境,实现"兴我国邦"的愿望。

19世纪末,以康有为、梁启超、严复等为代表的维新派认为,中国的衰弱不仅由于科技落后,更是由于"民智"未开。因此,新式教育不能只注重技艺培养,更应关注人本身的发展。严复最先提出救亡图存"三育"论,即"鼓民力""开民智""新民德"。梁启超则提出"新民"观点,指出废除科举是培养"新民"的根本前提①。1895年,康有为等发动"公车上书",联络各省一千多名举人上书光绪帝,提出"八股取士"戕害

---

① "变法之本,在育人才;人才之兴,在开学校;学校之立,在变科举。"出自梁启超.《论变法不知本源之害》《饮冰室合集·文集》[M].第一册.北京:中华书局,1989:10.

人才,主张发展教育,推广西方科学文化知识。同年,王文韶、盛宣怀在天津创办西学学堂——北洋大学堂,这是近代官办的第一所学堂。

(二)清政府的探索

面对严峻的国内国外形势,清政府在内忧外患的形势下实施了一系列改革教育的新举措、新办法。1898年,开设了中国近代第一所国立大学——京师大学堂,成为中国近代国立高等教育的开端。1902年,制定《钦定学堂章程》。1903年,正式颁布管学大臣张百熙、荣庆、张之洞等拟定的《奏定学堂章程》,对各级各类学校的目标、年限、入学条件、课程设置及相互衔接关系等做了严格的规定,形成了一整套完备的学校制度。这是近代中国第一次形成相对完备的国家教育体系。1905年,诏准了张百熙、张之洞、袁世凯等废科举以推广学校的上奏,决定自1906年起废科举、兴学校。同年,设立中央学部作为国家最高教育行政机构,并在各省设提学使司、在各府厅州县设劝学所,加强对教育的协调管理。至此,中国古代的官学被近代学校教育所取代。1911年爆发的辛亥革命虽然推翻了清政府的统治,但清政府确立的教育体系却为近代教育的发展奠定了基础,设立了雏形。

(三)教会学校的萌芽与发展

与此同时,教会学校得到了长足的发展。早在鸦片战争前,外国传教士就在中国沿海岛屿开设学校,教教民识字、读写,以更好地传播教义。同时,为了取得中国老百姓的信任和好感,教会还开设了大量的儿童学校和民众学校。这在客观上推动了基础教育的普及和推广。鸦片战争后,大量传教士涌入香港、广州、福州、宁波、上海、厦门等地。1844年,英国"东方妇女教育促进会"派遣的阿尔德赛在宁波开设了一所女子学校。这是中国最早的教会学校,并开创了中国女子接受教育的先河。此后,教会学校数目和在校学生数量急剧增加。据统计,到1898年,仅美国传教士所办学校就有初等学校1 032所,学生16 310人;中等以上学校74所,学生3 819人[①]。这一阶段的教会学校主要是小学和中学。从19世纪80年代起,教会教育开始由中小学向高等教育过渡。中国最早的教会大学是1882年成立的山东登州文会馆。至1911年辛亥革命爆发前夕,教会已在我国开设圣约翰大学、东吴大学、长沙雅礼大学等10余所高校。

---

① 出自辛彦怀.《对中国近代教会学校的认识与评价》[J].河北师范大学学报(社会科学版).1993(01):80.

二、民国时期人才观及人才培养机构

(一)新政权对教育改革的探索

1911年,辛亥革命推翻了清王朝的封建统治,新政权急需受过新式教育的各式各类人才。孙中山就任临时大总统后,多次发布有关发展教育的令示,强调教育为立国之本,对改造国民人格具有重要的作用。他大力倡导发展高等教育、师范教育与女子教育,普及义务教育,实现教育的平民化和大众化。

蔡元培于1912年发表《对于教育方针之意见》,认为教育应该以培养健全的人格为方针,并对封建教育的核心内容"忠君"与"尊孔"进行了批判,主张实施世界观教育和美感教育。他还提出实施"五育"并举,即军国民教育、实利主义教育、公民道德教育、世界观教育和美感教育,以使受教育者全面和谐发展的新教育宗旨。蔡元培的"五育并举"思想,极大地冲击了旧教育领域内的封建专制主义,体现了资产阶级自由、民主、平等的教育精神,最终成为培养近代国家所需人才的指导方针。同年,作为南京临时政府教育总长,蔡元培颁布了《普通教育暂行办法》,并主持制定了《大学令》和《中学令》。这是中国的第一个大学和中学校令。在校令中,蔡元培再次强调,要把中学和大学建造成健全国民的学校。此外,他还主张采用西方教育制度,废止祀孔读经,实行男女同校等改革措施,确立起中国资产阶级民主教育体制。1919年,新文化运动爆发,众多新思潮涌入校园,推动了中国教育思想的发展。新文化运动的先锋们高举"科学""民主"两面大旗,批判孔孟之道的旧教育,提倡政治与教育、民主结合起来,发展以科学和民主为核心的新式教育。蔡元培立即将"科学"和"民主"精神引入北大校园,为"五四文化运动"打下了基础。

1924年,国民党开始实施"党化教育"政策,在广州创办黄埔军校,培养革命军事人才。1927年,南京国民政府成立,积极倡导建立新教育机构、改革学制、变更教学内容,大力发展事业教育、普通教育、社会教育和女子教育。1928年5月,中华民国大学院在南京召开第一次全国教育会议;次年4月,国民政府公布《中华民国教育宗旨及其实施方针》,确立三民主义教育宗旨,要求学校一律开设党义课。1929年4月,国民党中央执行委员会制定《中小学训育主任办法》,规定各级各类学校都要设立训育人员,训育主任必须由国民党员担任等,并通过教育部通令各省遵照执行。于是,在"民族主义"的旗帜之下,国民党逐步强化了对各级各类教育的全面控制。

（二）教会学校的发展壮大

20世纪前20年,是教会教育事业的繁荣时期,其办学规模发展到顶峰,形成了幼儿园、小学、中学、大学教育体系。从教育类型上来看,除普通教育外,教会教育还开办了职业教育、特殊教育、社会教育等。根据1921—1922年"中华基督教教育调查团"的报告,仅基督教会学校(包括幼儿园、初等小学、高等小学、中学、师范学校、大学、神学院、医学校、盲人学校、聋哑学校等)在五四运动前夕就有7 382所,学生总数达到21万余人。

伴随着教育主权意识的觉醒,我国的教育家们提出了"新教育中国化"的主张,认为教育要符合中国国情,排斥教会学院的存在和发展。1924年,在非基督教运动基础上,民间首次提出"收回一切外国人在华教育权"的主张。在国家主义教育派的呼吁下,北洋政府陆续颁布了一批整顿教会学校的法令。南京国民政府成立后,规定各教会学校都要在政府备案、执行政府颁布的学制等,继续限制乃至禁止教会学校办学。

到1937年抗战爆发前,教会学校不断遭受社会舆论、学生运动、国家权力等的冲击,许多教会学校停办,学生退学或转至公立学校就读。抗战爆发后,大批教会学校内迁,部分学校停办,也有一些学校依靠教会保护或者与日本法西斯合作继续办学。抗战胜利后,各教会学校纷纷回到原址复校。到1946年秋,复校工作已经基本完成,部分学校很快恢复到了抗战前的办学规模和水平,但也有许多学校受到战争带来的通货膨胀影响而举步维艰。

（三）民办学校及教育思潮的活跃

中国的私学具有蓬勃的生命力,不仅没有受到政权更迭的影响,反而在各种教育思潮的碰撞中出现了短暂的繁荣,涌现出一大批教育大师:张伯苓先后创办南开中学、南开大学、南开女中、南开小学和重庆南开中学,形成了著名的南开教育体系,为国家培养了包括周恩来在内的大批人才,被尊为"中国现代教育的一位创造者"。后期,他还接办了四川自贡蜀光中学。陈嘉庚先后创办集美小学、集美中学、师范、水产、航海、商科、农林等学校(统称集美学校)和厦门大学,为中国的教育事业做出了卓越贡献。陶行知提出要打破教育与学校、与社会隔离的藩篱,积极倡导生活教育、爱国教育,大力发展农村教育、平民教育。他先后创办晓庄学校、生活教育社、山海工学团、育才学校和社会大学,凝练形成"生活即教育""社会即学校""教

第四章 我国人才观的流变及其对技术技能人才培养的影响

学做合一"三大主张。注重幼儿教育的陈鹤琴提出"活教育"的主张,认为受教育者必须有健全的身体、建设的能力、创造的能力、合作的精神和服务的精神,成为今天素质教育的先行者。

五四运动后,民主教育家们以培养健全人格为宗旨,不遗余力地推介先进资本主义国家的教育思想,形成了一次以教育组织形式、教学内容、教学方法平民化、通俗化为标志的教育改革热潮。在这次改革热潮中,涌现出大量教育思潮,如国民教育思潮、工读主义思潮、平民主义教育思潮、科学教育思潮、实用主义教育思潮、职业主义教育思潮、美感教育思潮等。

19世纪末、20世纪初在我国兴起的国民教育思潮,把国民素质的改造与重建视为社会改革与发展的关键,以造就健全人格的新型国民为宗旨,主张打破传统的小众教育、养士教育,面向全体国民推行普及教育、义务教育。工读主义思潮萌发于第一次世界大战期间,蔡元培、吴玉章、李石曾等人对旅法华工开展的实践教育中。在发展过程中,工读主义思潮演化为四个流派:第一个流派以北高师学生为主要代表,主张通过普遍设立"工学主义"团体改造社会,用"工学主义"精神改造教育。第二个流派受无政府主义、空想社会主义思想影响,将工读视为对新组织、新生活、新社会的追求,其理想是建立一个无阶级、无剥削、无贫穷,"人人做工,人人读书,各尽所能,各取所需"的美妙理想社会。第三个流派以李大钊为代表,提出初步具有共产主义思想的知识分子的主张,认为要帮助青年半工半读,使教育与职业合一,使知识阶级与劳工阶级打成一片。第四个流派以胡适和张东荪为代表,提倡美国式的半工半读,即介绍学生到工厂劳动并以工资作为学费。"新文化运动"后,为了实现自由、民主、平等的社会,当时的共产主义者和实用主义者都提出了要推行平民主义教育,主要内容包括提倡教育平等,保障平民受教育的权利,推行教育普及和提高国民素质等。1914年,任鸿隽与赵元任等留美学者在美国发起组织"中国科学社",倡导科学教育,主张将科学内容与方法渗入各项社会事业,用理性的精神和科学的态度来判断一切社会问题,建设中国的"真教育"。实用主义是由美国著名哲学家、教育家约翰·杜威提出的,主要包括"教育即生活""教育即生长""学校即社会""教育即经验"等以儿童为中心的教育理论,并在此基础上提出了"做中学"教学理论。美感教育由王国维首倡,得到了梁启超和蔡元培的支持和推动。蔡元培认为,美育是实现和谐、完美人格的途径,对于人类情感的陶冶具有重要作用,因此要重视美术、文学的感染力,通过实施家庭美育、学校美育、社会美育,把美育与德育、智育、体育结合起来以培养完整的人格。同时,他还提倡以美育代替宗教,鼓励人们向科学进步的时代迈进。此外,以徐特立为代表的无产阶级教育家主张普及教育,关注健全人格的实现。徐特立提出,办教育应重实际、重创造,为革命办学、依靠群众办学;倡导女子教育,先后创办了周南女学、长沙女子师范和湖南第一女子师范学校等。总之,徐特立在对封建特权教育提出尖锐批判的同时,认为教育大众化不应等同于教育庸俗化等,对新中国成立后的教育发展也产生了一定的影响。

(四)无产阶级教育的萌芽与蜕变

在各种思潮激荡融合、各种观点激励交锋的形势下,早期无产阶级教育思潮开始萌芽。特别是五四运动以后,中国无产阶级作为一支独立的政治力量,开始登上历史的舞台。此后,中国共产党带领广大人民群众通过武装斗争建立了革命根据地,通过在不同历史时期制定的不同的教育方针,使马列主义、毛泽东思想逐步成为指导中国教育的重要理论依据,无产阶级教育主张逐步得到贯彻和实现。同时,教育为阶级斗争、革命战争和扩大、巩固、建设革命根据地做出了重要的贡献。

1. 苏维埃文化教育

1931年11月,中华苏维埃共和国第一次全国工农兵代表大会在《中华苏维埃共和国第一次全国工农代表大会宣言》中明确提出其教育方针:"工农劳苦群众,不论男子和女子,在社会、经济、政治和教育上,完全享有同等的权利和义务。""取消一切麻醉人民的封建的、宗教的和国民党的三民主义教育。"1934年1月,毛泽东在第二次全国苏维埃代表大会的工作报告中,更具体、明确地阐述了苏区教育的根本方针是"在于以共产主义的精神来教育广大的劳苦民众,在于使文化教育为革命战争与阶级斗争服务,在于使教育与劳动联系起来,在于使广大中国民众都成为享受文明幸福的人";文化建设的中心任务"是厉行全部的义务教育,是发展广泛的社会教育,是努力扫除文盲,是创造大批领导斗争的高级干部"。因此,普通教育、干部教育和成人教育,作为最主要的教育形式,构成了苏维埃文化教育的主体。

苏区的普通教育以采用五年制义务教育的小学为主,分为全日制和半日制两种。而半日制小学教育往往具有半工半读的性质。同时,作为义务教育的主体,小学往往允许工农子弟免费入学,对红军家属、烈士子女或家庭特别困难者,还给予一定补贴。中学教育则多采取与干部教育相结合的形式。

第四章 我国人才观的流变及其对技术技能人才培养的影响

干部教育分属红军系统、党与群众团体系统、行政系统和教育系统,以在职培训和干部学校为主要形式,通过在职干部学校和干部训练班组织实施,旨在提高在职干部水平或训练某种专业人员。1931年以前,干部教育主要是在职教育,以随营学校、教导队、短训班等形式进行。1931年以后,苏区政权逐步稳定,干部训练班在继续发挥在职干部教育作用的同时,类别更加丰富,实施更加规范,并在此基础上产生了干部学校。1933年以后,一批重要的高级干部学校建立,苏区干部教育从不正规、半正规向正规化过渡,形成了较为完整的干部教育体系,出现了一批较有影响的干部学校,如培养党政高级干部的马克思共产主义大学、苏维埃大学、红军大学等,培养各个部门中层干部的中央农业学校、中央列宁师范学校、高尔基戏剧学校等。此外,瑞金还有红色通信学校、军医学校、看护学校等。各根据地也都办有一些固定的、有一定规模的党政军干部学校。

成人教育分为军队和地方两种。军队中的成人教育往往以连队为单位,以识字班为主要组织形式,让有文化的首长作为总教员,利用作战间隙教战士们读书识字。地方上的成人教育往往以自然村落为单位,以夜校、补习学校、识字班、俱乐部为主要组织形式,通过识字牌、剧团、板报、宣传栏等,将土地革命、马克思列宁主义宣传同普遍的群众性识字学习结合起来,利用生产闲暇时间开展教育。

2. 抗日民主根据地教育

抗战时期,毛泽东通过对"抗战教育"和"国防教育"的深入思考,做出了"教育须即时应变"的论述,提出"民族的、科学的、大众的文化,就是人民大众反帝反封建的文化,就是新民主主义的文化,就是中华民族的新文化"。中国共产党领导的各抗日民主根据地,依据"一切为着前线,一切为着打倒日本侵略者和解放中国人民"的总方针,不折不扣地执行了中共中央制定的一系列教育方针政策。如为了吸引大批知识青年、著名文化学术界人士,延安和各抗日民主根据地制定和执行了"文教统一战线"政策,其他还有"干部教育第一、国民教育第二"政策,"实行生产劳动"政策、"民办公助"政策等。

抗日民主根据地的普通学校教育包括初等小学、高等小学、中等学校。小学教育基本延续苏区制度——学制五年,前三年为初小,后两年为高小。在教育内容上,十分关注适应战争的需要,初小设国语、算术、常识、美术、音乐、劳作、体育,高小增加政治、自然、历史、地理。其中,劳作课以生产劳动为主,体育课以军事训练为主。

有些条件较差的根据地,初小只设国语(含国语与常识)、算术两门课。1944年边区文教大会后,民办公助政策得到普遍推行。各边区政府放手让群众按照自己的需要因地制宜地办学。人民群众和教育工作者在敌占区包围下,创造了生动活泼、形式多样、富有战斗性的学校形式。由于政策的灵活性和认识到边区办教育的特点,小学教育得以健康发展,抗日根据地的小学教育较之苏区时期发展得更为成熟,在办学思想、办学形式、教育内容等方面形成了不少经验和特点,影响了以后的教育。

根据"干部教育第一,国民教育第二"方针,抗日根据地的中等学校虽然培养中学生,但主要是培养在职干部。在办学形式上,不仅有正规学制的中学、师范,而且有各种短训班。抗日战争时期陕甘宁边区的中级干部教育可以分为三个阶段:1940年前为开创阶段,中等学校数量不多,学制、课程模仿抗大、陕北公学,多为短训班性质;1940—1942年为发展阶段,在"提高质量"的口号下,以"培养小学教员及新知识分子"为任务,强调"文化课与政治课并重",学制二至三年;从1942年整风运动到1945年为成熟阶段。在职干部除需要接受各根据地的中级教育以外,还可以参加高级干部学校的培训。当时,延安由中央直接领导的学校就有17所,如中共中央党校、中国人民抗日军事政治大学(简称"抗大")、陕北公学、鲁迅艺术学院、延安大学等。华北根据地、华中根据地、淮北苏皖根据地等也建立了高级干部学校,与延安一起为抗战培养了大批军政干部。其中,建校最早、最具有典型示范作用的是中国人民抗日军事政治大学。

此外,根据中央的精神,各抗日根据地积极开展以成人教育为重心的群众教育,创造了冬学、民众学校(民校)、夜校、半日校、识字班(组)、读报组以及剧团、俱乐部、救亡室等形式多样、生动活泼的教育组织形式。其中,尤以冬学和民校最受欢迎、最普遍、最广泛。冬学是利用冬闲时间对农民群众进行教育的组织形式。参加冬学的学员,多为15～45岁、识字不满1 000字的男女村民。教学时间如延长到全年,则为民校。抗战期间,冬学成为在经济落后的农村地区扫除文盲、普及初级文化教育的最有效形式。

3. 解放区新民主主义教育建设

1945年9月至1949年9月是人民解放事业取得决定性胜利的时期,中国共产党在完成繁重的解放战争任务的同时,适时制定了一系列教育方针政策。包括扩大教育界的统一战线,即将绝大部分知识分子归入"劳动人民"范畴,纳入统一战

第四章 我国人才观的流变及其对技术技能人才培养的影响

线;实施教育工作重心的转移,即将文化教育工作重心由农村向城市转移,由战时向平时过渡,开始教育的"新型正规化"尝试等。

1946年春,陕甘宁边区召开中等教育会议,山东解放区也召开全省第二次教育会议,讨论研究学校正规化的问题。但由于国民党的进攻,教育正规化没有真正推开实施。1948年,伴随着解放全国态势的形成,教育正规化重新提上日程。东北行政委员会第三次教育会议、华北中等教育会议、山东解放区第三次全省教育会议相继召开,都讨论了教育正规化的问题,并做出了精神大体一致的规定。如加重文化课比重,对学制、学校管理、教学方法、教师待遇等做出明确规定等。经过各解放区的共同努力,普通中小学正规化教育有了很大发展。同时,对高等教育也开展了一系列整顿和建设,如举办抗大式训练班、创办新大学、对原有大学进一步正规化等。

总之,中国共产党领导下的革命根据地教育,在严酷的斗争环境下,通过紧紧依靠人民群众,切实做到了与革命任务紧密结合、与生产劳动紧密结合,达到了为革命战争和阶级斗争服务的目的。作为一种新型的革命教育,它具有无产阶级和人民大众的性质,具备联系实际、讲究实效的学制,教学内容和教学方法也别具一格,在中国教育史上有着十分重要的地位。

第三节 中华人民共和国成立后的人才观

中华人民共和国成立以后,党中央确定了实施新民主主义教育的方针,指出教育要为工农服务,为生产服务;继承了近代"培养健全人格"这一教育理念,提出要培养德、智、体、美全面发展的接班人;出于发展工业和建设国家的需要,提出了高等教育应致力于培养为国家建设服务的高级专门人才和建设干部的要求和目标。在教育形式上,批判地继承了国统区的正规学制,包容教会教育,在一定程度上保留了延安教育模式即干部培训,并积极引入苏联高度专业化的高教模式。

一、建国初期的教育发展

1950年6月,教育部召开第一次全国高等教育会议。同年8月,政务院批准颁布《高等学校暂行规程》《专科学校暂行规程》,指出大学及专门学院"以理论与实际一致的教育方法,培养具有高级文化水平、掌握现代科学和技术成就的、全心全意为人民服务的高级建设人才"。专科学校"以理论与实际一致的教育方法,培养能掌握现代科学和技术成就、全心全意为新民主主义建设服务的专门技术人才"。各地教会学校由于意识形态问题,在行政干预下逐步改变为人民公益事业。截至1953年,共有514所教会中等学校被接管为公立学校,在华教会中学走向消亡。

1952年,教育部根据"以培养工业建设人才和师资为重点,发展专门学院,整顿和加强综合大学"的方针,在全国范围内进行院系调整。专门学院和工业大学数量增多,成为新中国高等教育的重心。1952年至1955年,高等教育部和教育部频繁针对全国各类高校召开会议,确定人才培养具体教学目标。

1957年,毛泽东提出教育要培养有社会主义觉悟、有文化的劳动者。

从1958年开始,教育日益走向政治化,提出要为无产阶级服务、与生产劳动结合,并以政治表现优劣作为衡量大学生合格与否的标准,抹杀了学习成绩的重要性。这一思想观念在"文化大革命"时期达到了登峰造极的程度。

二、20世纪80~90年代的教育发展

拨乱反正以后,邓小平提出尊重知识、尊重人才,解放思想、增加投入,以发展教育。1982年,邓小平指出,教育要面向现代化、面向世界、面向未来,成为建设有中国特色社会主义教育的指导思想。同年,第五届全国人民代表大会第五次会议通过的《中华人民共和国宪法》指出:"国家培养青少年、少年、儿童在品德、智力、体质等方面的全面发展。"

1985年5月27日,《中共中央关于教育体制改革决定》(中发〔1985〕12号)指出,要培养"四有、两热爱、两精神"人才,即"所有这些人才,都应该有理想、有道德、有文化、有纪律,热爱社会主义祖国和社会主义事业,具有为国家富强和人民富裕而艰苦奋斗的献身精神,都应该不断追求新知,具有实事求是、独立思考、勇于创造的科学精神"。这一表述首次在战略高度上明确了教育的地位、作用和任务,为全面改革教育指出了方向,以及达到目标的基本途径和方法,标志着教育开始踏入正轨。同时,文件指出要以中等职业技术教育为重点,积极发展高等职业技术教育,逐步建立一个从初级到高级、行业配套、结构合理,又能与普通教育相互沟通的职业技术教育体系,使职业教育步入迅速发展期。然而由于财力有限,在推行"两基"(基本普及义务教育、基本扫除青壮年文盲)攻坚任务的同时,国家没有能力实现高等教育的普及,因此此时的高等教育依旧实施的是精英教育。

第四章 我国人才观的流变及其对技术技能人才培养的影响

进入 20 世纪 90 年代,高新科技发展对人才的需求、国际人才的竞争以及经济全球化等因素,给中国教育现代化赋予了新的内容和要求。1995 年 5 月 6 日,中共中央、国务院颁布了《关于加速科学技术进步的决定》(中发〔1995〕8 号),把教育现代化作为"科教兴国"伟大战略的奠基工程。

1996 年 5 月 15 日,我国第一部职业教育法《中华人民共和国职业教育法》正式颁布,确立了职业教育在中国教育体系中的法律地位。教育功能也开始从社会本位向以人为本转变,提出教育要注重学生个性发展,鼓励学生创新精神的培养。

1999 年 7 月 9 日,《中共中央、国务院关于深化教育改革 全面推进素质教育的决定》发布,标志着素质教育开始进入国家政策层面。此时,在经济建设大踏步发展的加持下,九年义务教育基本普及,高等教育改革开始朝着大众化方向迈进。高等教育的毛入学率从 20 世纪 80 年代低于 5% 到 2000 年达到 11%,20 年间翻了一番。

三、新世纪的教育发展

进入 21 世纪,我国进入深化教育领域综合改革,推进教育治理体系与教育治理能力现代化的新阶段。国家高度重视创新型人才培养,加快建设一流大学和一流学科,提升我国高等教育的综合实力和国际竞争力。

2013 年 9 月 30 日,在中共中央政治局第九次集体学习时,习近平总书记提出,"要深化教育改革,推进素质教育,创新教育方法,提高人才培养质量,努力形成有利于创新人才成长的育人环境"。同年 11 月 15 日,《中共中央关于全面深化改革若干重大问题的决定》颁行,将"深化教育领域综合改革"作为"推进社会事业改革创新"的首要内容。

党和国家高度重视职业教育,提出大力发展职业教育、加快发展现代职业教育,构建现代职业教育体系,提升国民素质。2014 年,国务院印发《关于加快发展现代职业教育的决定》(国发〔2014〕19 号),全面部署加快发展现代职业教育,明确今后一个时期加快发展现代职业教育的指导思想、基本原则、目标任务和政策措施,提出"到 2020 年,形成适应发展需求、产教深度融合、中职高职衔接、职业教育与普通教育相互沟通,体现终身教育理念,具有中国特色、世界水平的现代职业教育体系"。

2016 年 9 月,习近平总书记在北京市八一学校考察时强调:"要深化办学体制、管理体制、经费投入体制、考试招生及就业制度等方面的改革,深化学校内部管理制度、人事薪酬制度、教学管理制度等方面的改革,深化人才培养模式、教学内容及方式方法的改革,使各级各类教育更加符合教育规律、更加符合人才成长规律。"

2017年10月,习近平总书记在党的十九大报告中明确提出"深化教育改革",并对各级各类教育深化改革的方向做出指示,既回答了为什么要进行教育领域深化改革的问题,也指明了教育领域如何深化改革的方略,是促进教育向前发展的不竭动力。

2018年4月,教育部召开新闻发布会,积极推动具备条件的普通本科高校向应用型转变,把普本办学思路转到服务地方经济社会发展,产教融合、校企合作,培养应用型、技术型人才上,引导高校主动对接经济社会发展和区域产业布局,灵活并有前瞻性地规划、调整专业结构,积极打造地方(行业)急需、优势突出、特色鲜明的应用型专业。

2019年初,中共中央、国务院印发《中国教育现代化2035》,成为当下和未来一段时间中国教育现代化的指导纲领。文件指出,要培养"德智体美劳全面发展的社会主义建设者和接班人",大力发展"孔子学院""孔子课堂""鲁班工坊","建设世界一流高等学校""国际一流的国家科技创新基地"。

此外,我国的民办教育发展迅速,形成了从学前教育到高等教育、从学历教育到非学历教育,层次类型多样、充满生机活力的发展局面,有效增加了教育服务供给。

第四节 我国技术技能人才培养及职业教育的发展

一、科举制度抑制了技术技能人才培养和职业教育发展

早在两千多年前,以"工匠祖师"鲁班、"中华科圣"墨子、"造车鼻祖"奚仲等为主要代表的能工巧匠们,就以精妙绝伦的心思、巧夺天工的技艺闻名于世。闪闪发光的"班墨奚"匠心文化,不仅是我国职教文化的根脉所在,也是我国工匠精神和科学精神具有强大文化自信和文化基因的根本所在。然而,在漫长的历史发展进程中,由于缺少上层统治者的支持、缺乏社会大环境的包容,"班墨奚"匠心文化虽然

第四章　我国人才观的流变及其对技术技能人才培养的影响

一直隐现于中国历史的每个发展阶段,但是没有得到足够的重视和大力的弘扬。

直到教育格局宏大的隋唐年间,发明创造、技术技能传承等,因其对唐朝的经贸繁荣起到了极大的促进作用,才再次在社会上被视为高尚的事业。工匠等掌握专门技艺的技术技能人才,也因此而受到社会重视和朝廷赏识。其后,伴随着科举考试制度的日益发展壮大,培养技术技能人才的社会重要性再次被逐步湮没在历史的烟尘中。

特别是在宋代以后,以培养技术技能人才为主要目的的教育活动,较少受到官方的支持和庇护,往往以自发的方式存在于人们日常生活和生产当中。比较主流的技术技能传承方式主要有两种:一是以父子之间亲授技艺为主要形式的家庭成员之间的技艺传承;二是以师傅带徒弟为主要形式的学徒培训制度。这两种形式广泛存在于与人们日常生活息息相关的各行各业中,如裁缝、鞋匠、理发匠等。

19世纪末至为了给政府培养和提供在军事、行政管理以及外交事务等方面的专门性人才,洋务运动兴建了一批现代学校。虽然这些学校主要由一些思想进步的改革派官员发起,没有得到朝廷的大力提倡和普遍推广,但对我国近代技术技能人才的培养起到了很好的示范和带动效应。

二、技术技能人才培养与职业教育萌芽

19世纪末至20世纪初,为了适应资本主义政治经济发展对教育需要满足民主化、工业化的要求,在欧洲、美国等发达资本主义国家兴起一场广泛的教育改革运动。在这场后来被称为"实用主义思潮"的教育改革中,欧美国家开设了大量的新型学校,废除传统的课程体系,设置与现代社会生产生活相适应的新课程……同时,涌现出一批具有世界影响的职业教育理论大家与教育实践活动者。

约翰·杜威(John Dewey,1859—1952),美国著名哲学家、教育家,被誉为"哲学家们的哲学家""美国人的顾问、导师和良心""创立美国教育学的首要人物"。他秉持"教育无目的论"和"教育适应生活说",提出实用主义教育思想。该思想主要包括"教育即生活""教育即生长""学校即社会""教育即经验"等以儿童为中心的教育理论,并在此基础上提出了他的核心思想,即"做中学"教学理论。杜威在1916年出版的《民主主义与教育》一书中专列"教育与职业"一章,对职业教育相关问题进行了精辟的论述:"职业教育的作用不仅在于学生谋生、就业的前景与适应性的增强上,而且在于它能改革传统的'读书学校',并利用工业的各种因素使学校生活更

富有生气、更富有现实意义。""最根本的问题不是要训练各个人从事于某种特别的职业,而是要使他们对于必须进入的职业产生生动的和真诚的兴趣。如果他们不愿成为社会的寄生虫,则要使他们知道关于那种职业社会的和科学的态度,目的不是要训练养家糊口的人。"正是基于此,杜威一再强调,职业教育的最终目的就是帮助一个人"找出适宜做的事业并且获得实践的机会,这是幸福的关键"。杜威的这种教育思想对美国及至世界职业教育的实践产生了深远的影响。

在我国,"职业教育"一词最早见于山西农林学堂总办姚文栋1904年写的一封书信中:"论教育原理,与国民最有关系者,一为普通教育,二为职业教育两者,两者相成而不相背。"[①]在此之前,具有职业性质的教育通常被称作"实业教育"或"生计教育"。鸦片战争以后,清政府内的洋务派为了"自强求富",先后兴办了一批制造枪炮、船舰和弹药的军工厂。全国各地也纷纷建立军事技术学堂、武备学堂,以及电报、铁路、矿务等实业技术学堂。1866年创办的中国近代第一所高等实业学堂、中国第一所近代海军学校——福建马尾船政学堂,不但培育出我国近代第一批造船、航海专门人才,更培养出启蒙思想家严复、民族英雄邓世昌、铁路之父詹天佑等一大批民族英才。船政学堂自创办之始,即革新了沿袭千年的科举制与重义理、轻技艺的教育模式,将西方的科学技术引入课堂,重视理论与实际相结合,堪称近代职业教育发轫的标志,对我国近代职业教育的发展具有重要意义。此外,清政府为了解决贫民流离失所引发的严峻社会问题,主动为失业手工艺人、乞丐、惯犯、小偷以及普通劳工提供实业技能培训,并于1904年1月颁布《癸卯学制》。这被认为是我国确立职业教育(实业教育)制度的标志。

1922年11月,北洋政府发布《学校系统改革案》,正式确立职业教育在学制上的法律地位。当时的职业教育以六种形式见于各种教育:小学高年级的职业预备教育、初级中学和高级中学分别设立的职业科,单独设立的职业学校、大学及专门学校附设的职业专修科以及补习学校的职业科。

1928年5月,国民政府召开成立后的第一次全国教育会议,为职业教育发展确立了基本的政策方向。尽管如此,职业教育在进一步发展的过程中,依然面临着诸多困难和挑战,如办校数量偏少、办理不善、经费不足等,最终没有形成大的规模。

除此之外,我国近代职业教育还得到了一大批教育界和实业界有识之士的大

---

① 出自刘桂林.《中国近代职业教育思想研究》[M].北京:高等教育出版社,1997:136.

第四章 我国人才观的流变及其对技术技能人才培养的影响

力推动——他们希望通过职业教育来实现救亡图存、挽救民族危机、富国强兵、振兴国家,如黄炎培、陶行知、晏阳初、梁漱溟等。他们在职业教育实践活动中相互启发、激励,有力地推动了中国职业教育的发生和发展。

1917年,黄炎培、蔡元培、梁启超、张謇、伍廷芳等联合教育界、科技界、实业界知名人士等48人,创建了中华职业教育社。同年5月6日,该社在上海宣告成立并发表了《宣言书》。

"中国近代著名的职业教育倡始人"黄炎培,于1916年在江苏成立了我国第一个省级职业教育研究机构。他认为,职业教育的目的在于"使无业者有业、使有业者乐业"。他积极倡导职业教育"社会化、科学化",提出了职业教育的本质是社会性,职业教育的作用是社会化,"手脑并用""做学合一"是职业教育的基本途径,"职业教育的原则着重在社会需要""用科学来解决职业教育问题"等著名论点。

陶行知是中国现代教育史上伟大的人民教育家。他深受杜威职业教育思想的影响,并将其职业教育思想加以本土化改造,发展出了一套以"生利"为核心,以培养人的"生活力"为目标的、符合当时中国实际的职业教育理论体系。他提出"社会即学校"等生活教育理论,把教育的本质定义为"生活即教育",提倡职业教育的基本途径是教学做合一。

晏阳初,我国民国时期乡村建设学派的创始人之一。用教育改革中国社会的道路实践,是他的职业教育理想。为此,他提出"生计教育",并于1929年带领一批知识分子投入平民教育实验探索。他认为,要对农民开展最低限度的现代农业生产知识与技术培训,如选种、园艺畜牧等知识与技术;要利用合作方式教育农民组织自助社、合作社、联合会等经济组织,力争基本保证民众的生计问题;要改良农业工艺,使农业与副业并举以增加农民经济收入等。

有"中国最后一位大儒"之称的梁漱溟,组织开展了乡村教育运动。其本质就是以教育为中心,把乡村的政治、经济、文化、卫生、军事等进行统筹规划。主要内容包括,通过乡村合作社和知识分子的领导,把散漫的农民组织起来;通过加强对农民的合作教育、科技教育、消费引导、艺术教育、涵养熏陶等,推进乡村建设。

三、现代以来我国技术技能人才培养与职业教育的发展

(一)新中国成立后至改革开放前的"确立阶段"

新中国成立后,开始针对成年劳动者,包括干部、工人、农民和市民开展大规模

的扫盲和业余教育,并将识字教育与学员从事的具体生产任务相联系。同时,逐步建立起由中央业务部门直接管理中等技术教育和中等专业教育的制度,于1951年明确了"技术教育"和"中等专业教育"在学制中的地位。当时的中等专业学校主要包括技术(如工业、农业、交通运输等)学校、师范学校、医药及其他(如贸易、银行、合作、艺术等)中等专业学校。此外,国家还另设有初级技术学校和初级师范学校,并在这两类学校中设有短期技术培训班或技术补习班、师范速成班或小学在职教师进修班等。

1954年9月26日,《中央人民政府、政务院关于改进中等专业教育的决定》指出,中等专业夜校可在工程技术人员条件较好,并具有现代技术装备的大型企业中开展;中等专业学校必须十分重视生产教学,包括教学实习与生产实习,以加强教学中理论与实际的联系。

1957年3月31日,中共中央批准的《关于当前工厂企业职工教育中几个问题的报告》中指出:"教育要结合生产,对于工矿企业的职工教育来说是一个中心问题。教育的内容、方法和制度必须结合工矿企业生产的特点来确定。"

1959年5月24日,中共中央国务院发布《关于在农村中继续扫除文盲和巩固发展业余教育的通知》指出:"农民业余学校要教学政治和文化,还要教学生产技术知识,使教育直接或间接地为生产建设服务。"

1965年12月7日,教育部发布《关于今冬明春开展农村业余教育的几点意见》指出:"为适应农村开展科学实验、传播先进生产经验、建设稳产高产田的需要,必须开展技术教育。""有条件的地方要积极发展业余初等和中等技术学校班,或组织青年参加中等技术函授学习,有计划地为农村培养各种技术人才。根据生产的需要,配合农林、科协等部门举办的各种短期培训班,培养农村当时迫切需要的会计、电工、兽医、卫生保健人员等。通过业余学校的技术课和举办技术讲座等形式,普遍宣传一般的农业科学技术常识。"

高等院校开展技术培训,始于1953年中国人民大学开办的财经类专业函授教育。1953—1955年,多所财经和师范高等院校开展了内容丰富的专业函授教育,促进了技术技能人才的培养。

1958年,一种新的教育模式——"半工半读"学校率先在天津国棉一厂出现。在当时的条件下,这种"半天劳动、半天学习"的模式,让更多的人有了受教育、学技能的机会,扩大了职业教育的覆盖面,因此在城市和乡村得到了最大限度的推广。

第四章　我国人才观的流变及其对技术技能人才培养的影响

到1965年,我国已有中等职业学校7 294所,在校生达到了126.65万人,占当时高中阶段学生总数的53.2%。

(二)改革开放以来至20世纪末的"发展阶段"

1980年10月,国务院提出"应该实行普通教育与职业技术教育并举"等"三个并举"方针,首次出现"职业技术教育"这一政策术语。从20世纪80年代初开始,国家逐渐将发展职业技术教育作为培养大批有知识、有文化劳动后备力量的主要途径,提出"要重视对没有升学的高中、初中和小学毕业生的职业技术教育,通过举办农民技术学校短期培训、专题讲座等,使他们获得一技之长","将部分普通高中改办为职业中学、职业技术学校或在普通高中设职业班;发动各行各业举办职业中学、职业技术学校或举办学制长短不一的职业技术培训班……改革和办好中等专业学校和技工学校……力争到1990年,使各类职业技术学校在校生与普通高中在校生的比例大体相当"。

1985年5月,中共中央、国务院在京召开改革开放以来第一次全国教育工作会议,讨论中共中央《关于教育体制改革的决定(草案)》。同年5月27日,中共中央《关于教育体制改革决定》(中发〔1985〕12号)正式颁布,指出"发展职业技术教育要以中等职业技术教育为重点,发挥中等职业学校的骨干作用,同时积极发展高等职业技术院校","中等职业技术教育要同经济和社会发展的需要密切结合起来……充分调动企事业单位和业务部门的积极性"。自此,"职业技术教育"作为一种政策术语,逐渐取代了"中专教育"。在这个文件的推动下,我国逐步建立起了从初级到高级、行业配套、结构合理,又能与普通教育相互沟通的职业技术教育体系,使职业教育步入了迅速发展的时期。

1986年,我国召开了第一次全国职业教育工作会议,促进了整个社会对职业技术教育的认识,推动了职业技术教育的发展。

1991年10月,国务院提出20世纪90年代发展职业技术教育的主要任务是"对现有各类职业技术学校加强规范化管理,集中力量办好一批起示范和骨干作用的学校","推进现有职业大学的改革,办好一批培养技艺性强的高级操作人员的高等职业学校"。

1994年7月3日,国务院发布了《关于〈中国教育改革和发展纲要〉的实施意见》(国发〔1994〕39号),指出要"大力发展职业教育,逐步形成初等、中等、高等职业教育和普通教育共同发展、相互衔接、比例合理的教育系列","职业教育的培养目标,应以培养社会大量需要的具有一定专业技能的熟练劳动者和各种实用人才为主","已进行学历教育为主的职业学校,原则上由各级教育部门进行管理。职业培训和在职的岗位培训工作,原则上由各级劳动、人事部门和有关业务部门进行管理"。这份纲要性政策文件,对于我国20世纪90年代中后期及以后的职业教育发展产生了巨大影响。其中一个重要的表现就是,为教育部门与劳动部门之间在管理职业教育和职业培训上的分工进行了固化。

1996年5月,我国第一部职业教育法《中华人民共和国职业教育法》正式颁布,确立了职业教育在中国教育体系中的法律地位。教育功能也开始从社会本位向以人为本转变,提出教育要注重学生个性发展,鼓励学生创新精神的培养。

1998年7月,《国务院关于调整撤并部门所属学校管理体制的决定》正式发布,专业经济部门从此不再直接参与管理中等专业学校和技工学校,同时也不再直接举办职业教育。在以实现政企分开为指导原则的政府机构改革大趋势下,我国职业教育政策发展方向在20世纪90年代末开始发生根本性的转变。

1999年1月11日,为加快培养面向基层、面向生产、服务和管理第一线职业岗位的实用型、技能型专门人才的速度,探索以多种形式、多种途径和多种机制发展高等职业技术,教育部和国家计委联合提出"按新的管理模式和运行机制举办的高等职业技术教育为专科层次学历教育,其招生计划为指导性计划……由举办学校颁发毕业证书,与其他普通高校毕业生一样实行学校推荐、自主择业","举办高等职业技术学院教育的学校主要包括:短期职业大学、职业技术学院、具有高等学历资格的民办高校、普通高等专科学校、本科院校内设立的高等职业教育机构、经教育部批准的极少数国家级重点中等专业学校、办学条件达到国家规定合格标准的成人高校等"。此后,在国家机构改革的背景下,国家对中专学校、技工学校等的管理体制做出了相应的调整。技工学校成为开展劳动预备制培训、下岗职工再就业培训及在职职工培训的重要基地,也是实行职业资格证书教育的重要依托。

总之,20世纪90年代中后期,在以实现政企分开为指导原则的政府机构改革背景下,以往行业主管部门和企业发展职业技术教育的权利和责任被不断弱化,职业教育从技术教育、中专教育、普通教育、专业教育等政策术语中被剥离出来,变得越来越清晰。

(三)21世纪以来的"调整和振兴阶段"

2002年8月,国务院就"大力推进职业教育改革与发展"做出决定,指出"要以

第四章　我国人才观的流变及其对技术技能人才培养的影响

中等职业教育为重点,保持中等职业教育与普通高中教育的比例大体相当,扩大高等职业教育的规模","重点办好骨干和示范作用的职业学校和职业培训机构","规范中等和高等职业学校的名称","充分依靠企业举办职业教育……企业要和职业学校加强合作,实行多种形式联合办学,开展'订单'培训,并积极为职业学校提供兼职教师、实习场所和设备,也可在职业学校建立研究开发机构和实验中心"。

2005年10月,国务院就"大力发展职业教育"提出决定性意见时指出,"继续完善'政府主导、依靠企业、充分发挥行业作用、社会力量积极参与、公办与民办共同发展'的多元办学格局和'国务院领导下,分级管理、地方为主、政府统筹、社会参与'的管理体制","中等职业教育招生规模与普通高中招生规模大体相当,高等职业教育招生规模占高等教育招生规模的一半以上","实施职业教育示范性院校建设计划"等。

2006年3月,教育部发文指出,"中等职业学校在校学生,最后一年要到企业等用人单位顶岗实习,高等职业院校学生实习实训时间不少于半年","职业院校要将推进工学结合、半工半读作为学校改革发展的基本方向"。同年11月,经国务院同意,教育部、财政部决定,在"十一五"期间实施"国家示范性高等职业院校建设计划",并提出高等职业教育必须以加强基础能力建设为切入点,把改革与发展的重点放到加强内涵建设和提高教学质量上。

2010年3月,教育部成立"全国中等职业教育教学改革创新指导委员会"(简称"全指委")和"行业职业教育教学指导委员会"(简称"行指委"),同时决定在部分地区和学校开展国家教育体制机制改革试点。

2011年6月,教育部提出要发挥行业在改革和发展职业教育中的指导作用,指出:"行业是建设我国现代职业教育体系的重要力量","要支持行业根据发展需要,教育引导和鼓励行业企业开展校企合作,充分发挥行业人才供需职业教育发展规划等方面的指导作用","促进行业职业学校在专业建设和教学实践中发挥更大作用,不断提高职业教育人才培养的针对性和适应性"。

(四)党的十八大以来的"迅速发展阶段"

党的十八大以来,习近平总书记从国家战略全局出发,高度重视职业教育。他所做出的有关职业教育的重要论述,为职业教育改革发展指明了方向。

2014年6月,习近平总书记就加快职业教育发展做出重要指示。他强调,职业教育是国民教育体系和人力资源开发的重要组成部分,是广大青年打开通往成功成才大门的重要途径,肩负着培养多样化人才、传承技术技能、促进就业创业的重要职责,必须高度重视、加快发展。他指出,要树立正确人才观,培育和践行社会主义核心价值观,着力提高人才培养质量,弘扬劳动光荣、技能宝贵、创造伟大的时代风尚,营造人人皆可成才、人人尽展其才的良好环境,努力培养数以亿计的高素质劳动者和技术技能人才;要牢牢把握服务发展、促进就业的办学方向,深化体制机制改革,创新各层次、各类型职业教育模式,坚持产教融合、校企合作,坚持工学结合、知行合一,引导社会各界特别是行业企业积极支持职业教育,努力建设中国特色职业教育体系;要加大对农村地区、民族地区、贫困地区职业教育支持力度,努力让每个人都有人生出彩的机会。他要求,各级党委和政府要把加快发展现代职业教育摆在更加突出的位置,更好支持和帮助职业教育发展,为实现"两个一百年"奋斗目标和中华民族伟大复兴的中国梦提供坚实人才保障。

2014年5月,国务院印发《关于加快发展现代职业教育的决定》(国发〔2014〕19号)提出,"研究制定促进校企合作办学有关法规和激励政策,深化产教融合,鼓励行业和企业举办或参与举办职业教育,发挥企业重要办学主体作用","研究制定院校、行业、企业、科研机构、社会组织等共同组建职业教育集团的支持政策,发挥职业教育集团在促进教育链和产业链有机融合中的重要作用。鼓励中央企业和行业龙头企业牵头组建职业教育集团","探索发展本科层次职业教育","研究建立符合职业教育特点的学位制度","采取试点推动、示范引领等方式,引导一批普通本科高等学校向应用技术类型高等学校转型,重点举办本科职业教育","到2020年,形成适应发展需求、产教深度融合、中职高职衔接、职业教育与普通教育相互沟通、体现终身教育理念,具有中国特色、世界水平的现代职业教育体系"。同年8月,教育部就开展"现代学徒制试点"提出意见:"逐步扩大实施现代学徒制的范围和规模,使现代学徒制成为校企合作培养技术技能人才的重要途径。""鼓励试点院校采用学徒制形式与合作企业联合开展企业员工岗前培训和转岗培训。"

2015年春,国务院做出每年5月的第二周为"职业教育活动周"(简称活动周)的决定。同年5月10日,首届"职业教育活动周"在北京举行全国启动仪式,其主题为"支撑中国制造　成就出彩人生",内容主要包括开放校园、开放企业、为民服务等三个方面。国务院总理李克强对首届"职业教育活动周"做出重要批示,指出加快发展现代职业教育,是发挥我国巨大人力优势,促进大众创业、万众创新的战略之举。"职业教育活动周"设立的目的,就是要在全社会范围内营造并弘扬"劳动光

第四章　我国人才观的流变及其对技术技能人才培养的影响

荣、技能宝贵、创造伟大"的时代风尚,形成"崇尚一技之长,不唯学历凭能力"的良好氛围,引导职业教育继续坚持以提高质量、促进就业、服务发展为导向,注重改革创新,深化产教融合,推动职业教育发展实现新跨越,进一步培养形成高素质的劳动大军,进一步提高中国制造和服务的水平,进一步增强产业国际竞争力,促进经济保持中高速增长、迈向中高端水平和民生不断改善。同年10月21日,《教育部　国家发展改革委　财政部关于引导部分地方普通本科高校向应用型转变的指导意见》(教发〔2015〕7号)指出,"确定一批有条件、有意愿的试点高校率先探索应用型(含应用技术大学、学院)发展模式","以服务新产业、新业态、新技术为突破口,形成一批服务产业转型升级和先进技术转移、应用特色鲜明的应用技术大学、学院"。

2017年12月,为了"深化产教融合",国务院提出要"强化企业的重要主体作用","逐步提高企业、行业参与办学程度","鼓励企业以独资、合资、合作等方式,依法参与举办职业教育、高等教育","支持引导企业深度参与职业学校、高等学校教育教学改革","结合推进国有企业改革,支持有条件的国有企业继续办好做强职业学校","在技术性、实践性较强的专业,全面推行现代学徒制和企业新型学徒制"。

2018年2月,教育部等六部门就"职业学校校企合作促进办法"提出意见,"发挥企业在实施职业教育中的办学主体作用","行业主管部门和行业组织应当统筹、指导和推动本行业的校企合作","鼓励职业学校与企业合作开展学徒制培养"。教育部职业教育与成人教育司在当年的工作要点中提出,启动中国特色高水平高职学校和专业建设计划,坚持扶优扶强与提升整体保障水平相结合,建设一批当地离不开、业内都认同、国际可交流的高职学校。同年4月,教育部召开新闻发布会,积极推动具备条件的普通本科高校向应用型转变,把学校办学思路转到服务地方经济社会发展、产教融合校企合作、培养应用型技术型人才上,引导高校主动对接经济社会发展和区域产业布局,灵活和有前瞻性地规划、调整专业结构,积极打造地方(行业)急需、优势突出、特色鲜明的应用型专业。

2019年1月24日,国务院发布《国家职业教育改革实施方案》(国发〔2019〕4号),把奋力办好新时代职业教育的决策部署细化为若干具体行动,提出了7个方面20项政策举措,简称"职教20条"。特别指出"职业教育和与普通教育是两种不同的教育类型,具有同等重要地位";提出到2022年,职业院校教学条件基本达标,一大批普通本科高等学校向应用型转变,建设50所高水平高等职业学校和150个骨干专业(群)。同年2月,中共中央、国务院印发《中国教育现代化2035》,指出要培

■ 适应性:需求与供给——康养服务人才培养研究

养"德智体美劳全面发展的社会主义建设者和接班人",大力发展"孔子学院""孔子课堂""鲁班工坊",建设"世界一流高等学校""国际一流的国家科技创新基地"。同年3月29日,教育部、财政部联合下发《关于实施中国特色高水平高职学校和专业建设计划的意见》(教职成〔2019〕5号),简称为"双高计划",提出"集中力量建设一批引领改革、支撑发展、中国特色、世界水平的高职学校和专业群,带动职业教育持续深化改革,强化内涵建设,实现高质量发展"。同年8月20日,习近平总书记在甘肃考察时强调,实体经济是我国经济的重要支撑,做强实体经济需要大量技能型人才,需要大力弘扬工匠精神,发展职业教育前景广阔、大有可为。同年9月,习近平总书记对我国选手在世界技能大赛取得佳绩做出重要指示强调,劳动者素质对一个国家、一个民族发展至关重要;技术工人队伍是支撑中国制造、中国创造的重要基础,对推动经济高质量发展具有重要作用;要健全技能人才培养、使用、评价、激励制度,大力发展技工教育,大规模开展职业技能培训,加快培养大批高素质劳动者和技术技能人才;要在全社会弘扬精益求精的工匠精神,激励广大青年走技能成才、技能报国之路。

2020年1月14日,首个部省共建国家职业教育创新发展高地在山东正式启动,《教育部 山东省人民政府关于整省推进提质培优建设职业教育创新发展高地的意见》(鲁政发〔2020〕3号)也很快发布。该意见共分为8个部分30条,"先行先试"探索职业教育未来发展走向:支持山东把现有半数左右省属本科高校转型为应用型本科高校,确保办学既能"上接天线"又能"下接地气";支持山东长学制培养高端技术技能人才,探索中职与高职"3+2"、中职与职业教育本科和应用型本科"3+4"、高职与职业教育本科和应用型本科"3+2"对口贯通分段培养;明确国有企业举办或参与举办职业教育责任,鼓励支持大型民营企业积极参与职业教育,支持国有企业办好做强职业院校,推动国有企业和大型民营企业率先成为产教融合型企业等。同年9月22日,习近平总书记在教育文化卫生体育领域专家代表座谈会上指出,要大力发展职业教育和培训,有效提升劳动者技能和收入水平,通过实现更加充分、更高质量的就业,扩大中等收入群体,释放内需潜力。11月24日,习近平总书记在全国劳动模范和先进工作者表彰大会上强调,要完善现代职业教育制度,创新各层次、各类型职业教育模式,为劳动者成长创造良好条件。同年12月10日,习近平总书记致首届全国职业技能大赛贺信要求,各级党委和政府要高度重视技能人才工作,大力弘扬劳模精神、劳动精神、工匠精神,激励更多劳动者特别是青

第四章 我国人才观的流变及其对技术技能人才培养的影响

年一代走技能成才、技能报国之路,培养更多高技能人才和大国工匠,为全面建设社会主义现代化国家提供有力人才保障。

2021年4月,习近平总书记对职业教育工作做出重要指示强调,在全面建设社会主义现代化国家新征程中,职业教育前途广阔、大有可为;要坚持党的领导,坚持正确办学方向,坚持立德树人,优化职业教育类型定位,深化产教融合、校企合作,深入推进育人方式、办学模式、管理体制、保障机制改革,稳步发展职业本科教育,建设一批高水平职业院校和专业,推动职普融通,增强职业教育适应性,加快构建现代职业教育体系,培养更多高素质技术技能人才、能工巧匠、大国工匠;各级党委和政府要加大制度创新、政策供给、投入力度,弘扬工匠精神,提高技术技能人才社会地位,为全面建设社会主义现代化国家、实现中华民族伟大复兴的中国梦提供有力人才和技能支撑。同年10月13日,中共中央办公厅、国务院办公厅印发《关于推动现代职业教育高质量发展的意见》,就我国构建高质量、高水平现代职业教育体系做出了全面部署,明确将提高质量作为当前及未来一段时期,我国社会主义职业教育事业建设的重点任务。

2022年4月20日,习近平总书记根据全国人民代表大会及其常务委员会的决定,签署发布《中华人民共和国第一一二号主席令》,公布《中华人民共和国职业教育法》,已由中华人民共和国第十三届全国人民代表大会常务委员会第三十四次会议于2022年4月20日修订通过,自2022年5月1日起施行。同年10月7日,中共中央办公厅、国务院办公厅印发《关于加强新时代高技能人才队伍建设的意见》,指出"技能人才是支撑中国制造、中国创造的重要力量。加强高级工以上的高技能人才队伍建设,对巩固和发展工人阶级先进性,增强国家核心竞争力和科技创新能力,缓解就业结构性矛盾,推动高质量发展具有重要意义"。明确到"十四五"时期末,技能人才占就业人员的比例达到30%以上,高技能人才占技能人才的比例达到1/3,东部省份高技能人才占技能人才的比例达到35%;力争到2035年,技能人才规模持续壮大、素质大幅提高,高技能人才数量、结构与基本实现社会主义现代化的要求相适应的人才培养目标。同时,意见对高技能人才的培养和激励、技能人才的使用和分级、国家政策的支持等内容进行了详细系统的阐释说明。

总之,新中国成立以来,特别是改革开放和党的十八大以来,职业教育为我国经济社会发展提供了强有力的人才和智力支撑。随着我国进入新的发展阶段,产业升级和经济结构调整不断加快,各行各业对技术技能人才的需求越来越迫切,职业教育地位和作用日益凸显。当前,国家已经把职业教育摆在教育改革创新和经济社会发展更加突出的位置,大力完善职业教育和培训体系,优化学校专业布局,深化办学体制改革和育人机制改革,以促进就业和适应产业发展需求为导向,鼓励和支持社会各界特别是企业积极支持职业教育,着力培养高素质劳动者和技术技能人才。相信随着现代职业教育体系框架的全面建成,职业教育服务经济社会发展能力和社会吸引力会不断增强,并为促进经济社会发展和提高国家竞争力提供更多、更大优质人才资源支撑。

第五章

高素质跨学科复合应用技术技能型人才

第五章 高素质跨学科复合应用技术技能型人才

伴随着我国经济社会的发展进步,特别是幼儿园、小学、中学、大学、科研院所等现代教育体系的日臻完善,以及中职、高职、电大、成人教育、应用大学等现代职业教育体系的构建和发展,我国的人才培养工作取得了长足的进步。各行各业都涌现出一大批爱岗敬业、勤勉尽责、务实奉献的人才,为祖国的发展做出了巨大的贡献。然而,进入21世纪以后,特别是伴随着信息技术的快速发展,国家对人才的需求更加多样化、复杂化。培养高素质、跨学科、复合应用技术技能型人才,最大限度地满足新产业、新行业、新职业的需求,是当前我国人才培养面临的新难点和新课题。

第一节 人才类型的划分及我国人才队伍的变迁

一、学术界对于人才类型的划分

1976年,联合国教科文组织制定的《国际教育标准分类》(ISCED),将人才划分为"学术型人才"和"专业型人才"两大类。伴随着世界教育系统的发展,1997年和2011年,联合国教科文先后两次对 ISCED 进行了较大规模的修订,关于高等教育类型和层次的划分也更为精细,普通型与职业型、学术型与专业型的培养性质更加清晰。但是,这两次调整都没有对人才类型的划分做出新的调整。

2005年,刘健、王春、李奎山在《应用型人才的层次及其实践环节的培养》中,将人才划分为"技术应用型""知识应用型""创新应用型"三类人才。其中:"技术应用型"是指适应生产、建设、服务一线需要的高等技术人才,强调专业性、技术性和实践性;"知识应用型"是指理论知识比较深厚,技术技能比较扎实,具备一定的科学研究和技术开发能力的人才;"创新应用型"是指理论知识深厚,技术技能扎实,具备创造和创新能力的人才。

2007年,周绍斌在《高等院校培养本科应用型人才的问题与对策研究》中,根据工作的"抽象-具体"程度,把人才分为"学术型人才""工程型人才""技术型人才""技能型人才"四大类。其中:"学术型人才"主要进行原理、理论方面的基础研究,或苦思冥想,或埋头实验;"工程型人才"能看到科学原理、理论发现在人类社会生产生活中的应用前景,提出开发设想和市场方案,通过工程、项目将其转化为惠及民生的实际应用;"技术型人才"能综合考虑材料设备、技术条件和社会需求,将粗线条的工程方案或设计图纸转化为具有操作要领或商业价值的产品设计;"技能型人才"则能根据产品设计和操作要求,通过工艺选择和个人技艺,将产品样式转化为实际产品。

2009年,潘懋元、石慧霞在《应用型人才培养的历史探源》中,将人才划分为"学术型人才""应用型人才""技能型人才"三类。其中:"学术型人才"是指专注于基本原理和基础理论研究,以学术为导向,善于提炼概念、搭建思想框架、构筑理论体系的研究型人才。他们习惯于探究事物的本质和发生原理,执着于不仅要"知其然",更要"知其所以然"。"学者""专家"是社会对他们的称谓。"技能型人才"是指工作在一线基层,擅长完成工作执行或操作的技术能手。他们熟悉具体业务,怀有一技之长,执着于圆满地完成某项工作的实践操作,自豪于自己掌握的操作技能,至于该项工作应用了什么原理他们并不在意。"能工巧匠"是社会对他们的赞誉。而介于"学术型人才"和"技能型人才"之间的"应用型人才",既要掌握扎实的理论知识,具有良好的理论素养;又要善于"理论联系实际",实现理论与实践的完美结合,是在社会生产中将科学技术转化为现实生产力的重要桥梁。

二、改革开放以来我国人才队伍的变迁

党的十一届三中全会召开后,邓小平同志提出了"大人才"概念,既包括有一技之长的人才,又包括杰出的、优秀的、拔尖的人才;既包括科学、教育、文化、卫生等各类专门人才,又包括懂经营、会管理的人才;既包括工人、农民中的人才,又包括干部、知识分子和军队中的人才;既包括各类各级专业技术人才,又包括党政领导人才。但是由于体制和机制的原因,人才政策仅适用于国家机关、事业单位和国有企业。

2002年,国家"十五"计划正式提出要实施人才强国战略。

2003年12月19日至20日,中共中央、国务院在北京召开全国人才工作会议。这是新中国历史上的第一次全国人才工作会议。会议提出:"以培养造就高层次人才带动整个人才队伍建设,促进各级各类人才协调发展。党政人才、企业经营管理人才、专业技术人才是我国人才队伍的主体。"至此,我国人才队伍有了明确的"三支"的分类。同年12月26日印发的《中共中央 国务院关于进一步加强人才工作的决定》,进一步明确了"三支两类"人才队伍分类,即党政人才、企业经营管理人

才、专业技术人才、高技能人才、农村实用人才队伍。该文件特别提出要重视对高技能人才的培养:"着重培养造就大批适应改革开放和社会主义现代化建设的高层次和高技能人才,带动整个人才队伍建设。""工人队伍中的高技能人才,是推动技术创新和实现科技成果转化不可缺少的重要力量。""实施国家高技能人才培训工程和技能振兴行动,通过学校教育培养、企业岗位培训、个人自学提高等方式,加快高技能人才的培养。充分发挥高等职业院校和高级技工学校、技师学院的培训基地作用,扩大培训规模,提高培训质量。""充分发挥企业的主体作用,强化岗位培训,组织技术革新和攻关,改进技能传授方式,促进岗位成才。""完善技能人才的职业资格证书制度,推进技师考评制度改革,实行培训、考核、使用和待遇相结合,逐步建立统一标准、自主申报、社会考核、企业聘用的高技能人才成长机制。进一步提高高技能人才的社会地位,优化高技能人才成长的社会环境。"

2007年10月,党的十七大报告提出"要统筹抓好以高层次人才和高技能人才为重点的各类人才队伍建设","努力造就世界一流科学家和科技领军人才,注重培养一线的创新人才","推动我国哲学社会科学优秀成果和优秀人才走向世界","加紧培养大批高素质新型军事人才"。由此可以看出,党的十七大报告中人才的类别更加丰富,也更加契合社会经济发展的需要。

2010年6月,中共中央、国务院印发了《国家中长期人才发展规划纲要(2010—2020年)》(中发〔2010〕6号,以下简称《纲要》),指出:"人才是指具有一定的专业知识或专门技能,进行创造性劳动并对社会作出贡献的人,是人力资源中能力和素质较高的劳动者。"《纲要》将人才划分为六大类:党政人才、企业经营管理人才、专业技术人才、高技能人才、农村实用人才和社会工作人才。需要特别注意的是,《纲要》强调"高技能人才是我国人才队伍的重要组成部分,在加快产业优化升级、提高企业竞争力、推动技术创新和科技成果转化等方面,具有不可替代的重要作用",提出要"以提升职业素质和职业技能为核心,建设门类齐全、技艺精湛的高技能人才队伍",并进一步系统地明确了高技能人才队伍的培养路径:"完善以企业为主体、职业院校为基础,学校教育与企业培养紧密联系、政府推动与社会支持相结合的高技能人才培养培训体系。制定高技能人才与工程技术人才职业发展贯通办法。建立高技能人才绝技绝活代际传承机制。完善国家高技能人才评选表彰制度。广泛开展各种形式的职业技能竞赛和岗位练兵活动。"

伴随着社会经济发展迅速,科学技术日新月异,信息技术加速融合,"互联网

+"、人工智能等新科技的快速发展,打破了原有的学科、技术和组织之间的界限,跨学科领域的技术交叉融合,催生出新的技术形态,进而产生新的产业、新的行业和新的职业。越来越多的职业岗位需求呈现出高端化和复合化的趋势,各行各业急需具备多学科知识结构、宽领域知识视野、高层次知识水平的高素质跨学科复合型应用技能型人才。然而,我国高素质跨学科复合型应用技能型人才的数量和结构远不能满足社会、企业和市场需求,不少企业都出现了"用工荒"。同时,高等教育的同质化发展,造成大量高校毕业生"过剩",毕业即失业的状况时有发生。为了解决这一突出矛盾,顺应社会发展趋势与需求,贯彻党的十八大关于深化高等教育改革发展的战略构想,切实解决高校毕业生就业问题,教育部于2012年6月发布《国家教育事业发展第十二个五年规划》,指出高等职业教育重点培养产业转型升级和企业技术创新需要的发展型、复合型和创新型的技术技能人才。2014年5月,《国务院关于加快发展现代职业教育的决定》发布,正式启动高校转型改革,要求1999年以后成立的600多所本科院校率先转向职业教育,通过"加快现代职业教育体系建设,深化产教融合、校企合作,培养数以亿计的高素质劳动者和技术技能人才"。这都是为了适应新形势下人才需求变化做出的及时、正确的选择。

中国特色社会主义进入新时代,人才更是被提升到"第一资源"的高度。习近平总书记提出一系列关于人才的新理念、新思想。2018年2月26日,中共中央办公厅、国务院办公厅印发了《关于分类推进人才评价机制改革的指导意见》(中办发〔2018〕6号)(简称《指导意见》)。通过对《指导意见》关注的重点领域进行分析,可以看出新时代人才队伍类型的扩展和调整。《指导意见》进一步细化了科技人才、哲学社会科学和文化艺术人才、教育人才、医疗卫生人才、技术技能人才以及面向企业、基层一线和青年人才等领域的人才评价和激励体系。尤其是在技术技能人才评价上,提出要"分专业领域建立健全工程技术人才评价标准""健全以职业能力为导向、以工作业绩为重点、注重职业道德和知识水平的技能人才评价体系,加快构建国家职业标准、行业企业工种岗位要求、专项职业能力考核规范等多层次职业标准"。同时,对技术型人才进一步细分为技术技能型、知识技能型、复合技能型人才等三个类别,要求"对技术技能型人才突出实际操作能力和解决关键生产技术难题要求;对知识技能型人才突出掌握运用理论知识指导生产实践、创造性开展工作要求;对复合技能型人才突出掌握多项技能、从事多工种多岗位复杂工作要求,引导鼓励技能人才培育精益求精的工匠精神"。

总之,进入中国特色社会主义新时代,无论是应用本科院校还是高职高专院校,都要紧紧围绕党中央人才培养战略,树立"高素质、跨学科复合应用技术技能型"人才培养观,努力打破传统教学模式的桎梏和旧学科体系的束缚,大力培养适应生产、建设、管理、服务一线需要的高素质、跨学科复合应用技术技能型人才。

第二节　高素质、跨学科复合应用技术技能型人才及其特征

一、高素质、跨学科复合应用技术技能型人才的定义

要搞清楚什么是"高素质、跨学科复合应用技术技能型人才",首先要搞清楚什么是"应用技术技能型人才"。这是整个概念的落脚点。"应用技术技能型人才"其实是一个复合概念,包含着"应用型人才"和"技术技能型人才"两个方面的内容。

（一）"应用型人才"概念研究现状

2014年,《关于加快发展现代职业教育的决定》提出"采取试点推动、示范引领等方式,引导一批普通本科高等学校向应用技术类型高等学校转型"之后,关于"应用本科""应用型人才"的探讨异常热烈。在中国知网上,关于"应用型人才"的文章从2013年的2 891篇,迅速增长到2018年的4 715篇,如图5-1所示。

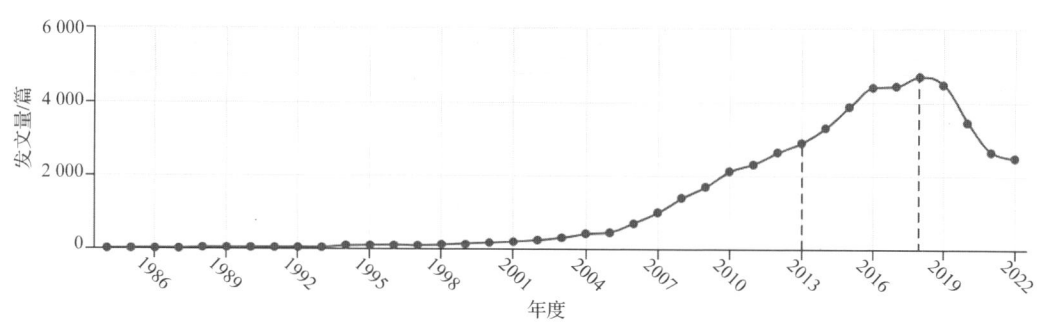

图5-1　发表年度总体趋势分析

以"应用型人才"为主要主题的文章高达 8 711 篇,以"应用型人才培养"和"应用型人才培养模式"为主要主题的文章分别是 7 035 篇和 4 483 篇。其他以"培养应用型人才"和"应用型本科人才培养"等为主要主题的文章也都突破了 500 篇,如图 5-2 所示。

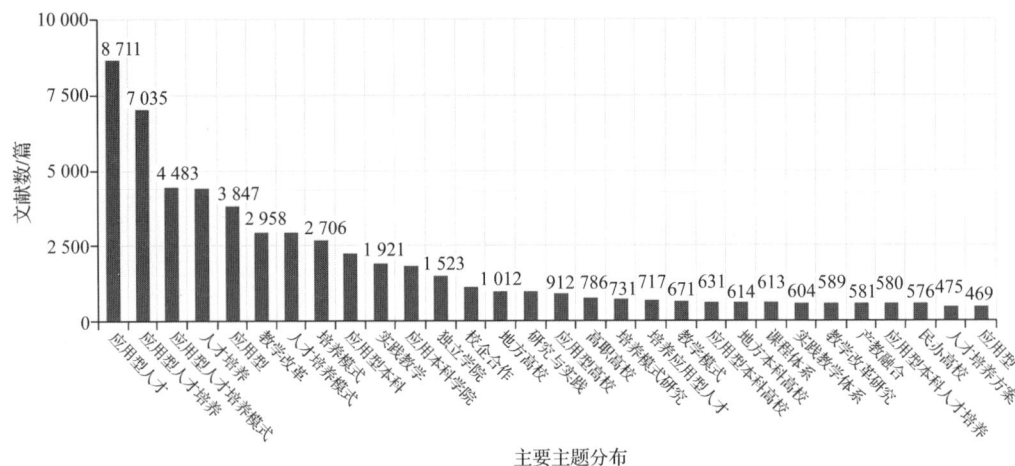

图 5-2 主要主题文献分布情况

但是,如此多的文献资料,对"应用型人才"的概念、定义并没有一个统一的标准,比较重要的、对"应用型人才"的概念和定义进行讨论的文献主要有:

2006 年,刘耘在《务实致用:对地方大学应用型人才培养模式的探索》中提出:"应用型人才是指从事利用科学原理(包括自然的、社会的、人文的以及应用科学中的基础学科等)为社会谋取直接利益而工作的人才。"他们的主要任务是将科学原理或新发现的知识直接用于与社会生产生活密切相关的社会实践领域。

同年,周敏在《独立学院本科应用型人才培养模式研究》中提出:"应用型人才是能够把已经发现的一般自然规律转化为应用成果的'桥梁性'人才。"这个定义是相对于"基础性人才"而言的。所谓基础性人才,是指"以探索未知、认识自然、发展科学为己任的基础研究专门人才,即能够研究和发现自然界一般规律的人才"。

2007 年,金国华在《高校应用型人才培养新探》中提出:"所谓应用型人才,是指能将扎实的专业知识和技能应用于所从事的专业实践的人才类型。"其主要特点是应用能力强,熟练掌握所学专业的基本理论、基础知识和基本技能,主要从事第一线的生产或工作,具有良好的社会适应能力和进一步发展的基础。

2009年,潘懋元、石慧霞在《应用型人才培养的历史探源》中提出,"应用型人才"既区别于精于理论研究的"学术型人才",又不同于擅长实际操作的"技能型人才",而是"理论基础宽厚的、不同层次的专门人才和各级干部、管理人员,如律师、教师、工程师、医师等"。

2011年,李瑨孺在《基于能力结构的应用型人才培养研究》中提出:"应用型人才是指能将专业知识和技能应用于所从事的专业社会实践的一种专门的人才类型,是熟练掌握社会生产或社会活动一线的基础知识和基本技能,主要从事一线生产的技术或专业人才。"其具体内涵可以随着高等教育历史的发展而不断发展。

2020年,张立忠在《内蒙古地方本科院校应用型人才培养研究之二——应用型人才培养对策分析》中提出:"应用型人才既包括使用专业知识解决实践问题的人,也包括将最新研究成果转化为生产力的人,他们的共同特点是面向时间和解决问题。""应用型人才是与学术型人才相对的人才类型,他们主要面对生产、建设、管理、服务等一线,能将所掌握的专业知识和技能或最新的科研成果用于社会实践,解决实际问题的人才"。

(二)"应用型人才"的概念

刘健、王春、李奎山提出的"技术应用型""知识应用型""创新应用型"人才划分标准,对"应用型人才"的范围定义得太过宽泛,而对"知识应用型"与"创新应用型"人才的划分标准又不明晰,"理论知识比较深厚,技术技能比较扎实"与"理论知识深厚,技术技能扎实"之间没有明显的区分标志。周绍斌的人才类型划分方式与潘懋元、石慧霞提出的人才类型划分方式相类似:都是在高度认同《国际教育标准分类》(ISCED)标准的前提下,对其人才类型划分标准进行了进一步的细化和修订。他们的区别在于:周绍斌将"应用型人才"进一步细化为"工程型人才""技术型人才""技能型人才"三种类型,而潘懋元、石慧霞仅仅是在ISCED人才划分基础上增加了"技能型人才"这一类型。但是,周绍斌的人才分类方式过于细致、烦琐和绝对,而且比较适用于工程、项目类的人才类型划分,具有一定的局限性。这是因为,在实际操作过程中,"工程型人才"和"技术型人才"很可能是合二为一的,即"工程型人才"在提出开发设想和市场方案的同时,为了验证设想和方案的准确性,不得不将方案细化为产品设计,承担了"技术型人才"部分或者全部的工作任务。同时,在很多情况下,有些产业、行业是不需要做产品设计的,只需要制订方案就可以了。比如医生在给病人看病的时候,在利用专业知识判断病情之后,只需要给出治疗方案并加以落实就可以了,不需要转化为产品设计进而生产出产品。因此这种人才类型划分方式具有一定的局限性。潘懋元、石慧霞提出的"学术型人才""应用型人才""技能型人才"这种人才分类方式,将在生产一线从事纯实践或纯操作的人从ISCED提出的"应用型人才"中剥离出来,进一步明确了"应用型人才"和"技能型人才"的范围,更加便于区分和判断。

因此,本书更认同潘懋元、石慧霞在《应用型人才培养的历史探源》中提出的人才分类方式及对"应用型人才"的定义,即"应用型人才"介于"学术型人才"和"技能型人才"之间,既要掌握扎实的理论知识,具有良好的理论素养;又要善于"理论联系实际",实现理论与实践的完美结合,是在社会生产中将科学技术转化为现实生产力的重要桥梁。

基于此,本书认为"应用技能型人才"是指除"学术型人才"以外、理论与实践高度统一、适用于生产一线方案设计、方案落实和技能操作的全面人才。他们不仅具有扎实的理论知识,能够对自己的工作进行研究总结,提出科学的研究成果并用于指导实践,而且具有很强的实践动手能力,能把自己的研究成果及时应用于实践过程,转化为实用的技术、工艺或方法,解决自己在实践中遇到的问题或指导改进自己的工作。

但是,由以上专家学者的研究过程也可以看出,"应用型人才"的定义是一个相对概念,而不是一个绝对概念。它的出现与人才类型的划分有着密切的关系。随着社会的发展、经济的进步、教育的推进,新的岗位层出不穷,各种人才类型之间的界限必然会出现一定范围内的调整,"应用型人才"的定义、内涵和外延也必然会受到一定程度的影响,进而做出相应的调整。因此,无论是哪一种定义,都是在一定历史阶段内、在当时社会背景下的定义,具有一定的时效性。

(三)从高等职业教育培养定位中探究"技术技能型人才"内涵的演变

"生产、服务、管理第一线需要的实用人才。"1999年1月13日,教育部《面向

第五章 高素质跨学科复合应用技术技能型人才

21世纪教育振兴行动计划》(国发〔1999〕4号)明确要求:"高等职业教育必须面向地区经济建设和社会发展,适应就业市场的实际需要,培养生产、服务、管理第一线需要的实用人才,真正办出特色。"

"高等技术应用型专门人才"。2000年初,《教育部关于加强高职高专教育人才培养工作的意见》(教高〔2000〕2号)明确指出,高职教育要培养"基础理论知识适度、技术应用能力强、知识面较宽、素质高"的毕业生,并提出一系列原则意见:一是以培养高等技术应用型专门人才为根本任务;二是以适应社会需要为目标,以培养技术应用能力为主线,设计学生的知识、能力、素质结构和培养方案;三是以"应用"为主旨和特征,构建课程和教学内容体系;四是将实践教学的主要目的确定为培养学生的技术应用能力,并在教学计划中占有较大比重;五是将"双师型"教师队伍建设作为提高教学质量的关键;六是将学校与社会用人部门结合、师生与实际劳动者结合、理论与实践结合作为人才培养的基本途径。

"高技能人才"。2004年4月2日,教育部发布《关于以就业为导向,深化高等职业教育改革的若干意见》(教高〔2004〕1号),指出高等职业院校要主动适应经济和社会发展需要,以就业为导向确定办学目标,找准学校在区域经济和行业发展中的位置,加大人才培养模式的改革力度,坚持培养面向生产、建设、管理、服务第一线需要的"下得去、留得住、用得上",实践能力强、具有良好职业道德的高技能人才。

"高素质高技能专门人才"和"高素质技能型人才"。2005年10月28日,国务院印发《关于大力发展职业教育的决定》(国发〔2005〕35号),对"高素质"的培养定位进行了明确阐释与说明。所谓高素质,一是指"职业教育要为我国走新型工业化道路,调整经济结构和转变增长方式服务。实施国家技能型人才培养培训工程,加快生产、服务一线急需的技能型人才的培养,特别是现代制造业、现代服务业紧缺的高素质高技能专门人才的培养"。二是指"加强示范性职业院校建设。实施职业教育示范性院校建设计划,在整合资源、深化改革、创新机制的基础上,重点建设高水平的培养高素质技能型人才的1 000所示范性中等职业学校和100所示范性高等职业院校。大力提升这些学校培养高素质技能型人才的能力,促进他们在深化改革、创新体制和机制中起到示范作用,带动全国职业院校办出特色,提高水平。2010年以前,原则上中等职业学校不升格为高等职业院校或并入高等学校,专科层次的职业院校不升格为本科院校"。随后,于2006年11月启动的"国家示范性高等职业院校建设计划",延续了"高技能人才"的提法:"高等职业教育必须主动适应社会需求,以加强基础能力建设为切入点,切实把改革与发展的重点放到加强内涵建设和提高教育质量上来,增强培养面向先进制造业、现代农业和现代服务业高技能人才的能力。"

"高素质高级技能型专门人才"。2010年7月26日,教育部、财政部印发《关于进一步推进"国家示范性高等职业院校建设计划"实施工作的通知》(教高〔2010〕8号),启动国家"骨干高职建设院校"建设。国家"骨干高职建设院校"的人才培养定位被进一步明确为"高素质高级技能型专门人才":"为更好地适应我国走新型工业化道路,实现经济发展方式转变、产业结构优化升级,建设人力资源强国发展战略的需要,教育部、财政部决定继续推进'国家示范性高等职业院校建设计划'实施工作,扩大国家重点建设院校数量,加快高等职业教育改革与发展,全面提高人才培养质量和办学水平,更好地发挥高职院校在培养高素质高级技能型专门人才,促进就业、改善民生,构建终身教育体系和建设学习型社会等方面的重要作用。"

"技术技能人才"。2014年5月2日,《国务院关于加快发展现代职业教育的决定》(国发〔2014〕19号)正式印发,将"技术"与"技能"的培养统一起来:"专科高等职业院校要密切产学研合作,培养服务区域发展的技术技能人才,重点服务企业特别是中小微企业的技术研发和产品升级,加强社区教育和终身学习服务。"至此,"技术技能人才"成为专科层次高等职业院校的培养目标定位。

"工程师、高级技工和高素质职业人才"。2014年6月16日,教育部等六部门印发《现代职业教育体系建设规划(2014—2020年)》(教发〔2014〕6号)(简称《规划》)。《规划》从更宽视野,对我国现代职业教育体系进行重新厘定,按照终身教育的理念,提出了"服务需求、开放融合、纵向流动、双向沟通的现代职业教育的体系框架和总体布局",职业教育的培养目标定位也随之调整为:"培养数以亿计的工程师、高级技工和高素质职业人才,传承技术技能,促进就业创业,为建设人力资源强国和创新型国家提供人才支撑。"

"杰出技术技能人才"。2015年10月19日,教育部印发《高等职业教育创新发展行动计划(2015—2018年)》(教职成〔2015〕9号),提出了"优质学校"建设,要求坚持以示范建设引领发展,鼓励支持地方建设一批办学定位准确、专业特色鲜明、社会服务能力强、综合办学水平领先、与地方经济社会发展需要契合度高、行业优势突出的优质专科高等职业院校,持续深化教育教学改革,大幅提升技术创新服务能力,实质性扩大国际交流合作,培养杰出技术技能人才。

"高素质技术技能人才、能工巧匠、大国工匠"。2021年10月,中共中央办公厅、国务院办公厅印发了《关于推动现代职业教育高质量发展的意见》,提出要切实增强职业教育适应性,加快构建现代职业教育体系,建设技能型社会,弘扬工匠精神,培养更多高素质技术技能人才、能工巧匠、大国工匠,为全面建设社会主义现代化国家提供有力人才和技能支撑。

从"实用人才"到"应用型专门人才",再到"高素质技能人才"及"技术技能人才",高等职业教育人才培养目标定位不断演进,既体现了教育行政主管部门和专家学者对职业教育自身规律认识的转变,也彰显了社会发展对技能人才培养诉求的调整,还反映了技术人才时代内涵的变动,更为"高素质跨学科复合应用技术技能型人才"的提出提供了理论积累和实践基础。

(四)高素质、跨学科复合应用技术技能型人才的概念

傅志明在《基于自我设计与开发的高素质应用型人才培养模式研究》中,将人的素质分为身体素质、心理素质、专业素质和综合素质四大类,综合素质又包括道德素质、人文素质、科学素质、社会素质、信息素质等五个方面。他认为,从内涵上看,人的素质应当包括知识、能力、观念和精神三个层次。"其中,知识与能力相对而言是浅层次的、外显的,是工具性的内容;观念与精神则是更深层次的、内在的,是知识能力与个人性格特征等有机结合以后生成的,是本质性的内容。"因此,"八类素质在知识、能力、观念和精神三个层次上都包含若干具体方面……这些具体的方面,才是高等院校所要培养的高素质人才所要具备的"。

刘立新、周凤华在《新职业教育培养面向未来的人才》中指出,人的综合素质主

要包括思想政治素质、职业道德素质、文化素质和身心素质等四个方面,而且这四种素质是相互作用的。其中,思想政治素质作为一个人政治思想、政治观念、政治立场和政治信仰的综合体现,起着主导性的作用。职业道德素质则是一个人能够在工作中立足并发展的基础素质。文化素质是指人们在文化方面具有的较为稳定的、内在的综合品质或达到的发展程度,是一个人获得的人文社科知识的综合体现,对个人的世界观、认识观、价值观都能产生巨大的影响。身心素质是身体素质和心理素质的结合。只有具备了健康的身体和强大的心理才能应对工作、生活中各种困难的挑战,创造更大的社会价值

  通过翻阅文献资料可以发现,虽然不同的人对素质种类的划分不同,但大都涉及身体素质、心理素质、思想素质、道德素质、专业素质、科学素质、社会素质、文化素质等方面。其中,身体素质属于自然生理技能,涵盖体质体型、运动技能、身体状况等方面的内容,虽然可以通过后天的锻炼予以改善,但先天条件还是起着非常重要的作用。心理素质是指认识、需要、情感、意志、性格等智力与非智力方面的素质,受先天和后天双重影响。专业素质、科学素质等则属于文化科学知识、劳动生产技能等方面的素质,可以通过后天习得获得较高的成就。思想素质、道德素质、社会素质和文化素质虽然通过行动落实到社会生活中,但属于思想和精神层面的内容,反映了一个人的整体精神风貌。总之,素质是指个体在先天生理基础上,通过后天环境的影响和教育所获得的比较稳定的、长期发挥作用的基本品质结构,包括思想、知识、身体、心理品质等。

  由此可以看出,"高素质应用型人才"是指具有较高的身体素质、心理素质、专业素质和道德、人文、科学与信息素质以及社会素质,特别是具有从事实际工作的专业素质,能够胜任企事业单位、政府部门管理与岗位技术工作的专业人才。他们不仅应该具备外在的、表象层面的知识和能力,而且应该具备内在的、隐含在更深层次的观念与精神。因此,高素质应用型人才之"素质"强调的是:"学生作为一个和谐发展的人,应当具有的各种非专业素质,特别是深层次的观念与精神方面的素质。正是对这些素质,特别是观念与精神的培养,才是高等院校之'育'的集中体现,是真正的化育之功,而知识传授与能力培养所体现的主要是'教'的方面。"

面对"互联网+"、人工智能等新科技的快速发展,原有的学科、技术和组织之间的界限被逐一打破,跨学科领域的技术交叉融合,催生出新的技术形态,进而产生新的产业、新的行业和新的职业。越来越多的职业岗位需求呈现出复合化的趋势,各行各业急需具备多学科知识结构、宽领域知识视野、高层次知识水平的高素质、跨学科复合型应用技术技能型人才。郭庆等在《"三维四层"跨学科复合应用型人才培养模式的探索与实践》中提出,所谓跨学科复合,是指要打破学科专业之间的壁垒,让学生实现知识复合、能力复合和思维复合;所谓应用技能型,是指学生具有较强应用技术实践能力、应用技术创新能力、创新创业就业能力,能够将理论知识和成熟的技术应用到实际生产生活中解决实际问题。

总之,"高素质跨学科复合应用技术技能型人才"是在中国经济面临"三期叠加"(增长速度换挡期、结构调整阵痛期、前期刺激政策消化期)阵痛,面对多重困难和挑战相互交织、改革转型任务繁重的重要历史时期,为实现更好应对复杂多变国际环境和艰巨繁重改革发展任务、大力推进结构调整和转型升级、推动经济平稳较快发展、实现中华民族伟大复兴"中国梦"不可或缺的力量。

二、高素质、跨学科复合应用技术技能型人才的特点

为了更好地完成时代赋予"高素质、跨学科符合应用技术技能型人才"的历史使命,除具备一般专门人才都应具备的共同特征外,高素质、跨学科符合应用技术技能型人才还应具备以下几个必备特征:

1. 完备的知识体系架构

高素质、跨学科复合应用技术技能型人才应该具备两个或两个以上专业或学科的基础理论知识和专业技能。通过这些基本知识、技能,使自己能够迅速融入不同专业领域,实现不同专业知识的有机融合,打造立体的知识结构体系。同时,还应具备良好的人文素养,实现人文社科类知识与自然科学类知识的有机融合。

2. 较高的综合素质

高素质、跨学科复合应用技术技能型人才不仅应该具备外在的、表象层面的知识和能力,如科学素质、专业素质、人文素质等,而且应该具备内在的、隐含在更深

层次的观念与精神,如思想素质、道德素质、心理素质、社会素质等。通过个人综合素质的提升,为职业发展、个人进步、奉献社会打下良好的基础。

3. 自我发展、自我完善的能力

社会发展瞬息万变,对于人才能力结构、素质结构等的需求也在不断变化。因此,高素质、跨学科复合应用技术技能型人才应该具有自我发展、自我完善的能力,适应并满足不断变化的社会需求。自我发展、自我完善的能力应该包括从容应对复杂社会关系和社会发展的能力,及时更新自身知识结构体系、满足社会需求变化的能力,打破思维定式影响,从多角度、多方位、多层次考虑问题并实现质的突破的能力等。

以上素质和能力在本书其他章节将有更加详细的论述,在此不再赘述。

第六章
康养服务人才核心能力结构

第六章 康养服务人才核心能力结构

康养是对人的全生命周期的健康养护。康养产业人才专业领域非常宽泛,不同专业之间人才核心能力结构有较大差别,我们重点分析康养服务人才的核心能力结构。康养服务涵盖了健康照护、康养护理、家政服务、婴幼儿照护等多个领域,其客户群体也是全龄化的。作为一名合格的康养服务人才,除了需要具备基础的护理知识以外,还应该具备沟通协调的能力、心理健康知识、为老服务意愿、政策实践能力等多种能力和素质,是高素质、跨学科复合应用技术技能型人才的典型代表。

第一节 康养服务人才供需现状

截至 2021 年末,我国老年人口达到 2.67 亿,65 周岁及以上老年人口达到 2.0 亿,占全国总人口的 14.2%,中国已经进入中度老龄化社会。2019 年,中共中央、国务院印发《国家积极应对人口老龄化中长期规划》,标志着积极应对人口老龄化上升为国家战略。居家机构社区相协调、医养康养相结合的康养服务体系正逐步构建和完善,康养企业类型和业态逐渐丰富,但是,人才紧缺日益成为制约行业发展的重要因素。因此,对我国康养服务与管理行业人才需求及职业院校专业设置进行研究和分析,对规范专业建设、深化教学改革与推进行业人力资源建设意义重大。

一、康养服务行业发展状况

从行业范围和发展规模看,康养服务行业涉及复杂的上下游产业链,发展规模没有权威统计数据,对照国家政策和相关统计数据,可以参考分析。课题组以占康养服务半壁江山的康养服务人才为主要对象开展了相关调查研究。

国家统计局以《国民经济行业分类》为基础,将康养产业范围确定为:康养照护服务、老年医疗卫生服务、老年健康促进与社会参与、老年社会保障、康养教育培训和人力资源服务、康养金融服务、康养科技和智慧康养服务、康养公共管理、其他康养服务、老年用品及相关产品制造、老年用品及相关产品销售和租赁、康养设施建设等 12 个大类。随着老年群体规模不断扩大、老年人生活、生命质量提升,我国老龄产业市场潜力巨大,老年消费市场规模达到 3.79 万亿元,无论是老龄用品市场还是康养服务市场都有较大刚需。预计到2050年,我国老年市场规模将达48.52万亿元,康养产业规模将达21.95万亿元,老年市场和康养产业分别将以9.74%和11.48%的年增长率高速发展,未来产业市场规模巨大。

从行业发展重点看,积极老龄观、健康老龄化成为当前康养服务领域的核心理念。除传统生活照料型的康养服务机构以外,慢病老年人群对于医疗保健、康复护理等服务的刚性需求日益增加,围绕全生命健康周期、中高端康养服务综合体数量不断增加,老年旅居、老年文娱、老年金融、老年养生、老年产品用品、辅具适配及适老化改造等企业逐渐兴起,康养市场逐渐细分,康养服务走向精细化与专业化。随着大数据、物联网、智能传感等信息技术的不断突破,以及智慧城市建设的持续推进,智慧康养已成为康养产业发展的必然趋势。

2020年,人社部等三部门发布两批新职业,其中包括健康照护师、康复辅助技术咨询师及老年人能力评估师。新职业的诞生,为社区居家老年人健康预防、健康教育、社区治疗、社区护理、社区康复、心理支持、文旅康养等个性化、多样性的服务需求提供了很好的支撑。工信部、民政部、国家卫健委三部委于2017—2020年连续四年开展智慧康养应用试点示范工作,建立了100多个智慧康养应用示范基地,培育了100多家具有示范引领作用的行业领军企业,打造了一批智慧康养服务品牌。智慧康养新技术的发展将对康养服务与管理人才提出更高的能力要求。

二、康养服务行业人才需求分析

我国康养服务需求总量扩张、层次提高且不断升级,而目前支撑康养服务的各项体制机制还不够完善,相关政策也存在一定短板,特别是我国康养服务人才供给严重不足。供需矛盾加剧,不仅制约康养多样化需要的提升,而且严重阻碍我国康养服务业的可持续发展。因此,构建一支数量充足、专业化、高素质的康养服务人才队伍尤为关键。我们选择全国东、中、西部125家康养服务企业,开展康养服务与管理行业代表性企业人才需求情况调查,并走访了河北、山东、河南、山西、江苏等省份康养行业或产业协会,深入分析行业、企业康养服务技术技能人才现状和需求情况。

(一)康养服务人才主要岗位分布

康养服务与管理技术技能人才主要集中在各类型康养机构、居家社区康养设施中从事康养服务与管理工作。依据《民办康养机构管理办法》要求,护理人员与服务对象的配备比例为:对于服务对象生活能自理的,配备比例不应低于1:8;需要半护理的,配备比例不应低于1:5;需要全护理的,配备比例不应低于1:3。

根据以上推算,当前康养服务机构对康养服务业从业人员需求超过1 000万人,而我国目前康养服务业从业人员供给严重短缺,出现供求失衡的局面。为了应对康养服务人才供给面临的严峻形势,国家出台了一系列政策措施。国务院办公厅发布的《关于推进康养服务发展的意见》明确提出,应优先吸纳贫困人口与就业困难人员在康养服务产业就业,并在职业技能培训、就业指导服务以及社会保险、职业培训补贴等方面给予诸多政策优惠。民政部印发的《关于进一步扩大康养服务供给,促进康养服务消费的实施意见》提出,2022年底前培养培训康养院院长1万名、康养护理员200万名和专兼职老年社会工作者10万名。由此可见,解决康养服务人才缺口任务紧迫,我国康养服务业急需大量专业化特别是应用技能型基层人才,更需要大量的有相关专业背景、能够胜任重要岗位的中高层管理人员。

以北京为例,2020年《关于加快推进康养服务发展的实施方案》《北京市康养服务人才培养培训实施办法》等一系列相关政策的出台,旨在通过落实岗位津贴、提高补贴标准等各种激励措施,鼓励更多的大中专学生和社会人员从事康养服务行业。可见,国家以及各级政府部门从政策层面为吸引、培养、留住康养服务人才提供了有力支撑和保障,全力确保康养服务就业局势稳定。

我们对125家康养企业的人力资源整体情况调研结果显示,72.4%为服务类岗位,营销类岗位占3.5%,管理类岗位占9.3%,工勤、生产等岗位占14.8%。

(二)康养服务人才需求情况

康养服务市场本身蕴含着巨大的康养服务需求,康养服务机构运营中的人员(或人才)需求是整个康养服务需求的关键及重要因素。机构服务人员的配备既要满足现今及未来根本主体——老年人的需求,又要满足康养机构的有序运营及长期稳定发展的需求。康养服务技术技能人才培养受到国家高度重视,从政府层面到企业层面,都对人才培养提出了规划。

为切实了解当前康养服务业发展及运行状况,挖掘康养服务业就业岗位,为潜在就业人员提供清晰的就业引导,我们对国内具有代表性的康养机构进行了调研。通过对典型企业未来三年三类技术技能型岗位人才需求情况调查发现,需求量最多的是服务类岗位,占比为93.7%。在服务类岗位中,康养照护人才占比为81.1%,专业医护人才占比为17.8%,其他类型人才(例如社工等)占比为1.1%。调研的

125家康养企业最急需的人才是康养护理员,其次依次是康复师、社工、基层管理人员、护士等。

1. 康养照护人员

康养照护人员是直接对接康养机构老年人的一线人员。保证护理人员的稳定,提升护理人员的工作质量和服务能力,满足老年人照料需求,关系到康养服务业的生存与发展。我国康养护理人员主要来自下岗再就业女性或农村剩余劳动力。这部分从业人员体力强、能吃苦,但是文化水平低,培训起来难度大。再加上缺乏工作约束性,工资的多少即可能引起人员流动,甚至会出现一人离职引起连锁离职效应的现象,使机构陷入用人困境或处于长期被动状态,阻碍其发展。这是目前我国康养机构面临的共同难题。

2. 专业医护人才

医生群体绝大多数来源于医院退休或部队医生转业人员,有着长期一线工作的经历。从技术层面来看,这些人员的专业技术水平能够满足老年人基本医疗需求。但在职位保障方面,康养机构缺少相应的激励措施和晋升渠道,造成人员的流动性较大。留住现有人才,并且将年轻的医护资源引入,一直是诸多康养机构面临的难题。护士主要通过医院退休或社招进入康养行业。由于晋升及职业认同感低等因素的影响,流动性也较大且优秀人才难以保留。一些远郊区县的康养机构则受工作环境和薪酬的双重影响,存在医护人员招聘难的困境。康复护理人员、心理咨询人员、社会工作者从目前来看都比较缺乏,只有少数大型康养机构配有取得职业资格认证的专业人员,而大多数康养服务机构缺少具备老年心理学、法律咨询、社会工作等专业背景的人才。因而,不能针对老年人的自理程度、性格、爱好实行分类指导管理,老年人的需求与专业技术人员的服务能力匹配度不高。

3. 康养管理人员

多数的康养机构管理人员从酒店管理、护理、家政、投资等其他行业跨界而来。虽然大多具有大专以上学历,但并不具有康养服务业专业背景,因而不能进行专业化的指导以及提升在同行业中的竞争力。所以,康养机构乃至整个康养产业急需对康养服务产业的内涵、形式等有清晰认知且具有多年一线工作经验,并对康养机构发展有明确目标和规划的高层管理人才。另外,中层护理员管理人员是康养机构管理人员缺口的另一方面。

4. 管理技能型人才

伴随着我国老龄化社会的深入,康养产业也将迎来快速增长期。国家出台了一系列相关政策,鼓励多层次、多形式的康养服务产业建立。大量的资本也必将涌入康养服务产业市场。从机构微观运营需求上讲,康养护理人员及中层护理员管理人员仍旧缺口最大。但在宏观上,更应该看到,助推康养服务业机构的发展、稳定、壮大,风险控制人员、法务人员、设立与发展研究人员、项目策划运营人员等也必将应运而生,且需要达到一定的数量、规模及质量。在调研过程中,机构的风险控制人员需求就多次被康养机构管理人员提及。

康养从业人员规模受到市场、政策及人口变化的多重影响,且政策及市场近几年变化很快,人员规模很难精确预测。仅仅依据我国各类康养机构和社区康养设施及从业人员数量统计结果,初步估算未来三年我国康养服务从业人员将会增长到80万左右,根据企业对三类岗位的需求进行同比例估算,各类康养机构和设施服务类、营销类、管理类岗位总需求人数约为65万。从需求人才的层次上,对高职毕业生需求量最大;从需求岗位类型上,服务类岗位需求量最大。

第二节　康养服务人才核心能力结构

为了解我国康养护理人才岗位现状以及康养服务人才究竟应该具备怎样的核心能力结构,我们通过问卷调查的形式开展了认真细致的调查研究。

一、我国康养护理人才岗位现状

我们共发放问卷1 399份,其中1 392份为有效问卷,有效率为99.5%。在1 392名康养服务人员中,初中及以下学历825人(59.27%);工作1~3年的占比最高,为41.87%;职称分布以无职称者和初级康养服务人员为主;用工性质多为聘用合同制,正式在编者极少;参加过相关岗位培训998人(71.70%)。

该问卷由国内学者韩静根据国内康养服务型康养机构康养服务人员核心作用

和职能进行研究而制定,包括 5 个维度 27 个条目:个人品质维度(6 个条目)、沟通能力维度(4 个条目)、伦理法规知识维度(6 个条目)、护理知识维度(7 个条目)、护理技能维度(4 个条目)。

我国康养服务人才核心胜任力总分为(105.81±18.12)分,总得分率为 76.31%,各条目均分为(3.96±0.63)分,处于中等偏上水平,有一定的提升空间,这与夏雅雄的调查结果相似,其中沟通能力维度得分最高。随着我国老龄化程度加剧,失能失智老年人数量日益增多,照护难度增大,一旦疏忽,将可能对老年人身心健康造成无法挽回的严重影响。因此,康养服务人才更加注重责任感和工作态度等沟通能力的提升,以降低老年护理中的安全风险。纵观各维度得分,护理知识维度得分最低,亟须提高,这与辛燕的研究结果一致。一方面,我国康养服务人才队伍普遍存在文化程度不高、工作流动性大等问题。另一方面,可能与我国康养服务起步较晚,多数康养中心康养服务人员在进入用人单位后通过短暂岗位培训等方式学习相关护理知识,缺乏专业化、系统化培训有关。康养服务的康养护理服务模式针对康养服务人员提出护理技能专业化的要求,专业的护理技能可促使康养服务人员在康养服务康养模式下更高效地执行护理操作,提供有效的康复和护理服务。因此,康养服务机构管理者应重视康养服务人员护理技能的培训,在掌握生活护理技能的基础上加大基础护理技能和专科护理技能的培训,例如康复护理技能、心理护理技能等,规范培训方案,提高师资力量,切实提高康养服务人员护理技能水平。

我们对影响康养服务人才胜任力的主要影响因素进行了调查。研究结果显示,职称不是康养服务人员核心胜任力影响因素之一,这与陈冰洁等的调查结果不一致。分析原因如下:由于本研究所调查的康养服务人员多为初级康养服务人员,33.7%的康养服务人员目前仍无职称,中高级康养服务人员占比极小。调查中发现部分无职称康养服务人员待遇与有职称康养服务人员相差无几,减弱了康养服务人员职称晋升的积极性;康养服务人员日常工作繁忙劳累,工作负荷重,工作压力大,难以再有精力应对各项学习和考试。上述结果提示政府和康养机构管理者应将职称与待遇挂钩,切实保障各职称等级康养服务人员的切实利益;做好机构康养服务人员的专业学习和职业发展规划,重视无职称康养服务人员资格认证培训,建立健全康养服务人员评聘体系,激发晋职积极性,让他们觉得事业有干头、有希望。采用微视频、网络授课等方式,使康养服务人员利用碎片化时间随时随地使用移动终端进行学习,巩固老年护理知识,提高职称,从而提升康养服务人员核心胜任力(表6-1)。

表6-1　　　　　　　　　康养服务人员核心胜任力调查表

核心胜任力相关影响因素	核心胜任力
婚姻状况	0.027
学历	0.417**
所在的岗位	0.476**
是否持有康养服务人员证	0.453**
职称	0.105
用工性质	0.484**
工作年限	0.400*
月收入	0.511**

注:*表示$p<0.05$;**表示$p<0.01$。

本研究结果显示:是否持有康养服务人员证对核心胜任力有显著正向影响,差异具有统计学意义($p<0.01$)。本研究所调查的康养服务人员中9.1%的康养服务人员目前仍不具备康养服务人员证书,未参加过相关岗位培训。康养服务人员这一新兴行业发展较晚,多数康养服务人员是在进入用人单位后通过短暂岗位培训、自我学习等方式学习相关护理理论知识和技能,仅掌握单一的护理知识和技能,缺乏专业化、系统化核心胜任力的培训。扎实的护理知识和熟练的职业技能是康养服务人员提供优质康养服务的根本保障。Purfarzad也在其研究中指出康养服务人员的人力资源管理应重点放在老年护理胜任力的培训上,注重老年护理继续教育课程的发展和评估。提示康养机构应重视康养服务人员核心胜任力岗位培训问题,建立严格的培训体系,丰富培训内容,对康养服务人员进行有计划、分层次、多方式的岗位培训和在岗培训,可按照不同学历、年龄进行分层培训。聘任经验丰富的老年护理专业人才担任教师,制定规范的课程体系和培训模式,适时进行集中授课和入职后再培训,提高康养服务人员核心胜任力水平。

二、康养服务人才核心能力

随着我国人口老龄化速度的加快,康养产业迅速发展,机构数量不断增加,导致高质量的康养服务人员相对缺乏。此外,随着大健康理念的普及,康养服务已经发展成为全过程、全方位、全要素的需求。在此背景下,培养与选拔具备与新时代特征相适应的高素质康养服务人员已经成为当前时代发展的新趋势。

目前康养机构的护理人员主要来源于高职高专院校,各院校积极响应国家职业教育改革的方针政策,深度开展校企合作,深化"1+X"证书改革制度,院校共育康养服务相关人员。如何在我国老龄化日益趋强的现实情况下培育出年轻化、专业化的康养服务人才已成为重要的课题,这远比与康养产业相关的土地政策、商业模式及以房康养等论题更具影响力,因为人力资源是康养产业服务的最终端,辐射范围广,覆盖面积大。因此明确康养服务人才的内涵,构建其核心能力指标体系,为我国康养服务人才的培养、任用及考核评价提供理论借鉴,促进康养服务的健康持续发展,具有重要意义。康养机构的护理区别于医院、社区的护理,为了准确把握当前康养机构护理人员的核心能力素质,构建各自专业领域内的胜任力素质模型是培训、考核和选拔高素质专业人员的有效手段。

我们依据前人探索出的康养机构护理人员胜任力模型,结合当前康养产业对康养服务人才的需求,梳理出了7个维度16个二级指标65项三级指标的康养人才胜任力素质模型。

(一)临床护理能力

康养服务专业人才与老年专科护士、老年病房护士的区别在于,老年病房护士的护理对象是病情较为危重、需住院治疗的患病老年人;老年专科护士则是具有学术专长、经专门机构认定的专家型临床护士。其能力重点体现在临床管理、护理教育及临床研究等高级实践工作;康养服务人才的能力培养更注重全面性和广泛性,既有专业的临床护理知识,又有丰富的健康康养经验。康养服务人才与护理员、护工的最大区别在于其有专业的医学背景、扎实的理论基础以及熟练的护理操作技术,主要工作是为服务的老年人提供直接、专业的护理服务。因此,临床护理能力对康养服务护理专业人才至关重要(表6-2)。

第六章 康养服务人才核心能力结构

表 6-2　　　　　　　　　　康养服务护理人才具备的临床护理能力

一级项目	二级项目	三级项目
临床护理能力	老年医学相关知识	老年人常见疾病诊断治疗知识
		老年人常见疾病护理常规及并发症知识
		老年人安全用药知识
		老年人健康评估知识
		老年人临终安宁护理知识
		医院感染相关知识
	老年护理专业技能	护理技术操作技能
		老年人健康评估技能
		老年人自带药品管理能力
		老年人常用药、慢性病病情观察护理能力
		老年人常用药及服用不良反应观察护理能力
		老年人临终安宁护理能力
		医疗废物管理能力及院内感染控制能力
	智慧康养设备运用使用能力	智慧康养设备使用能力
		智慧康养设备设计能力
		智慧康养设备维修能力
		智慧康养设备生产能力

1. 老年医学相关知识

康养服务人才的服务对象是全体老年人，这就要求护理员能对自理、半自理、失能老年人提供日常照料和疾病护理，对临终老年人进行临终关怀。因为某些疾病具有突发性，而老年人由于身体机能的下降，不能应对突发疾病，所以护理员除了掌握基本的护理知识外，还要具备处理常见病和突发病的能力。在日常生活方面，护理员需要监督老年人遵医嘱，制定老年人营养与膳食谱，引导老年人做康复保健训练等。在临终老年人的护理方面，多给老年人翻身，预防压疮，保持口腔、皮肤、衣物清洁，与医护人员密切配合，减轻疼痛和精神压力。

康养服务人才作为康养机构中老年照护实践活动的主要承担者，最基本以及最核心的作用和任务是在临床实践中为老年人提供直接的照护服务。老年人已经不单纯是遵循医生护士的医嘱，而是更加希望了解疾病的发展以及如何进行自我管理,这就对护理人员的能力提出了更高的要求,需要护理人员对老年人进行有针对性的健康教育。专业理论知识是老年护理人员对本专业领域知识的总体掌握程度,是其进行良好照护实践的前提与基础,为应对老年人日益增长的照护需求,只有具备专业的理论知识,才能够切实做好照护工作。康养服务人才与医疗机构中的老年病房护士和老年专科护士存在一定区别,需要掌握老年医疗、护理、养生、康养等多方面的专业知识,同时还需要学习伦理学、心理学和社会医学等相关知识,体会多学科的知识碰撞,研究多种因素对老年人健康的影响,从而树立全面护理的理念,为老年人提供多层次、全方位的服务。一方面,老年人的病情复杂,往往变化、发展迅速,要求护理人员能够掌握扎实的知识,准确地预测、评估和处理老年人的病情;另一方面,老年人患有慢性疾病,往往多种躯体疾病共存,容易出现多种并发症,后遗症多,护理人员不仅要运用专业知识及时、准确识别,采取有针对性的护理措施,同时还需要对患病老年人进行指导,加强老年人疾病的自我管理与治疗的依从性,从而更好地改善预后,提高老年人的生活质量。

2. 老年护理专业技能

康养服务人才主要的专业技能是将专业理论知识转化为向老年人提供护理的能力,在康养服务机构中为老年人提供直接的照护服务。专业实践技能作为直接评价康养服务老年护理服务质量的重要指标之一,既是每一名护理人员必须掌握的重要内容,也需要随着护理学科的发展不断进行学习改进、技术更新。通过照护实践,能够让老年人切实感受到照护服务的质量。同时,根据老年人的康养服务照护需求,老年护理人员只有熟练掌握实践技能,才能够为老年人提供高质量的照护服务。

3. 智慧康养设备运用能力

智慧康养设备是紧密结合信息技术,具备显著智能化、网络化特征和健康康养服务功能的新型智能终端产品,主要包括健康管理类可穿戴设备、便携式健康监测设备、自助式健康检测设备、智慧康养监护设备、家庭服务机器人等五大类。随着人口老龄化的进一步加剧,我国将逐渐迈入深度老龄社会,对于智慧康养产业的需求量不断上升。智慧康养产业的不断突破,也将带动智慧康养设备产业的不断发展。因此,康养服务人才需要不断学习。具备对智慧康养设备的使用、设计、维修、生产等能力,帮助老年人创建一个更加专业、系统、舒适的康养环境。

(二)健康养生康养能力

康养服务人才作为康养服务的实施主体之一,如何为老年人提供更好的健康康养服务,进一步满足老年人的健康康养需求至关重要。康养服务机构中有很大一部分老年人生活是可以完全自理的,这些老年人及其家属关注的是如何健康养生、如何健康康养、如何健康安度晚年。因此,康养服务人才应该掌握帮助老年人健康养生康养的知识和技能。此外,康养服务机构中一般无家属陪伴,老年人面临的风险也会增多,因此,康养服务人才还应具备防范康养风险的能力。

除上述需求外,老年人获得的文娱情感支持相对单一,主要来自机构的工作人员或志愿者等,不良的心境与情绪对老年人的身心健康会造成不良影响,因此需要通过集体娱乐活动和有针对性的心理疏导,给予老年人心理慰问和关怀(表6-3)。

表6-3 康养服务人员具备的健康素养能力

一级项目	二级项目	三级项目
健康养生康养能力	健康养生康养知识	老年人预防保健知识
		老年人康复护理知识
		老年人食品安全及营养知识
		老年人心理健康知识
		老年人文体娱乐安全知识
	健康养生康养技能	指导老年人养成良好的生活习惯,预防疾病,延缓衰老
		能指导老年人正确地进行康复训练,如功能训练、日常生活训练、助听器使用等
		能为老年人制订合理膳食计划,健康营养饮食
		能指导老年人进行心理调节,如环境适应、情绪疏导、心理支持等
		能指导老年人安全进行体育、文化娱乐等集体和个人活动
	康养风险防范能力	能制订老年人烫伤及压疮的预防措施及应对方案
		能制订老年人跌倒及坠床的预防措施及应对方案
		能制订老年人噎食与误吸的预防措施及应对方案
		能制订老年人走失的预防措施及应对方案
		能制订老年人认知障碍的预防措施及应对方案

(三)人文素养

当人步入老年后,身体机能方面出现衰退情况,不但生理状态发生了改变,其心理、社会角色也发生了重要改变,因此,不但要满足老年人的基本生理需求和安全需求,还要从心理学角度出发,满足老年人的情感需求。康养服务人才不但要有长期为老年人服务的意愿,还要具有爱心、细心、耐心、责任心等,充分体现"以人为本"的理念,让老年人有尊严地走完人生的最后旅途。因此,人文素养在康养服务人才核心能力体系中发挥着重要作用。

老年人作为一个特殊人群,机体的代偿功能减弱,身体健康功能欠佳,由于生理和心理等多方面的特殊性,病情变化较快,随时随地都有发生不良后果的风险,且老年人本身对所患疾病的反应能力较差,部分老年人甚至很难用语言准确描述自己的病痛,疾病的症状表现和一般成人比较也存在一定差异,因此,老年护理人员应该具备敏锐的感知与观察能力,及时发现老年人的身体和心理异常情况,随时关注病情变化,准确评估老年人的健康状况,从而为老年人争取最佳治疗时间。老年护理工作作为一项具有人道主义精神的工作,对老年护理人员的道德伦理与职业操守也提出了更加严格的要求,康养服务人才应该具备较高的社会责任感,能够认同老年护理工作的重要性并且志愿从事老年护理工作,具有慎独、爱岗敬业等精神,在道德伦理的规范下,保护老年人的权利,尊重和爱护老年人。通过提高康养服务机构护士的职业素养,对提高护理质量、解决流失率高等问题具有重要意义(表6-4)。

表6-4　　　　　　　　　　康养服务人员具备的人文素养

一级项目	二级项目	三级项目
人文素养	为老服务意愿	关爱老年人,从生活、精神等各个方面关心、体贴老年人
		尊重老年人,包括老年人的工作荣誉、生活经历、个性爱好、宗教信仰等
		敬重老年人,激发老年人自动、自发照顾自己的能力
		包容老年人,能包容老年人生理、心理发生的一切现象
		坚定信念,要有长期为老年人服务的信念
	伦理实践能力	能对所有的老年人一视同仁
		能用平常的心态对待老年人
		能对老年人有高度的责任心
		能对老年人有充足的耐心
	康养政策实践能力	按照康养及护理的相关法律法规要求履行对老年人的照护职责
		能为老年人普及康养相关的政策及法律
		当老年人的合法权益受到侵害时,能为老年人提供法律援助,提供救济途径和方法
		熟练掌握康养保险法律法规的内容
		熟练掌握《中华人民共和国老年人权益保障法》的内容

1. 为老服务意愿

康养服务是一项极具技巧性的工作。老年人的身体状况、感觉力、记忆力、语言表达力和理解力均出现不同程度的衰弱,并对自身问题难以表述清楚,这就要求康养服务人员具有敏锐的洞察力和判断力,能及时发现老年人的问题,应对不同的情形。康养服务还是一项任务重、难度大、时间长的工作。长期重复工作的疲惫感以及老年人的不理解、不配合,在一定程度上影响着康养服务人员的情绪,护理员情绪的变化又会影响护理的质量,还会影响其职业稳定性,所以,康养服务人员需要有良好的自我调节能力,能保持稳定的情绪,妥善处理各种突发情况。

老年人由于思维反应相对比较迟钝,语言与记忆力都有所下降,往往交代一个事情说了几遍还是记不住。如果在护理中遇到此类情况,护理人员要耐心解释、态度和气、不急不躁。要耐心地倾听老年人的诉说,询问老年人的病情以及是否需要帮助。对老年人提出的问题要及时给予解答,不能解决的问题要尽量给予合理的解释。在病房中遇到老年人的时候要主动打招呼,做治疗的时候要动作干净利索,交流要和声细语。尽量表示出对老年人的尊重。遇到寒冷天气时,叮嘱老年人随时增添衣服。

2. 伦理实践能力

伦理学关注的核心问题是善恶问题。伦理学作为向善之学,主要是要求康养服务人员形成趋善向善的自觉意识,热爱康养服务事业,热爱本职工作,具有为老年人健康服务的敬业精神。加强伦理教育能够有效构建良好的康养服务关系。康养服务关系是护理伦理学中的核心内容,建立良好的康养服务关系是对康养服务人员素质的基本要求。老年人在康养机构期间,接触最多的是康养服务人员。康养服务人员的举止和言谈都会对老年人造成影响,护理人员的良好素质是提高老年人满意度的根本保证。加强康养服务人员伦理实践能力培养,有助于康养服务人员认识职业价值,坚定职业信念,转化执业方式,从被动服务向主动服务转变。在对服务的不断探索与创新中,建立良好的服务关系。

3. 康养政策实践能力

康养政策实践能力,要深入研究康养政策。一是为老年人争取最大政策利益,享受最大政策红利,减轻老年人康养在经济、精神等方面的后顾之忧;二是严格执行国家康养政策,守法守纪。

(四)人际交往能力

人际交往不仅指康养服务人才与老年人之间的交往,还有他们与老年人家属、与同事之间的交往,以及老年人与老年人之间的交往。良好的人际交往能力不但能促进和谐的康养服务关系,还利于护理工作的开展,提高工作效率(表6-5)。

表6-5　　康养服务人员具备的人际交往能力

一级项目	二级项目	三级项目
人际交往能力	交往沟通能力	有适合老年人逻辑思维的语言表达能力和沟通技巧
		能协调解决、妥善处理老年人与家属之间的赡养关系及纠纷
		能对老年人及家属的投诉及建议进行合理处置
		能积极鼓励、引导老年人参与集体活动,营造和谐氛围
	团结协作能力	能与老年人良好合作,建立主动型康养服务关系
		能与同事团结协作,做好及时、全面、准确的交接工作
		能与家属友好合作,当老年人身体状况或需求发生变化时及时与送养人沟通

1. 交往沟通能力

康养服务人才应掌握护理语言沟通技巧,以更好地与老年人沟通、交流。不同老年人的性格存在差异,护理员需要了解老年人的性格,根据老年人的性格选择合适的沟通策略。为表示对老年人的尊重,应在称呼老年人时用"您"。若是康养服务人员了解老年人在退休前从事的职业,就可针对老年人的职业对其进行称呼。比如,老年人的职业为教师、医生等,就可以称呼其为"某老师""某医生"等。针对老年人的职业进行称呼,可瞬间拉近护理员与老年人的距离,引导老年人打开"话匣子"。随着年龄的增加,老年人的听力以及反应能力大不如从前,康养服务人员在与老年人沟通时应当放慢说话的速度。若是老年人没听清楚,康养服务人员则需要耐心地重复话语,并解释话语内容。

2. 团结协作能力

什么是"团队"?斯蒂芬·罗宾斯于1994年首次提出了"团队"的概念:为了实

现某一目标而由相互协作的个体所组成的正式群体。当团队合作出于自觉自愿时,它必将产生一股强大而且持久的力量。

在康养服务工作中,每个人的专业技能并不能完全一样。只有团体中的成员在康养服务工作中共同协作,摒弃个人主义,才能出色地完成任务,给老年人留下好的印象。要成为一个优秀的康养服务团队,平等友善、善于交流、谦虚谨慎、化解矛盾、接受批评、创造能力,这六项原则必不可少,发挥团队合作在康养服务工作中的作用显得尤为重要且必要。

(五)教育培训能力

教育培训能力是指康养服务人才对老年人健康宣教和对护理员进行培训带教的能力。康养机构中的护理员并非注册护士,只是经过培训掌握了老年生活照护的技能,缺乏专业的护理知识和技能,因此康养服务人才需要承担教育者的角色(表6-6)。

表6-6　　　　　　　　　　康养服务人才具备的教育培训能力

一级项目	二级项目	三级项目
教育培训能力	健康宣教能力	能针对不同的老年人制订个性化的宣教计划
		能采用合适的宣教策略让老年人认同宣教内容
	培训带教能力	能指导护理员养成良好的职业道德
		能指导护理员养成良好的行为规范
		能指导护理员完成标准的护理操作
		能制订有针对性的护理员培训计划

1. 健康宣教能力

健康教育工作是护理工作重要组成部分,针对老年人群体所开展的具有护理特色的健康教育活动,是实施整体护理过程的具体护理内容之一,必须在形式、内容、方法上大胆创新改革,才能满足老年人及其家属不断增长的健康知识需求。要做好健康教育需要具备三个方面的知识:一是与疾病护理相关的知识及专科疾病护理知识,以及心理护理、康复护理、疾病预防、卫生保健、营养学、药理学、医学新进展和家庭护理知识;二是与教育相关的知识,如教育程序、教育需求评估、行为指导、教育计划制订、教育效果评价;三是相关学科知识,如行为学、预防医学、保健医学、传播学、教育学、社会学、心理学、伦理学等。护理人员要认真学习相关的知识,掌握适应社会发展需要的健护理健康教育是护理人员针对服务对象的生理、心理、社会的适应能力等方面进行的教育。

2. 培训带教能力

培训带教能力是培养高素质的康养服务人才、实现"传帮带"的重要抓手。康养服务实习是康养服务人才理论联系实际、变知识为技能的必需过程,是康养服务人才教育的一个非常重要的环节,是他们踏上工作岗位前最直观、最有效的学习阶段,是他们从理论走向实际、从课堂走向病房、从学校走向社会的关键环节和实现理论知识转化为工作能力不可缺少的过程。所以,带教教师要负担起传授知识,培养学生能力和培养学生职业素质的双重责任,为他们将来的工作打下良好的基础。

培训带教能力要求带教教师要有坚实的理论基础、较强的责任心和耐心、过硬的康养服务基本功、丰富的护理经验和良好的心理。带教过程中,应及时指出康养服务人员在护理过程中的不足之处,将服务对象反馈回来的信息及时给予评估,并不断对康养服务人员进行指导,使之在操作技能上不断提高。

(六)评判性思维能力

评判性思维是个体在复杂情境中,能灵活地应用已有的经验及知识,对面临的问题及解决方法进行选择,在反思的基础上进行分析、推理,做出合理的判断,在面临各种复杂问题及各种选择的时候,能正确进行取舍。评判性思维能力是指康养服务人才运用自身的知识、经验等在工作中发现问题、解决问题的能力。随着社会的进步及医学科学的不断发展,护理的工作范围也在逐步扩大,护理环境越来越复杂,康养服务人才需要面对各种复杂的选择,而评判性思维能力是面临复杂抉择进行正确反思与选择的重要思维及判断方法。因此,许多护理学家认为评判性思维能力是高等护理教育毕业生所应具备的能力 21 世纪的高等教育改革,着重培养学生的评判性思维能力和国际视野。评判性思维被引入护理领域以后日益受到重视,被认为是护理专业人员必须具备的能力之一。近年来越来越多的康养服务界人士在教育和临床实践领域开始重视、强调和应用评判性思维的方法(表 6-7)。

第六章 康养服务人才核心能力结构

表6-7　　　　　　　　康养服务人员具备的评判性思维能力

一级项目	二级项目	三级项目
评判性思维能力	发现问题的能力	能及时发现环境、设施等方面存在的风险及老年人潜在的健康问题
		能对护理员的服务质量进行评价
	解决问题的能力	能对工作环境中存在的风险进行控制并制订应急预案
		能对老年人潜在的健康问题采取针对性措施及时防范
		能对护理员存在的问题认真分析并促进其及时改进

（七）专业发展能力

专业发展能力是指康养服务人才对于康养服务工作的认同感及对该职业的规划能力。康养服务人才应在明确自身发展方向的基础上不断更新知识与技能，提高自身的专业水平。护理学作为一门实践性非常强且知识更新较快的应用型学科，要求护理人员具有终身学习的意识；同时，随着我国康养产业的大力发展，理论和实践的内涵不断拓展，康养服务人员在具备良好的知识储备的基础上，还必须具备学习和掌握各项技能的能力，不断充实专业知识与技能，不断更新观念、与时俱进，能够了解康养服务发展最前沿的知识，以应对多学科、多因素的复杂困难问题，紧跟发展步伐，采取最科学有效的护理干预措施为老年人提供更加优质的服务（表6-8）。

表6-8　　　　　　　　康养服务人员具备的专业发展能力

一级项目	二级项目	三级项目
专业发展能力	专业认同感	能认同康养服务工作的重要性
		能志愿从事康养服务工作
	职业规划能力	能对康养服务职业倦怠与不良情绪进行自我调适
		能定期对自身的专业能力进行评估
		能根据康养服务模式的发展趋势制订相应的计划

1.专业认同感

专业认同是康养服务人员对康养服务专业、对康养服务工作的性质、特征等认同的状态，包括康养服务人员对自己专业的认识、情感、期望、意志、价值观和技能的感知。为增强康养服务人员对康养服务的兴趣和信心，教学活动中应组织康养服务人员访谈健康老人,深入认识老年人在家庭、社区和社会中的作用和贡献,了解他们对健康照顾的需要。同时让康养服务人员经常参加老年病房、社区医院或康养院的老年护理工作。增加服务护理的经历,锻炼护理能力。应选拔德才兼备、有高尚道德情操、热爱本职工作的康养服务人员为临床带教教师,指导康养服务人员获得必要的专业感性认识,扩大和加深所学理论知识的同时,使康养服务人员的临床护理操作技能、康养服务沟通能力得到最佳发挥,提高康养服务人员的自信心。

2. 职业规划能力

康养服务人员职业生涯规划是指个体在康养服务职业生涯中根据专业发展和自身需求,获得相关的知识与技能,拟订需要达到目标的活动计划,并通过自身的努力,最终达到既定目标的过程。职业生涯规划是影响护理人员工作专业化、事业化、留任、离职率及工作满意度的主要因素之一。通过对康养服务职业倦怠与不良情绪的自我调适,能够根据康养服务模式的发展趋势制定相应的目标规划,进而确定自身的职业生涯规划。

第三篇

康养产业人才培养

第七章

职业教育人才培养体系构建的理论基础

人才培养体系涉及多个方面的因素,如师资、课程、平台、实训等,具有综合性和复杂性,是一个包含诸多要素的复杂体系,需要厘清各要素间的相互关系,找到解决问题的突破口。

第一节 联合国教科文组织《教育2030行动框架》与职业教育

作为国家发展战略,技能型社会的构建并非止于个体层面的技能提升,而是涉及产业、教育、人力资源等多方面的宏观社会建构过程,以及社会多元主体对于技能的重视程度,除了有助于提升社会中技能型人才的数量和地位,更在于技能的习得与应用促进了人与社会的全面发展。

一、联合国教科文组织《教育2030行动框架》

2015年9月,在纽约举行的联合国首脑会议上通过了《变革我们的世界——2030年可持续发展议程:17个目标》,这是人类未来十五年可持续发展的总目标,是最高纲领。它指向创造一个包容、公平、可持续发展的地球,塑造全球公民。这17个目标中的第4个目标就涉及终身学习议题,即提出"确保包容性和公平的优质教育,促进全民享有终身学习机会"的教育可持续发展目标。该议程强调教育作为一个独立的目标(可持续发展目标4),必须响应全球2030年议程,促进世界的变革,实现消除贫困、保护地球、确保所有人共享繁荣的全球性目标;确保所有人获得可持续发展所需的知识和技能;确保全纳、公平的优质教育,使人人可以获得终身学习的机会,促进人类的可持续发展。

依据这个总目标,全球在2015年到2030年间将建立一个更加进取的、世界性的教育议程,所以联合国教科文组织通过了《教育2030行动框架》。《教育2030行动框架》的总体目标:"确保全纳、公平的优质教育,使人人可以获得终身学习的机会。"其中:"全纳"是指教育的可获得性和包容性;"公平"体现在准入、参与、保留、完成和学习结果方面消除所有形式的排斥、边缘化、不公正的差异性和不平等问题;"优质"是要确保教育能在所有水平和不同环境里与导向相关的、平等的和有效的学习成果;"终身学习"强调的是一项基本人权——受教育权,从出生开始贯穿一生。同时,具有里程碑意义的报告《反思教育:向"全球共同核心利益"的理念转变》出炉,清晰地向我们展现了2030全球教育的未来蓝图。

二、联合国教科文组织《教育2030行动框架》的意义

这个议程相对新颖的地方在于它专注于利用终身学习的方式在各个层面增加入学机会、包容性和公平、质量和学习成果。此外,它重新关注教育的目的和相关性对人类发展、经济、社会和环境可持续发展的作用,是"教育2030"议程的一个显著特征,是嵌入其整体和人文视野的、有助于发展的一种新模式。

与其他国际组织不同,联合国教科文组织在国际教育推进中,一贯奉行的是人文主义价值导向,"将关注重心更多地放在从理论与哲学层面上对教育本质和目的的反思上"。《教育2030行动框架》及其报告《反思教育:向"全球公共利益"的理念转变》,提出重新审视学习、知识和教育,提出其应被界定为需要全世界集体努力的"共同利益"的核心。这是联合国教科文组织自成立以来人文主义理念内涵的一次新飞跃。其核心的突破点在于"共同利益"对原有教育的"公益性"和"公共产品"性质的超越,其所引发的全球教育治理格局的变化将是颠覆性的。即教育作为一项公共事业,仅限于"公共品"性质和个人收益的概念已经过时,教育成为全球的共同利益和责任。

三、联合国教科文组织《教育2030行动框架》对我国教育的启示

邓小平在为景山学校题词时提出了"教育要面向现代化,面向世界,面向未来"的主张,其中"面向现代化"是后两个"面向"的前提和基础,其实质是要使我国的教育赶上世界先进水平,因此被认为是最基本和重要的一条。教育现代化是邓小平同志的殷切期盼,并成为中国改革发展教育的目标追求。

《国家中长期教育改革和发展规划纲要(2010—2020年)》将其列为我国教育发展三大战略目标之一,"十三五"规划决定"推进教育现代化",这将是今后很长时期我国教育改革发展的基本方向和战略选择。

2017年,李克强总理在政府工作报告中强调,我们要制定实施"中国教育现代化2030",以教育现代化支撑国家现代化。在此背景下,"中国教育现代化2030"成为国内外研究的热点。

"中国教育现代化2030"不仅是国家现代化的重要内容和支撑,同时也是世界教育的重要组成部分,尤其要借鉴世界教育的启示,特别是具有划时代意义的联合

第七章 职业教育人才培养体系构建的理论基础

国教科文组织《教育2030行动框架》更需对其认真研究,重视其启发和借鉴意义,以实现中国教育的发展,构建起既面向世界又符合中国国情的"升级版"中国教育现代化。

教育的根本是为了人,重新定义教育新内涵的逻辑是关注人本身,应采用开放、灵活的全方位终身学习方法,为所有人提供任何时间、任何地点都可发挥自身潜能的机会,以实现可持续的未来。国际社会强化了终身教育和国际人权框架,但如何真正实施这些规范却困难重重,至今仍停留于表象而没有取得真正实质性突破。

教育不应成为扩大不平等、拉开差距的工具,而应当是提升人类共同福祉的手段,反思教育的目的和学习的组织方式,重建教育治理话语体系。一直以来,教育目标的理论基础是公益理论。公益理论将教育作为公共品,其背后蕴含的一个概念即教育通常由国家作为提供者,公众作为消费者对其的持续消费不会导致公共品的减少。在这种视角下,教育事业发展目标往往以国办教育为主体,其他形式为补充,以学校教育为中心,其他教育为学校教育的延续和补充,这是一直以来国家发展教育的理所当然的理念。然而,在世界终身教育和终身学习浪潮滚滚向前的今天,仅靠国家作为提供者的格局已经无法满足新的需要,国家之外的各类教育提供者纷纷涌现,并渐渐成为一个不可忽视的教育行为主体,继续坚持原有的教育"公共品"的概念,势必带来体制内与体制外教育之别,与"国有"之外的教育行为体形成天然的不对等,如果主管部门的监管不适当,便会无形中形成对非主流教育形式的歧视甚至排斥。处于垄断地位的国家正规教育系统,不仅难以参与和贡献于全纳、终身的新教育格局的形成,而且会对原本是增加受教育选择机会的其他教育体系形成负效应和阻碍。这不能不说是当前国内全民终身学习建设步履艰难的一个重要根源。

巨变的全球格局势必引发全球教育治理格局的变化,终身学习时代的到来,从原有的教育的"公益性"和"公共品"概念转向"共同利益",将不会继续在原有学校教育思考框架内打转,从而获得真正意义上的学习型社会新视界。

(1)教育提供主体方面走向多元并重,各种性质的教育提供者被统一、同等纳入政策视野,彼此间的界限、等级被消除。

(2)受教育者选择权和学习形式方面走向多元平等。教育的正规与非正规、正式与非正式、全日制与非全日制概念将失去存在的意义。

(3)学习者的学习具有终身性、连续性和自主性。任何年龄段、任何形式和场所的学习,会被统一和一视同仁地对待。成人教育、继续教育、校内外教育的差别逐步缩小。年龄在所有学习和研究等行为不再限制。

(4)教育内容和方法方面将人全面发展的各个方面同等重要地纳入政策视野,并强调对生命和人格尊严、权利平等、社会正义、文化和社会多样性的尊重。

四、联合国教科文组织《教育 2030 行动框架》对职业教育的启示

1946 年,联合国教科文组织在法国巴黎成立。1947 年,联合国教科文组织在职业发展指导的研究和出台方面与国际劳工组织展开合作,希望通过开展技术和职业教育与培训使人们获得参与社会活动的基本知识和技能,以满足第二次世界大战之后各国重建工作对人力资源的需求。20 世纪 50—60 年代,为了帮助新兴的发展中国家解决其所面临的诸多经济和社会发展问题,联合国教科文组织继续与多个国际组织合作,并加强了对职业教育相关问题的研讨。此外,它还通过"技术援助项目"加大对职业教育的投入。据统计,1952—1959 年,联合国教科文组织对职业教育的年投入由 250 000 美元增至 535 000 美元,翻了一番多。20 世纪 70 年代,由石油危机引发的两次经济危机席卷了主要资本主义国家,并向其他国家蔓延,最终导致了全球性的失业问题。面对该状况,联合国教科文组织提出终身教育的理念,并强调职业教育在促进就业和完善终身教育体系中的重要地位。20 世纪 80—90 年代,和平与发展成为时代的主旋律,各国开始关注教育与生产劳动的关系以及职业教育对社会发展的贡献。为了推动全球职业教育的发展,1992 年,联合国教科文组织在德国波恩成立了国际技术和职业教育与培训中心(UNESCO-UNEVOC)。进入 21 世纪之后,全球化、信息化、知识经济、可持续发展等诸多新理念不断涌现,联合国教科文组织也对职业教育的价值观、态度、知识、技能等做了新的判断与诠释,以把控时代发展的脉搏和满足人们日益增长的职业教育需求。

《教育 2030 行动框架》的主体包括三个部分:第一部分是"教育 2030"的愿景、理念与原则;第二部分是总体目标和策略方法、具体目标和指示性策略;第三部分是组织架构,治理、监测、跟踪和研究机制,经费来源。其中,与职业教育发展相关的规定主要集中在第二部分。

《教育 2030 行动框架》的总体目标为"确保全纳、公平、有质量的教育,增进全民终身学习机会",将"全纳""公平""质量"三个核心理念贯穿整个框架,兼顾职业教育发展的目的与手段,既关注具体目标的可操作性,又强调教育方法的合理运用。具体目标共有七个,每一个具体目标都有一系列指示性策略与之对应。在七

个具体目标中,目标三、四、五、七及其指示性策略对职业教育发展有较为详细的规定。具体如下:

目标三及其指示性策略关注职业教育政策的制定。目标三"到2030年,保障所有人能够平等获得可以承受的、有质量的技术、职业及高等教育(包括大学教育)"。目标三的指示性策略强调职业教育政策的开发和制定必须与不断变化的环境保持关联,并强调跨部门的方式以及高等教育机构在政策开发和制定中的作用。

目标四、七及其指示性策略关注职业教育内容的设置。目标四"到2030年,大幅增加拥有相关技能(包括技术和职业技能)的青年人与成年人的数量,这些技能能够促进他们实现就业、获取合适工作和进行创业"。此外,目标四还关注学校和职场之间的转换与衔接,并重视非认知技能的培养。目标四的指示性策略强调职业教育内容的设计须回应不断变化的劳动力市场需求和社会需求,并强调学习路径的灵活性和资格框架的开发。目标七"到2030年,保障所有学习者皆可获取实现可持续发展所需的知识和技能……"。此外,目标七还关注职业教育对可持续发展的贡献,并重视可持续发展教育的获得。目标七的指示性策略强调通过跨学科、国际合作、多元利益相关者参与的方式推进可持续发展教育。

目标五及其指示性策略关注职业教育公平的实现。目标五"到2030年,根除教育领域的性别差距,保障残障人士、土著居民、儿童等弱势群体平等获得不同层级的教育和职业培训"。目标五的指示性策略强调借助信息通信技术为妇女等弱势群体提供技术和职业教育与培训。

第二节 技能型社会与职业教育

一、建设技能型社会的必要性

我国教育事业发展快速,已使我国形成学历社会。学历社会在一定程度上顺应了社会发展趋势,推动了高等教育普及化,促进了社会公平,其存在有着合理与积极的一面。然而,如果全社会过分尊崇学历并将其绝对化,就可能带来文凭异化现象。如今学历的"内卷化"使许多人盲目追求高学历,这既不利于人才的选拔及培养,还造成了社会资源的浪费,更不利于人与社会的全面发展。与此同时,新一轮科技和产业革命对人才的层次、结构和素质提出了新要求,技术技能人才的重要地位日益凸显。

近年来,我国各行业劳动力技能结构出现了就业极化现象,最易受到技能偏向型技术进步冲击的中等技能劳动力,难以向高级技能就业岗位转移,而会对低技能岗位形成挤压,造成大量失业,使收入差距进一步扩大。技能短缺带来了中、低技能劳动者的就业降级和失业问题,低收入群体数量增加,其生活受到明显影响,消费活力下降。这既不利于以国内大循环为主体的新发展格局的构建,也阻碍了共同富裕目标的实现。技能短缺已成为我国发展战略大局中不可忽视的制约因素。

2021年4月,全国职业教育大会创造性提出了建设技能型社会的理念和战略,提出加快构建面向全体人民、贯穿全生命周期、服务全产业链的职业教育体系,加快建设国家重视技能、社会崇尚技能、人人学习技能、人人拥有技能的技能型社会。2021年6月,人社部印发《"技能中国行动"实施方案》,强调"技能是强国之基、立业之本,技能人才是支撑中国制造、中国创造的重要力量"。2021年10月,中共中央办公厅、国务院办公厅印发《关于推动现代职业教育高质量发展的意见》,对技能型社会建设工作进行规划,明确提出建设技能型社会的两个阶段性目标,即"到2025年,现代职业教育体系基本建成,技能型社会建设全面推进……到2035年,职业教育整体水平进入世界前列,技能型社会基本建成"。"职业教育作为国民教育体系和人力资源开发的重要组成部分,肩负着培养多样化人才、传承技术技能、促进就业创业的重要职责。"

2021年11月,人社部印发《技工教育"十四五"规划》,提出"到2025年,基本形成技工教育体系更加完善、布局更加合理、特色更加突出、技能人才培养规模和质量更加契合经济社会发展需要的良好局面"。2021年12月,人力资源和社会保障部、教育部、国家发展改革委、财政部联合印发《"十四五"职业技能培训规划》,明确指出推进技能型社会建设,全面实施技能中国行动,进一步完善劳动者终身职业技能培训制度。2022年3月,人社部印发《推进技工院校工学一体化技能人才培养模式实施方案》,计划以一体化课程教学改革试点工作为基础,以技师学院为重点,在全国技工院校大力推进工学一体化培养模式。2022年4月,新修订的《中华人民共和国职业教育法》发布,其总则中明确其制定目的包括"建设教育强国、人力资源强国和技能型社会",这标志着"技能型社会"已被正式写入法律。可见,技能型人才培养受到了前所未有的重视,技能型社会建设业已被提上日程。不仅如此,《中华人民共和国职业教育法》也对职业教育高质量发展的目标提出了具体要求,就是建立技能型社会,推进社会主义现代化建设。

二、技能型社会建设背景下我国发展职业教育的价值

建设技能型社会是增强综合国力、推动经济社会高质量发展的重要途径。技能型社会是技能的社会化体系,其构建从技能形成角度看,是拓宽劳动实践的路径,提升通过劳动实践积淀技能的效率;从社会经济学角度看,是帮助劳动者利用技能把握生涯发展,追求美好生活;从职业教育学角度看,是将劳动精神、工匠精神融入技术技能人才培养全过程,提升全社会技能水平。在当前大力倡导建设技能型社会的时代背景下,强化职业技能培训,更多、更快地培训技术技能人才,是提升国家核心竞争力的重大战略举措。技能型社会就是国家重视技能、社会崇尚技能、人人学习技能、人人拥有技能的社会,这一新理念也贯穿了《中华人民共和国职业教育法》。

职业教育作为国民教育体系和人力资源开发的重要组成部分,肩负着培养多样化人才、传承技术技能、促进就业创业的重要职责。进入新时代,党中央高度重视发挥职业教育的教育、经济、民生功能,站在经济社会全局的高度抓职业教育。习近平总书记指出"职业教育与经济社会发展紧密相连,对促进就业创业、助力经济社会发展、增进人民福祉具有重要意义"。李克强总理强调"必须把加强职业教育作为发展实体经济、推动高质量发展、保障和改善民生的重要举措"。

长期以来,职业教育受到社会鄙薄,被认为在层次上低于普通教育。一方面,社会大众对职业教育的认识深受我国"学而优则仕"的文化传统和重学术、轻技术的传统思想的影响,唯学历、唯文凭倾向严重;另一方面,职业教育本身的质量不高,接受职业教育的毕业生难以获得一技之长,实现自身发展。

习近平总书记指出"优化职业教育类型定位",《中华人民共和国职业教育法》明确"职业教育与普通教育是两种不同的教育类型,具有同等重要地位"。按照类型特点和规律办职业教育被写入国家法律,成为国家意志,代表了中国理念、中国特色。

习近平总书记指出"职业教育是国民教育体系和人力资源开发的重要组成部分",明确了我国职业教育的基本范畴,提出"努力建设中国特色职业教育体系""完善职业教育和培训体系""加快构建现代职业教育体系""稳步发展职业本科教育""推动职普融通"等重要要求,目的是"努力让每个人都有人生出彩的机会"。中国特色现代职业教育,要实现体系内部各层次教育的纵向贯通,构建起服务人们职业发展的终身教育体系;实现职业教育体系内部与外部的横向融通,形成对接科技发

展趋势和市场需求、与社会用人结构相匹配的人才培养体系；实现职业学校、企业和其他教育机构相互协同，健全多样化职业教育供给体系，为学习者架起了成长与成才的立交桥，开通就业与创业的直通车。

为贯彻落实技能型社会建设任务和要求，面对"国家重视技能、社会崇尚技能、人人学习技能、人人拥有技能"的建设要求，职业院校必须坚持正确办学方向和定位，明确职业教育人才培养的任务和目标方向，以促进人才培养质量提升为核心，培养更多的高素质技术技能人才、能工巧匠、大国工匠，更加扎实、有力地推动技能型社会建设落地生根。《国家职业教育改革实施方案》提出"由参照普通教育办学模式向企业社会参与、专业特色鲜明的类型教育转变"，这种转变体现在教育目的上就是坚持"以面向市场、服务发展、促进就业为方向"，体现在标准上就是"将学历证书和职业技能等级证书结合起来"，体现在教育对象上就是"面向人人、因材施教"，体现在教育模式上就是"产教融合、校企合作""德技并修""学徒培养""订单培养""贯通培养"，体现在评价导向上就是"突出就业导向，把受教育者的职业道德、技术技能水平、就业质量"作为重要指标。

首先，要厘清职业教育人才培养目标，即基于素质教育导向，实现德智体美劳全面发展；基于就业岗位导向，培育扎实的专业知识与实践技能；基于职业生涯导向，形成较强的自我发展能力。其次，要明确职业教育人才培养方向，突出能力本位，强化精神培育，注重终身学习，坚持面向人人。最后，要确立职业教育人才培养路径，即大力落实"1＋X"证书制度，坚持育训并举；强化校企协同，全面提高实践教学水平和质量；高度重视文化育人，构建崇尚技能的校园文化环境；深入推进普职融通，畅通技术技能人才培养通道；加快国家资历框架建设，服务好技能型人才职业生涯发展。

第三节　技能型社会建设背景下畅通人才培养通道

面对技能型社会建设的人才需求，我们应加快职业教育人才培养，深入推进普职融通，畅通技术技能人才培养通道。

在高等教育阶段推动普职学分互认。高等教育阶段普职融通的重点在于应用型大学与高职院校的融通以及综合型大学中的应用性学科和高职院校的融通。由于这些院校的办学方向和学科类型相近，因而具有普职融通的学理基础。地方政府、教育行政部门可以引导区域内的普通高校、高职院校建立教育联盟。在教育联盟内,各类高校在充分协商、统筹规划的基础上,建立学分互认的人才培养机制,科学界定学分互认的学科,研制学分互认的标准,制定学分互认的流程,允许教育联盟内的高校学生跨校选修课程并取得学分。通过区域教育联盟内的学分互认试点,为高职院校学生加强专业理论知识学习、普通高校学生接受职业培训创造条件,从而扩大职业教育人才培养的覆盖面。

2022年9月,教育部发布了《职业教育专业简介》(以下简称《简介》)。在《简介》制定过程中,教育部积极汇聚行业力量,充分发挥智库作用,分析岗位需求,固化教改成果,组织上万名专家学者共同商讨;成稿过程中先后吸收中国科学院、中国工程院院士建议88条,吸收地方和行业部门意见5 700余条。《简介》充分体现了《中华人民共和国职业教育法》新要求,全面贯彻新发展理念,服务产业转型升级需要,展现职业教育专业升级与数字化改造的最新成果,覆盖新版专业目录全部19个专业大类97个专业类1 349个专业。其中,中等职业教育358个,高等职业教育专科744个,高等职业教育本科247个。全面展现了职业教育各层次、各专业人才培养的要素和环境要求,填补了职业教育本科专业简介的空白。《简介》立足增强职业教育适应性,体现中职、高职专科、高职本科的人才培养的定位区别与关联,更新了职业面向,拓展了能力要求,更新了课程体系,增列了实习场景、接续专业、职业类证书等,有利于提高职业教育专业适配产业升级的响应速度,为学校制订人才培养方案提供了基本遵循,为学生报考职业院校及继续深造提供了指导,为校企合作提供了依据,为用人单位录用毕业生提供了参考。

第四节　技能型社会建设背景下完善国家资历框架

建设技能型社会,吸引和鼓励更多劳动者学习技能,需要我国加快国家资历框架建设,完善人才成长立交桥的构建。

国家资历框架最基本的功能定位就是为各类资历的管理提供统一、规范的尺度,通过制定标准,对现有资历能进行有效的描述和整理,明确各类证书的纳入、更新或淘汰,实现一体化的高质量管理,保证资历的质量和透明度,从而提高其公信力。

在教育现代化建设征程中,国家资历框架具有重要的制度保障作用。随着终身学习理念的普遍流行和学习型社会的构建,我国逐渐认识到不同类型学习成果进行科学认证、互相转换的重要性和必要性,这背后蕴藏的本质实则是对构建资历框架的需要。将国家资历框架与终身学习的关系作为研究重点,认为它们之间相互影响、相互支撑,通过建立统一的国家资历框架,可以打通各个类型教育之间的壁垒,帮助学习者实现在不同教育领域的灵活转换。

1. 建立国家资历框架等级体系和通用标准

国家资历框架需要将各类学习成果全部纳入一个统一的框架并进行资历等级的划分,因此,需要建立资历框架等级体系以及与资历等级相对应的通用标准。在横向上,国家资历框架体系要涵盖普通教育、职业教育、继续教育、培训及其他业绩,包含正规教育与非正规教育、正规学习与非正规学习,将社会各种类型的学习成果都纳入统一框架;在纵向上,我国可以参照现有的学历层级,建立小学、初中、高中、专科、本科、硕士、博士七个资历等级,以现行的普通教育与职业教育学历等级为基础研究制定与其他各种学习成果对应的等级。在完成资历等级划分的基础上,建立与资历等级相对应的通用标准。

根据我国已有的区域性资历框架建设经验,可以借鉴广东终身学习资历框架的通用标准,从知识、技能和能力三个维度构建国家资历框架等级的通用标准,每一类学习成果对应资历的认证都应当从以上三个维度进行考察,进而实现各级各类学习成果的分层认证体系。

2. 建立国家学分银行,搭建学分管理信息平台

学分银行是真实、完整记录各级各类学习成果和学习经历的系统,是国家资历框架建设的重要载体,也是技能型社会建设不可或缺的一环。为稳步推动国家学分银行建设,更好地服务技能型人才,首先,教育部门、人力资源和社会保障部门等应组织专家力量,研究制定国家层面的学习成果认证、积累和转换的相关标准与制度流程,为全国各地区的学分银行建设提供参照和依据。其次,各级政府、教育行政部门、人力资源和社会保障部门应加强协调,基于国家学分银行标准和制度,研究制定学习成果认证的具体办法,完善实施细则,建立学习成果认证的监督管理体系,逐步健全学分银行的运作机制。最后,我国应立足于全国分级管理行政区域划分,在省、市、县分别搭建不同级别的学分管理信息平台,建立个人学分银行账户,完善平台的学分、记录、积累、转换、查询等功能,从技术层面促进技能型人才职业生涯的可持续发展。

第五节　职业资格认证

职业资格证书是资历的主要组成部分之一，其标准体系建设在资历标准体系中占据着举足轻重的地位。职业资格证书是劳动者从事某一职业所具备知识和技能的证明，是个体进入劳动世界的凭证和依据。从新中国成立至今，我国职业资格证书制度不断变革，尤其是职业资格标准的深化改革，体现出不同时代背景下对技术技能人才培养考核的变化，以及职业资格的变迁。

从 1994 年起，我国在职业分类的基础上，开始推行国家职业资格制度，初步建立了国家职业资格体系。随后我国开始制定国家职业技能标准，依照劳动者从事特定职业所需的专业理论知识的广度和深度，以及技术的复杂程度划分等级，并按照从低到高依次递进、高级别涵盖低级别的要求，将具体工作内容与技能要求、知识要求相对应。从职业资格证书制度的系列改革可以看出，我国对各类资历认证标准建设的诸多努力和尝试，也是国家资历框架标准体系的重要组成部分和兼容对象。

在国家政策的推动和指导下，我国从国家到地方、从院校到行业及企业基于不同的目标定位，相继开展了与资历框架建设相关的试点工作：以建设"学分银行"为抓手，围绕国家资历框架的核心——资历的认定、累积、转换展开。随着试点实践的不断推进和深入，因为缺乏统一的框架和标准，各级各类学习成果在认证结果的认同度、沟通转换的顺畅性等方面的问题愈发凸显。最为突出的问题就是学历资格标准与职业资格标准之间的割裂。长期以来，我国现行教育体制存在普通教育、职业教育、继续教育多头管理的现象，直接导致人才在培养与评价结果的沟通和衔接不畅。虽然我国职业资格证书制度在过去几十年里的改革发展中，尝试推动职业资格证书和学历证书的衔接，但只停留于零碎的、单方面改革，缺乏系统的制度设计，这一尝试的进展并不顺利，二者仍分属于两个"割裂"的体系，彼此并没有实现真正的"沟通"。

部分康养服务人才，如公共营养师、健康管理师、社区康复师、心理咨询师、社会体育指导员等，我国尚未从国家层面建立起统一资历基准体系，尤其是资历通用等级标准的缺失，导致各资历标准体系无论是在设计之初，还是运行过程中都缺乏沟通联系、协调整合的共同参照，只得"各行其是"，彼此割裂。

解决国家资历框架建设中的三个关键问题：一是标准要素问题，它是实现各类资历认证、积累、转换的基本准则，是充分发挥国家资历框架"导向"功能的关键；二是资历互认问题，它是国家资历框架得以真正运转的核心，是充分发挥国家资历框架"桥梁"功能和"标尺"功能的关键；三是质量保障问题，它是国家资历框架获得社会广泛认可和顺畅运行的重要保障，是充分发挥国家资历框架"书架"功能的关键。

在康养服务从业人员资格认证方面，建立健全职业能力评价制度和培训机制。推动康养服务从业人员工资待遇与专业技能等级、从业年限挂钩。对康养服务从业人员实行执业资格和注册考核制度，定期与不定期相结合开展培训和考核。推动实施职业技能等级认定制度，科学设置康养服务专业人才评价标准，完善技能人才评价工作。

对于康养服务人才急需畅通技能人才成长通道，允许技工院校毕业生参加专业技术职称评审，构建技能人才与专业技术人才成长"立交桥"。对其他相关职业从业人员进入康养从业人员队伍要基于开放的通路管理，力争在国家资历框架体系下，将康养职业类别、级别和领域与学历教育、职业教育、专业技术职称评定等结合起来，贯通职业资历和学历资历，最终形成康养职业国家资历框架。建立康养从业人员与卫生专业技术人员（医师、护师、药师、技师）、高级管理人员、教育产业从业者等相关产业从业人员的贯通机制。

资历框架要真正发挥作用，保证资历标准体系内部的连贯性和一致性，仅有通用指标体系是远远不够的，因为它只是自上而下提供统一指引和参照的"母标准"，还需要在此基础上，根据各学科、专业、行业领域的特点，制定一系列相应的"子标准"，包括职业标准、专业教学标准等。康养人才具有较强实践性、应用性，其培养过程需要政府部门、高等院校、行业企业等多方协同，建立产教深度融合的人才培养系统工程。鼓励技工院校、技师学院等以市场需求为导向，打造特色专业，采取校企合作、订单培养等方式，实现专业链与产业链、人才培养规格与企业岗位需求密切对接，为康养产业提供人力资源支撑。

第八章

康养服务人才培养概况

第八章 康养服务人才培养概况

"大健康"理念实现了从"以治病为中心"到"以健康为中心"的转变,从关注重点人群健康到倡导健康生活方式的转变,从加强重大疾病防控到对全生命周期健康关注的转变。在健康产业的发展中,中医医疗保健、健康养老以及健康体检、咨询管理、体质测定、体育健身、医疗保健旅游等多样化健康服务得到了较大发展,康复、护理等服务业快速增长,健康服务相关支撑产业规模显著扩大。康养产业的健康可持续发展,离不开一支专业化的服务和管理人才队伍。

当前我国康养服务人才培养存在培养体系尚未完善、培养方向与时代特色结合不充分、继续教育和转岗教育尚未建立、社会培训现状混乱、管理不规范、就业渠道尚未畅通等问题与挑战。目前虽然已有很多康养政策中有关于康养服务人才培养的指导意见,但由于各种原因难以完全落到实处,我国康养人才队伍建设仍然面临数量短缺、素质不足、职业发展通道不畅、缺乏顶层设计等问题。

第一节 康养服务人才培养体系现状

为了深入、全面地反映我国康养服务人才的现状,发现并解决其中存在的问题,除了查阅大量的文献资料和调查问卷外,我们还采用了访谈调查方式对东部沿海地区 S 省和中部地区 H 省进行了实地调研。分析、总结调研所得数据,综合查阅的大量文献资料,得出:目前我国虽已基本形成以学历教育和职业培训为主的康养服务人才开发体系,但康养职业依然存在界定不清、从业人员专业化水平较低等问题,康养人才各层次、各领域之间依然没有实现贯通发展。专业和课程设置与市场需求尚有差距,师资队伍和培训质量参差不齐,不利于专业化队伍的培育。康养服务从业人员多供职于家庭、养老服务机构,缺乏职业准入、职称晋升、持续教育、考核使用激励等制度安排。劳动强度大、工资收入低、社会地位低、职业发展空间狭小的现实情况,使得康养从业人员普遍担忧自己的职业前景与上升通道,严重制约了康养服务人才队伍的水平和规模。

一、康养服务产业对人才培养的要求

康养产业就是由为社会提供康养产品和服务的各相关产业部门组成的业态总和。根据消费群体、市场需求、关联产业、资源差异和地形地貌的不同,它可以衍生

出不同的康养产业类型。

基于消费群体的年龄构成,人的一生一般要经历不同的阶段。依据年龄构成进行划分,不同年龄群体有不同的产业分类:妇孕婴幼康养、青少年康养、中老年康养。从消费群体的个体健康来看,一般把人群分为健康、亚健康和病患三类:健康群体重保养;亚健康群体重疗养;病患群体则重医养。

基于市场需求而言,康养的基本目的是实现从物质到精神等各个层面的健康养护,实现生命丰富度的内向扩展,即基于养身的康养、基于养心的康养、基于养神的康养。

基于关联产业而言,据康养产品和服务在生产过程中所投入生产要素的不同,将康养产业分为三大类:康养农业、康养制造业、康养服务业。

基于资源差异而言,康养产业是资源依赖性很强的产业,根据自然资源的不同可将康养产业分为不同类型:森林康养、气候康养、海洋康养、温泉康养、中医药康养等。

基于地形地貌而言,根据不同的地形地貌,可以分为高原康养、山地康养、丘陵康养、平原康养等。

康养产业的良性运行和健康发展,必须以充足的人才资源为支撑。随着社会发展,人们对康养服务人员的认识也从传统意义上的照护人员,拓展到拥有专业护理、营养搭配、心理学知识的专业型、复合型人才,这对康养服务人才的培养提出了更高要求。在康养产业的发展中,中医医疗保健、健康养老以及健康体检、咨询管理、体质测定、体育健身、医疗保健旅游等多样化健康服务得到了较大发展,康复、护理等服务业快速增长,健康服务相关支撑产业规模显著扩大。

由此可见,康养产业涉及医学、护理、健康管理、心理、旅游等学科,具有很强的实操性,所需的高级管理类人才、中级评估类人才以及基础实操类人才均由基础实操类人才逐步成长而来。

二、康养服务人才培养体系现状

康养产业人才培养体系是指基于当前、着眼未来,以健康意识、预防意识、生命周期纵贯为导向的,对全体社会成员进行病情诊疗和健康规划的新型制造和服务专业的知识体系。未来的康养高技能人才应以医生、执业护士、养老护理员、康复治疗师等职业为主体。

康养高技能人才极度缺乏,但是人才培养之路却走得步履蹒跚。一般人才培养主要有院校学历教育、职业技能培训两种路径,目前我国已基本形成以学历教育和职业培训为主的康养服务人才开发体系。由于我国康养产业正在起步阶段,不同层次的从业人员职业标准、培养目标和规格仍不明确,专业和课程设置与市场需求尚有差距,师资队伍和培训质量参差不齐,因此人才培养的基础不够坚实,开展康养人才培养的院校少,培养机制和模式与产业发展不完全匹配,不利于专业化队伍的培育。

1. 人才培养体系

康养类专业作为新兴学科,还未形成完善的学科知识体系,人才培养等多项工作处于初步探索阶段。

教育部公布的高等职业院校开设与康养服务相关的专业包括:健康管理(健康服务与管理)、康复保健、老年保健与管理(老年服务与管理)、护理(养老护理员、育婴员、保育员)、家政服务与管理(家政服务)、公共营养保健等。专业名称中含有"康养"字眼的专业设置情况如下:

(1)中等职业教育专业

74 旅游类 740103 康养休闲旅游服务

79 公共管理与服务大类 790302 智慧健康养老服务

(2)高等职业教育专科专业

41 农林牧渔大类 410210 森林生态旅游与康养

59 公共管理与服务大类 590302 智慧健康养老服务与管理

(3)高等职业教育本科专业

39 公共管理与服务大类 390302 智慧健康养老管理

近年来,一些职业院校通过整合资源,对相关专业做出调整,在为康养行业培养合格优质人才方面做了诸多探索和努力,例如设置护理、康复治疗技术、健康管理以及老年家政服务等专业,通过互联网思维打造新时代康养专业人才培养工程,打造特色专业教学资源,形成了一定的学校办学水平和影响力。由于历史条件等限制,各专业间没有形成合力,与一些成熟的专业相比,我国康养行业未形成规范性培训模式和监督体系,高校的康养专业建设并不完善,缺乏系统性的专业人才培养体系,亟须明确康养行业人才培养体系的内涵,提升康养行业高校人才培养规格与层次。

在专业学习中,康养类相关教材建设尚属初期,无法获得丰富的理论指导,容易造成从业人员知识结构的不均衡发展。此外,我国康养类人才的师资培训尚属空白,没有政府、学术机构、高校等开展规范的师资培训,这在很大程度上制约了康养类学科建设与发展。在专业实践中,现行专科、本科教育人才培养模式重理论、轻实践,对实践部分要求不规范,缺乏实习专业性,在一定程度上限制了职业技能的提升。

2019年10月9日,教育部办公厅等七部门发布《关于教育支持社会服务产业发展 提高紧缺人才培养培训质量的意见》,明确提出原则上每个省份至少有1所本科高校开设家政服务、养老服务等相关专业。此外,鼓励、引导有条件的职业院校积极增设护理、老年服务与管理、智能养老服务等社会服务产业相关专业点。

就我国人才体系而言,硕士和博士更偏向于理论研究,是学术性研究人才;本科生更偏向于为行业做规划、设计和管理的应用型人才;专科生更偏向于实操性人才。因此,我国康养类专业学历教育以职业教育和高等院校的本科教育为主,研究生教育发展缓慢。

2021年11月,国家发展改革委发布《关于推动生活性服务业补短板上水平提高人民生活品质的若干意见》,其中包括9方面30项举措,旨在促进解决在我国生活性服务业蓬勃发展中产生的有效供给不足、便利共享不够、质量标准不高、人才支撑不强、政策落地不到位等问题。该意见提出一系列补短板举措,其中强调,要强化高质量人力资源支撑,完善产教融合人才培养模式。支持生活性服务业企业深化产教融合,联合高等学校和职业学校共同开发课程标准,共建共享实习实训基地,联合开展师资培训,符合条件的优先纳入产教融合型企业建设培育库。加快养老、育幼、家政等相关专业紧缺人才培养,允许符合条件的企业在岗职工以工学交替等方式接受高等职业教育。加强本科层次人才培养,支持护理、康复、家政、育幼等相关专业高职毕业生提升学历。到2025年,力争全国护理、康复、家政、育幼等生活性服务业相关专业本科在校生规模比2020年增加10万人。

目前我国康养人才缺口巨大,应当从教育源头入手,适应供给侧结构性改革需要。对于学历教育而言,结合对未来需求的预测,加快发展梯级康养服务专业人才学历教育,建立以高职教育为主体,中职、高职、应用型本科和研究生教育衔接,形成梯级的康养人才教育培养体系,培养层次合理、数量充足、比例适当的康养技能人才队伍。提升康养服务人才培养的规格与层次的关键在于打造一个"内涵拓展、横向整合、纵向提升"的系统人才发展体系。要着力发挥高校资源的比较优势,建设涉及康养行业跨学科交叉学科专业。要完善康养服务人才培养层次,中职主要培养基础护理人才,高职主要培养服务管理人才,大学主要培养本科层次和研究生层次的研究型人才,充分发挥高职院校的专业带头作用,分别从教材建设、实训基地建设、师资建设的角度提出建议;同时,在全社会营造氛围,不断增强康养服务人员的职业荣誉感和岗位吸引力,增强康养专业学生的社会认同度,从而实现康养专业的可持续性发展。职业院校康养专业建设必须明确专业定位,进行个性化专业课程设计,整合资源,加强相关专业融合发展,通过资源共享提升教学效果,借助校企合作平台锻造学生综合素质,实现康养专业高质量发展,提高社会服务能力。

康养人才培育应该以康养产业人才需求为指引,构建康养专业群,以服务全生命周期为导向,构建康养专业链,同时建立康养人才终身教育培训体系。我国目前正处于康养服务人才培养模式的探索阶段,在借鉴美国、日本等国家专业化发展优势的同时,结合我国基本国情与院校自身实际,切实从培养目标、课程设置、实践能力培养、岗位实际需求出发,逐步建立、完善标准化、系统化的中国特色康养服务人才培养模式,形成统一标准的培训管理体制。目前康养服务类专业的课程结构和培训体系相对单调,存在重理论、轻实践的问题,应合理分配课程设置,提供场景式教学,同时应尽快建立健康管理人才教育评价体系与课程评价标准,对康养服务类人才进行有效的考核评估,及时了解教学投入、教学能力和教学水平。为了解决我国康养服务类人才学历普遍偏低的问题,鼓励更多高校开设康养服务类专业,扩大招生规模,加快发展本科教育和研究生教育的进程,提高师资培养的水平,注重康养服务类学科建设。

2. 职业技能培训

目前,医院、养老院以及社区日托机构对康养服务人员的需求缺口很大;家政服务员尤其是中高端的家政服务供给不足,特别是春节、农忙时节尤为紧缺……社会对康养服务类人才需求量大,导致社会培训过热,因此社会上涌现了各种各样的健康管理培训证书与培训班,社会培训现状混乱,管理不规范,从人社部颁发的健康管理师证书到社会各级自发授予的相关证书数不胜数,真假难辨,让真正想从事康养服务类工作的人员难以抉择。目前康养服务从业人员的培养模式主要是"培训－资格考试－执证上岗"。但由于社会培训管理不规范,忽视了对康养服务从业人员实践能力的考核,这种模式致使知识转化利用率不高,培养出来的人员质量参差不齐。社会上的职业培训学校主要以多渠道联合办学、自主招生、团队签约培训等方式办学,在招生宣传、网络课程、考试报名、培训内容等方面也都存在一些问题。

在此背景下,旨在培养数量充足、素质优良、技能高超、服务优质的康养服务技能人才的"康养职业技能培训计划"应运而生。

为推进职业技能提升行动,促进康养服务技能人才培养和劳动者就业创业,人力资源社会保障部、民政部、财政部、商务部、全国妇联于2020年10月9日联合印发通知,决定组织实施"康养职业技能培训计划",面向有意愿从事康养服务的各类人员开展养老护理、健康照护、家政服务、婴幼儿照护等康养服务培养培训。这一计划的主要目标任务,是在2020年至2022年,培养培训各类康养服务人员500万人次以上,其中养老护理员200万人次以上;充分利用现有各类职业技能培训和公共实训基地,在全国建成10个以上国家级(康养)高技能人才培训基地;加强职业标准、培训师资和教材建设,不断提升康养培训基础能力。人社部门制发的康养服务类国家职业技能证书有健康照护师、养老护理员、家政服务员、育婴员、保育员、孤残儿童护理员等。

"康养职业技能培训计划"强调,要健全康养服务人员培训体系,建立康养服务人员培训制度,全面提升康养服务人员职业技能水平,健全康养服务培训标准体系,大力培育康养服务企业和培训机构。要促进康养服务人员职业发展,开展康养服务人员职业技能评价,加强康养服务人员激励保障,广泛组织职业技能竞赛活动。要求做好组织实施工作,加强组织领导,加大培训补贴政策落实力度,加大宣传和推动力度。

"康养职业技能培训计划"提出,要做好康养服务技能人才评价工作,畅通从职业资格或职业技能等级五级至一级(初级工至高级技师)的职业发展通道,拓宽职业发展空间;对经评价认定合格的,纳入证书查询系统和信息管理服务平台,向社会公开;鼓励家政服务员通过全国家政服务信用信息平台建立信用记录,引导消费者优先选择信用良好的家政服务员;大力开展康养服务人员职业技能竞赛,按照有关规定对获奖选手予以奖励,并晋升相应的职业技能等;将"康养职业技能培训计划"纳入各地职业技能提升行动,同步进行部署、落实、督导和考核;将健康照护师、

第八章　康养服务人才培养概况

养老护理员、家政服务员、育婴员、保育员等作为急需紧缺职业(工种),纳入职业技能提升行动"两目录一系统",按规定落实好职业技能培训补贴、创业培训补贴以及职业技能鉴定补贴政策;按规定落实好生活费补贴政策。

为贯彻落实《人力资源社会保障部　民政部　财政部　商务部　全国妇联关于实施康养职业技能培训计划的通知》(人社部发〔2020〕73号)文件精神,2022年1月,人社部公布了国家级(康养)高技能人才培训基地名单,分别是江苏省常州技师学院、杭州第一技师学院、河南医药健康技师学院、云南技师学院、商洛市康养技能人才公共培训中心(商洛市技工学校)。这五个国家级(康养)高技能人才培训基地经各省、自治区、直辖市人力资源社会保障厅(局)推荐、专家评审和公示确定,旨在发挥基地在康养人才技能培训、技能评价、技能竞赛、师资研修等方面的作用,为做好康养技能人才培养工作发挥指示作用。

养老护理员是从事老年人生活照料、护理服务工作的人员。该职业共设五个等级。分别为五级/初级工、四级/中级工、三级/高级工、二级/技师、一级/高级技师。养老护理员的基本要求包括职业道德与基础知识,相关知识要求包括生活照顾、基础照顾、康复服务、心理支持、照顾评估、质量管理和培训指导。

家政服务员是从事料理家务、照顾家庭成员、管理家庭事务的人员。该职业共设四个等级,分别为五级/初级工、四级/中级工、三级/高级工、二级/技师。其中家政服务员分为五级/初级工、四级/中级工、三级/高级工;母婴护理员分为五级/初级工、四级/中级工、三级/高级工;家庭照顾员分为五级/初级工、四级/中级工、三级/高级工;二级/技师不分工种。除必备的职业道德和基础知识外,家庭服务员应当掌握制作家庭餐、洗涤收纳衣物、洗烫收纳衣物、清洁家居、保洁家居、家电及用品使用、美化家居、休闲娱乐服务、家居收纳管理等能力;母婴护理员应当具备照顾孕妇、照顾产妇、照顾新生儿、照顾婴幼儿等能力;家庭照顾员应当掌握照顾老年人、照顾老年人饮食、照顾老年人起居、照顾病人、照顾病人饮食、照顾病人起居、照护技术应用、临终关怀等能力。

育婴员是在0~3岁婴幼儿家庭从事婴幼儿日常生活照料、护理和辅助早期成长的人员。该职业共设三个等级:五级/初级工、四级/中级工、三级/高级工。育婴员应当具备职业道德和基础知识,还应当有生活照料、保健与护理、健康与管理、教育实施等相关知识。

保育员是在托幼园所、社会福利及其他保育机构中,从事儿童基本生活照料、保健、自理能力培养和辅助教育工作的人员。该职业共设三个等级：五级/初级工、四级/中级工、三级/高级工。保育员应当具备职业道德和基础知识，还应当有卫生管理与教育、生活管理与教育、健康管理与教育、辅助教育活动及相关家长工作等相关知识。

健康照护师是 2020 年 2 月人社部与市场监管总局、国家统计局联合向社会发布的一项新职业。健康照护师是运用基本医学护理知识与技能，在家庭、医院、社区等场所，为照护对象提供健康照护及生活照料的人员。该职业资格共分三级：助理健康照护师、健康照护师、高级健康照护师。

综上所述，加强康养服务人才培养，需要政府和社会各界的大力支持，通过制定、落实康养服务人才扶持政策，建立并完善人才培养、使用、激励机制，优化人才成长环境，实现康养人才数量和质量的"双提升"，确保养老人才"招得来、干得好、留得住"。

第二节 康养服务人才培养存在的问题
——以养老类专业为例

国际学术界认为康养是健康和养生的结合，是对人的全生命周期中不同阶段的健康养护，重点在生命养护。康养服务涵盖健康照护、养老护理、家政服务、婴幼儿照护等领域，其客户群是全龄化的。而在国内，由于新型城镇化、人口老龄化等多重因素影响，老年人的康养问题成为各界关注的焦点。

现阶段，我国已经进入人口老龄化快速发展时期。在 2020 年 10 月 23 日的例行新闻发布会上，民政部发言人透露，"十四五"期间，我国老年人口将突破 3 亿，将从轻度老龄化迈入中度老龄化。预计到 2050 年，我国将有接近 5 亿老年人口，届时中国不仅是世界上老年人口比例最高的国家之一，还是老龄化速度最快的国家之一。根据 2021 年 5 月国家统计局、国务院第七次全国人口普查结果，我国人口结构已经是老年型，60 周岁及以上的老年人已经达到 2.640 2 亿，占总人口的 18.7%，其中 65 岁及以上人口占 13.50%。

随着全国第一代独生子女父母进入中高龄，我们将迎来一拨养老照护的浪潮，而其中三分之二以上的老年人患有至少一种慢性疾病。高龄和慢性病老年人的患病、失能、失智风险叠加,导致老年人对康复护理服务、健康管理服务等需求进一步增加,医疗、康复、养老服务需求迫切,医康养人才在大健康及产业发展中将承担起重要作用。但与之相对应的是,我国康养服务从业人员存在巨大的缺口,康养服务领域存在人难招、人难管、人难留,从业人员老龄化趋势明显,专业化人才缺口明显,服务质量和水平亟待提升的局面。现阶段国家对养老类康养服务人才的培养、专业的设置仍处于摸索过渡阶段,涉及养老有机统一的养老学科、医疗专业技能环还没有形成。

一、产业发展对养老类康养服务人才的要求

养老类康养产业是指以老年人为对象,以康复服务为内容,向老年人提供康复和养老照护服务,由老年市场需求拉动而兴起的综合性产业。涵盖老年住宅产业、老年金融产业、家政服务、福利器械用品、文化生活服务、老年人生活用品开发等多元化、立体化产业链,因此智慧养老、生态养老、健康养老等新型模式应运而生。养老＋医疗、养老＋健康管理、养老＋中医药等产业协调发展模式,凸显了养老产业的新格局。

随着康养产业的发展,养老类康养服务人才不再是传统意义上的保姆和护工,其服务对象主要为高龄和慢性病、失能、失智的人群,另外还覆盖了人从出生到死亡的全生命周期。有关数据显示,当前我国失能、半失能老人超过4 000万人,尤其需要具备专业的医学、心理学、生理学、社会学等知识的养老照护、康复护理专业人才。该专业以老年综合评估、多学科团队协作、中长期照护为特点,其整体性、理论性和实践操作性都很强,能够运用现代智能技术对亚健康老人、患病老人、术后病人、长期卧床病人等进行生理和心理的健康养护和康复护理,最大限度地维持或恢复患者的身体功能,提高老年人生活质量。

根据老年人的需求结构,大体可以将养老类康养服务人才划分为五种类别:

(1)生活照顾人才:指的是从衣食住行方面保障老年人的基本生活的人才,其服务内容包括物业管理、家政服务、事务代理、出行服务和专业配餐等,它是养老产业人才队伍的主体。

(2)医疗护理人才:指的是为老年人提供疾病预防、养生保健、心理咨询、医疗救治和康复护理等服务人才。按照服务内容又可分为具备一定护理知识的基础护理人才、具备较高医学知识的专业医护人才、具备康复保健知识的康复保健人才、

具备专业心理学知识的心理咨询人才等。

（3）生活服务人才：是指为老年人提供理财保险、法律咨询、养老产品设计、旅游服务、老年人继续教育等生活帮助的人才。

（4）机构管理（运营）人才：是指掌握一定管理知识与技能的人才，如组织管理人才（人力资源管理人才、会计人才、销售人才等）、高级管理人才（管理者）、活动组织人才（社工等）、外部联系人才、行政管理人才（养老事业相关的政府部门内工作人才）。

（5）教育培训人才：是指按照不同的养老产业需求，根据不同的养老服务，为特定人才种类设置培养计划，并提供专门教育培训的人才。

目前生活照顾人才大多对口大型养老机构和综合体，普通的机构对这类人才没有特殊的要求，相对好招聘。医疗护理人才中，基础的养老护理从业人员是最难招聘且流失率最高的一类，具备专业知识的医疗人才在小城市相对难招。生活服务人才的招聘多是根据需求采用"＋养老"的方式招聘，如法律咨询人才，就直接聘请律师。目前，国内缺乏专业性的机构管理人才，这类人才大部分是前医管公司和酒店房地产甚至投资人的转型，且大部分聚集在发达地区。教育培训人才比较杂，多是根据某种需求，寻找特定类型的讲师，基本没有全类型培训的人才。

二、养老类康养服务人才学历教育现状

目前我国从事养老康养专业方向的医护人员多由临床医学、护理专业毕业生进入老年医学科或全科医学科培训后从事此项工作。养老康养专业人才的培养是像金字塔一样的结构，专科或职业院校主要培养面向养老行业一线的服务型人才，是金字塔的基础。因此，目前国内养老类康养服务人才主要以专科和本科层次人才培养为主，研究生、博士生层次的人才凤毛麟角。而且现在一些优质的养老项目大多集中在北上广等大城市，这对大城市的康养产业类专业毕业生更具优势，而对于二、三线城市的康养产业类专业学生而言，从实习到就业都面临一定的挑战。据新华社报道，全国职业院校养老专业毕业生，入职养老机构第一年的流失率达到30％，第二年为50％，第三年为70％甚至更高。专业教育匮乏加上人才大量流失，使康养服务产业面临着严重的人才瓶颈制约。

1. 中等职业教育

2018年发布的《全国技工院校专业目录》中增设老年服务与管理、健康服务与

管理专业,明确技工院校养老护理类技能人才的培养内容和标准,鼓励技工院校开设相关服务类专业。2019年发布的《中国养老服务行业报告》显示,中国至少需要1 000万名养老护理员,但实际从业人员不足100万,全国养老服务专业人才需求缺口巨大。要缓解养老服务人才的供需矛盾,推动职业院校养老服务类专业改革创新、加快推进养老服务业人才培养是当务之急。

2. 高等职业教育

2013年,作为养老产业的元年,国内对一线服务型人才的需求逐步激发,培养这部分人才的高职院校数量也逐年增加,从2013年仅有50所,到2019年共有293所。

2013年9月,国务院颁布了35号文件,该文件中下达了关于养老的45项任务,其中2014年是任务落实最多的一年,45项任务中落实了30多项。从2015年开始,政策开始转向扶持产业、扶持市场转型。2018年、2019年也是养老政策密集出台的两年,前后出台政策数量超过40个,其中多项政策均涉及养老人才问题。高职作为国家高等教育中与市场衔接最密切的一种类型,其反应速度自然是最快速的。因此,从2013年开始,高职养老人才数量逐年呈现增加趋势。其中2014年至2015年、2018至2019年数量显著增多。

2016年,增设老年保健与管理专业,相比老年服务与管理专业,老年保健与管理专业的课程设置更偏向于实操性的照护、康复、评估等技巧,涵盖医学基础性内容。这与2016年国家卫生计生委联合民政部正式提出的医养结合概念并进行大力推进和落实的背景是相通的。

从专业上来看,老年服务与管理专业一直是高职养老教育中的主流,聚焦职教公众号显示,2019年老年服务与管理专业以221所的数量位列全国高职院校专业开设数量排行榜第66位。

2019年,教育部办公厅等七部门发布《关于教育支持社会服务产业发展 提高紧缺人才培养培训质量的意见》(教职成厅〔2019〕3号),明确指出养老服务专业的范围,其中高等职业学校涉及的主要专业有老年服务与管理、护理(老年护理方向)、家政服务(老年服务方向)和社区康复(老年康复方向)等。

职业院校的"双高计划"比肩普通高等教育"双一流"建设,是落实"职业教育与普通教育是两种不同教育类型,具有同等重要地位"的重要制度设计,也是国家职业教育大改革、大发展的"先手棋"。目前,根据教育部公布的双高建设名单,与养

适应性:需求与供给——康养服务人才培养研究

老类康养服务相关的专业和专业群涉及的 56 个高水平学校建设单位中,A 档的 10 个院校 20 个专业,仅有北京电子科技职业学院的药品生物技术、天津市职业大学的眼视光技术 2 个学校的 2 个专业群;B 档 20 个院校 40 个专业,仅有天津医学高等专科学校的护理和药学、江苏农牧科技职业学院的食品药品监督管理、长沙民政职业技术学院的老年服务与管理 3 个学校的 4 个专业群;C 档 26 个学校 52 个专业,仅有江苏经贸职业技术学院的老年服务与管理、芜湖职业技术学院的食品营养与检测、滨州职业学院的护理、海南经贸职业技术学院的旅游管理 4 个学校的 4 个专业群;141 个高水平专业群建设单位中,A 档的 26 个学校仅有重庆城市管理职业学院的老年服务与管理、北京劳动保障职业学院的老年服务与管理专业群,B 档的 59 个学校仅有江苏食品药品职业技术学院的食品加工技术、浙江旅游职业学院的导游、漳州职业技术学院的食品加工技术、陕西职业技术学院的旅游管理 5 个学校的 5 个专业群,C 档的 56 个学校仅有沧州医学高等专科学校的临床医学、河北化工医药职业技术学院的药品生产技术、安徽医学高等专科学校的护理、湖北职业技术学院的护理、长沙商贸旅游职业技术学院的餐饮管理、岳阳职业技术学院的护理、广东食品药品职业学院的中药学、重庆三峡医药高等专科学校的中药学、重庆医药高等专科学校的药学、成都农业科技职业学院的休闲农业 10 个学校的 10 个专业群。可以看出高职涉及康养产业的相关专业设置主要集中于传统医药医疗专业,而康养制造、体育康养、康养地产、康养建筑等专业均未涉及。

具体到地区来看,众所周知,目前我国养老产业发展最好的地区主要有北京、上海等大型城市,根据全国老龄化人口比例排名,前三名分别是辽宁、上海、浙江,而养老教育发展最好的地区排名前三的却是山东、四川和安徽。

根据高等职业教育专业设置备案结果可知,山东省拥有的养老专业数量领先,共有 29 个,这与山东是人口及教育大省密不可分。排名第二的是四川省,高校数量为 22 个,排名第三的是安徽省,数量为 20 个。

就高职专业就读年限来看,目前有 2 年、3 年和 5 年共三种,其中 5 年就读时长的即 3+2 专升本类专业,目前有 11 所院校设立。2 年就读时长的有 6 所,其余均为 3 年就读时长。

动脉网曾选取了最具代表性的专业院校之一的北京社会管理职业学院作为研究对象。2007 年,北京社会管理职业学院首先在社会福利专业下设老年福利服务方向,开始培养养老服务专业化人才。2009 年,北京社会管理职业学院首次以老年服务与管理专业招收学生。该校对其 2013 届至 2018 届的 451 名该专业毕业生进行了调研。调研结果显示共有228名学生留在养老行业,从事涉老工作比率达50.55%(其中2018届留在养老行业的64人、2017届58人、2016届39人、2015届44人、2014届4人、2013届19人),他们所在的岗位涉及一线养老护理从业人员、老年社工、驿站站长、销售、行政、财务、咨询培训、健康管家等。调研结果显示有223名学生离开了养老行业,这部分离开的学生认为养老行业缺少职业发展空间,福利偏低,不能实现职业理想。从上述结果可知,养老专业毕业生本身数量就相对较少,能真正到机构内部从事基层工作的本专科毕业生数量还远远不能满足市场的需求。

3. 本科教育

根据《普通高等学校本科专业目录(2020年版)》(以下简称《目录》),目前并没有养老专业。在《目录》的规范下,结合当前老龄化的形势,教育部相关人员积极创新,选择了在与老年相关的社会学专业类下设立"新"专业。我国本科层次的养老康养专业最早于2010年开始正式招生。但由于毕业证及学位证需按照《目录》规定,因此无法取得相应证书。以三所具有代表性的学校为例:

(1)天津中医药大学:护理学(老年护理方向)

该专业于2010年正式对外招生,是国内首家本科老年护理学专业。该专业除了学习护理学原有的知识外,还增设了社区及老年护理学、老年病护理学、老年社会学等学科。就业方向中除了传统的卫生保健机构等外,还增设了养老机构的就业方向。课程设置方面,除了学习内容方面增加了相应课程外,在技能和实践方面,增加了一项关于老年护理操作的学习;在实习的过程中,除了像普通的护理学学生在三甲医院实习一年外,还要增加在老年护理方面为期一个月的实习。最终可获得普通护理毕业证以及老年护理毕业证双证书。

(2)临沂大学:社会工作(银发产业经营与管理)

该专业于2014年正式对外招生,是国内首家本科(中外合作办学)银发产业(我国称为老龄产业)管理专业。该专业在国内除了学习老年社会工作的基础知识以外,还增加了韩国江南大学(韩国江南大学于2006年在韩国开创了银发产业专业,该专业连续五年得到了韩国教育部支持的共计约6 000万元人民币,是韩国重点学科建设专业之一)。该专业设有老年学概论、银发金融概论、银发金融资产管理、银发产业营销、银发产业与创业、老年人健康管理等专业课程。该专业旨在培养银发(康养)产业链中具有创新精神、研发能力、实践能力的康养产业专业管理人才。该校采取灵活的合作办学模式,学生除了可以在国内完成4年的本科学习外,也可以根据两校协议申请"2+2"赴韩攻读双学位。前两年在国内学习相同的课程,韩语符合要求并且选择出国的学生,后两年可直接入韩国江南大学银发产业学部与韩国学生一起学习,没选择出国的学生则在国内学习韩方派遣教授讲授的银发(康养)产业的相应课程。赴韩国攻读双学位的学生在韩国学习期间完成专业实习,为方便留在国内的同学体验韩国留学生活、到韩国银发(老龄)产业相应机构考察实习,学校会安排学生(集体)利用暑假前后赴韩国进行短期学习实习(由专业老师带队),但鉴于语言等问题还是以参观考察及专业学习为主。该专业毕业的学生最终可获得临沂大学社会工作本科毕业证书及法学学士学位,赴韩学生除了国内两张证书外,还会获得韩国江南大学银发产业专业本科毕业证书及管理学学士学位证书。

(3)天津职业大学与天津理工大学合作:社会工作(老年福祉与管理)

该专业于2019年正式对外招生,是国内首家本科(纯国内办学)的养老专业。该专业除了学习社会工作的基础知识以外,还增加了老年精神健康与管理、老年学概论等课程。该专业是由天津职业大学与天津理工大学联合开办,在理工大学社会工作专业基础上增加"老年福祉与管理"专业方向,旨在培养老年服务中高层管理人才。该专业由双方合作办学,天津理工大学负责学生的学籍管理,天津职业大学负责学生的日常教学。开设的课程包括:社会心理学、社会学概论、社会工作导论、高等数学,以及大学相应的必修课,目前还未开展与养老相关的课程。根据天津理工大学招生信息网,"老年福祉与管理"专业兼收理工类、文史类考生,学制四年。授法学学士学位。毕业证书、学士学位证书上的专业按照《目录》规定的"社会工作"进行制作,不含"老年福祉与管理方向"字样。

除了以上高校外,为积极应对老龄化,2016年教育部首次批准5所高校招收健康服务与管理专业,包括浙江中医药大学、滨州医学院、山东体育学院、广东药科大学、成都医学院。浙江中医药大学官网显示,健康服务与管理专业就业方向涵盖老年医疗和康养中心。

三、养老类康养服务人才学历教育存在的问题

各院校对养老人才的培养还普遍存在一个专业单打独斗的局面,没有形成合力,不能适应现代康养产业发展需要。

1. 养老类康养服务专业建设不能适应现代康养产业发展

现代康养不同于传统意义上的养老行业,在"互联网+"时代背景下,现代养老服务产业向专业化、精品化、高端化、网络化、智能化、集团化、连锁化的方向发展。人们对养老的需求向多样化、多层次转变,人们对躯体、心理、社会、道德"四维健康"标准的追求,要求养老康复服务人才必须是"一专多能"的复合型人才。根据现代康养产业发展需求,依据职业范围、职业特点、职业能力,现代康养人才需要具有扎实的老年医学知识、较强的康复训练指导能力、适时的康复护理心理关怀、必要的保健宣传及预防、正确选配康复辅助器具等专业技术技能,同时具备老年照护问题解决、养老项目开发等多方面的实践能力。对我国目前开设康复治疗技术专业的 258 所高职院校的分析不难看出,人才培养目标定位仍然面向康复医疗卫生服务机构,对接康复治疗士(师)岗位特点,以改善、恢复、减轻、重建病、伤、残者(包括先天性残)的身心和社会功能障碍为主。人才培养模式仍以传统的"2+1"占主导(两年在校进行康复理论教学,一年到各级医院进行临床实习),在养老机构仅能安排短暂的见习,一定程度上拉远了学生与养老行业的距离。

2. 养老类康养服务人才的课程知识结构与岗位能力不能有效对接

部分院校在能力拓展模块中虽增设了"老年病学""营养学"等课程,但与产业升级发展带来的技术服务需求差距甚远,课程体系、课程内容、实践教学内容不能有效满足实际的养老岗位需求。促进校企合作、政校合作,构建应用型人才培养体系是提高康养高技能人才培养效率的重要途径。通过实践培训、短期培训,形成人才联培联育体系,实现人才培养与企业需求的密切对接。

目前,养老职业教育体系框架基本建成,但教育培训体系融合相对单薄,产教融合深度不够,技术技能水平培养专业性不强,尚不能完全适应社会对复合型人才的要求,与社会需求还存在着脱节现象。为解决此问题,2019 年初,教育部推出"1+X"证书制度试点。

在养老类的"1+X"证书中,"1"为学历证书,"X"为若干养老职业技能等级证书。学历证书全面反映学校教育的人才培养质量,在国家人力资源开发中起着不可或缺的基础性作用。职业技能等级证书是毕业生、社会成员职业技能水平的凭证,反映职业活动和个人职业生涯发展所需要的综合能力。"1+X"证书可让涉老专业的学生在取得毕业证书的同时,学习到专业的技能知识,更能适应社会对复合型人才的要求,全面推广"1+X"证书也是从另一层面提高对养老从业人员技能的要求。

3. 养老类康养服务专业教师团队建设有待加强

教师对口专业和研究方向均为养老类康养服务专业者较少,大部分教师来自医学其他专业,多通过短期培训、自学、临床实践锻炼等方式转岗至养老类康养服务专业从事教学工作。教师团队对养老类康养服务专业背景欠缺,知识框架建立不完整,实践能力不足,对老年人的心理疏导、能力评估、康复治疗、日常生活能力照护等只停留在理论知识或间接经验的机械讲授。"授教育者先受教育",只有走校企深度融合之路,内培外引,才能打造一支"双师型"康养教师队伍。

四、养老类康养服务人才职业技能培训

就行业最紧缺的养老护理从业人员而言,2019年统计数据显示,2.49亿老年人和4 000万半失能失能老人对应的养老护理从业人员仅有30万。在这种情况下,市场就更能发挥其"反应快""更贴合需求"的优势,能快速、短期培养一批市场紧缺的人才。

据了解,目前多数养老企业招聘后,都会对养老护理从业人员进行短期的培训,其中有一部分企业便将其单独划分出来,对外招收人员,采取线上、线下或二者结合的方式进行有偿培训。市场上机构的培训内容大体包含一线护理人员技能培训、养老机构管理人员培训、养老企业定制化培训,对行业整体从业人员的素质提升起到了重要作用。市场化涉老教育还处于初期探索阶段,市场上养老护理从业人员培训还缺乏统一的标准和规范。

据了解,市场上养老护理从业人员培训目前分为两种渠道:一部分培训是由政府购买,在一些指定院校开展;另一部分则是需要养老护理从业人员自费,在市场上的培训机构接受培训。但市场上做养老护理从业人员培训的机构较多,培训质量也参差不齐,有些机构则会选择与一些学会、协会合作,为养老从业人员颁发资格证书。

2020年,人社部联合国家市场监管总局、国家统计局发布了9个新职业。这是我国自《中华人民共和国职业分类大典(2015年版)》颁布以来发布的第三批新职业。此次发布中有两个与康养相关,分别是社群健康助理员和老年人能力评估师。这也是继2020年3月"健康照护师"被正式纳入我国职业分类大典之后,又有两个与康养相关的新增职业。新职业的设立既可开拓新的就业领域,又织密了我国建设健康中国的服务保障和人力资源支撑网络。

北京、江苏、四川、广州等地,纷纷出台当地的康养职业技能培训计划,建立针对健康养老服务人才培训的基地,采取开展职业培训、培养中层专业管理人才、加大高端人才培养和人才引进力度等阶梯式培养模式,强化对不同健康养老服务人才的培养。鼓励职业(技工)院校、社会培训机构和康养机构建立康养服务实训基地以及对从业人员进行技能培训。将老年医学、康复、护理、健康管理、医养照护与管理等专业纳入医疗卫生与养老服务紧缺人才培养目录。将老年医院、综合性医院老年医学科、医养结合等机构的老龄健康服务相关的医生和护士纳入卫生健康紧缺人才培训计划,常态化组织开展专业人员培训。

落实在职在岗养老服务人员享受相应的持证奖励、特岗补贴、入职补贴等政策待遇,增强养老护理员的职业认同感和荣誉感。建立合理的养老护理员职务晋升机制,探索建立养老服务职业经理人人才库。将健康照护师、养老护理员等康养服务相关职业(工种)纳入急需紧缺职业(工种)目录,按规定落实好职业技能培训相关补贴政策。大力推进养老护理员等康养类职业(工种)职业技能等级社会化认定工作,满足康养行业技能人才培养评价需求。

第三节 《中华人民共和国职业教育法》对于康养服务人才培养的启示

康养服务人才培养是实施健康中国战略、发展卫生健康事业的重要基石。2022年修订的《中华人民共和国职业教育法》(以下简称《职业教育法》)强调,"加快培养托育、护理、康养、家政等方面技术技能人才",这是《职业教育法》中唯一涉及职业院校专业设置的条款。《职业教育法》明确了托育、护理、康养、家政等康养服务技术技能人才培养的法律地位。

一、培养全方位全周期健康服务人才

职业院校要积极推进供给侧结构性改革,培养面向从婴幼儿、青少年、成年人到老年人的全生命周期,覆盖疾病预防与控制、母婴保健与助产、临床护理与康复等健康服务领域的高素质技术技能人才,并在专业设置、课程建设、教学改革、实训基地建设、人才评价等领域深化改革。

面对以"云""大""物""移""智"为代表的第四次工业革命浪潮,卫生类职业院校要树立"大健康"发展理念,顺应"环境-社会-心理-工程-生物"新医学模式发展需求,通过联合多主体办学、调整优化专业方向、共建共享教育资源等措施,促进护理、康养等健康服务专业多学科交叉融合,培养具有多学科背景的复合型健康服务技术技能人才。

二、畅通升学渠道,推动健康服务人才个性化多样化发展

《职业教育法》进一步明确了职业教育作为教育类型的地位,指出"接受高等职业学校教育,学业水平达到国家规定的学位标准的,可以依法申请相应学位",这是国家应对技术技能型人才需求层次不断提升的积极举措。

康养服务行业自身具有特殊性,学历层次提升的需求更快,对当前我国卫生职业教育改革提出了新要求。一方面,要提高现有医药卫生类中等职业学校办学质量,着力建设具有示范、引领作用的优质学校和优质专业,改变过去"托底"教育的形象和定位,提高卫生中等职业教育的产业契合度和社会适应性,实现卫生中等职业人才的高质量就业;另一方面,要加快健全"中职—专科—本科"一体化教育体系,在促进"4+2"中高职衔接、"5+2"专转本、"3+4"中职升本科的扩容提质的基础上,完善职教高考制度,扩大应用型职业本科层次教育规模,为不同禀赋的学生提供多种成才的可能性。

三、构建多元格局,打造多主体联动卫生职业教育新生态

《职业教育法》明确了企业的重要办学主体地位,鼓励企业举办高质量职业教育,推进多元办学。在康养服务人才培养方面,应着力扩大康养服务人才供给路径。一要发挥附属教学医院作用,在接纳学生教学见习、顶岗实习的基础上,开展"驻点班""订单定向培养""现代学徒制"等办学模式改革;二要通过"引企办校",根据智慧托育、健康管理、预防干预、养生保健、健身休闲、文化娱乐、旅居养老等新业态需求,创新医养康养融合发展的办学模式,如建立互联网+护理、中医药康养、民宿颐养、失能失智老人医养结合产业学院;三是通过"引校入企",鼓励医药卫生类职业院校开展股份制、混合所有制办学,构建多主体资源整合、耦合联动、同向发力的卫生职业教育新生态。

第九章

康养服务人才培养模式的构建

第九章 康养服务人才培养模式的构建

本书所涉及的养老护理服务人才培养指的是在社会化养老服务体系建设中,由政府发挥主导作用,高校、社会利用现有的资源,对有志从事养老服务行业的人员进行系统的培养或培训,使其具备扎实的专业知识、熟练的专业技能以及较高的职业道德素质,能够为老年人提供养老护理服务的过程。养老护理服务人才培养的主体涉及政府、高校和社会三方责任主体。在人才培养过程中,政府始终占据主导地位,例如出台养老护理服务人才培养规划,制定养老护理服务人才培养细则,利用政策杠杆的优势,给予其政策和资金等方面的支持。高校则是养老护理服务人才培养的主要阵地,要充分发挥其服务社会的功能,落实国家政策,创新人才培养模式,根据养老服务业的需求,加强养老护理服务人员继续教育培训。此外,涉老机构、企业、社会组织和公民个人要充分发挥其在养老护理服务人才培养中的作用,可以按照国家相关规定,通过举办职业培训机构及相关教育集团,为养老护理服务人才提供专业化的技能培训。养老护理服务人才培养问题是战略问题,决定着我国养老服务业的命运,因此加强养老护理服务人才培养是当前我国养老服务业发展的首要任务。

第一节 康养服务类专业职业能力分析

职业能力是职业教育人才培养目标的重要内涵,也是职业教育人才培养目标区别于其他各类教育的本质特点。近年来,紧紧围绕职业岗位进行的职业能力分析及在职业教育教学改革中的有效应用,得到了职业教育研究专家和学者的广泛认同和关注。结合职业院校专业教学的实际情况,将职业能力分析应用在课程开发中,将更能有效地帮助职业院校明确办学目标,贯彻落实"以就业为导向、以岗位为依据、以能力为本位"的办学理念,提升职业教育学生的职业能力,解决职业院校学生专业不对口、就业难度大等问题。

一、职业能力的定义及内涵

职业能力是指劳动者从事一项职业所必须具备的能力,常称为从业能力,包括专业能力、方法能力和社会能力。

1. 专业能力

专业能力是指劳动者具备的从事职业活动的技能和知识,包括单项技能知识和综合技能知识。它是劳动者胜任职业工作的核心本领,要求劳动者具备丰富的专业知识和合理的知识结构。

2. 方法能力

方法能力是指劳动者具备的从事职业活动的工作方法和学习方法,包括制订工作计划、解决实际问题、评估工作结果、学习知识及技能的方法等。它是劳动者发展职业能力的重要手段,要求劳动者具备科学的思维模式。

3. 社会能力

社会能力是指劳动者具备的从事职业活动的行为能力,包括人际交往能力、社会活动能力、职业道德素养等。它是劳动者基本的生存能力,要求劳动者具备积极的生活态度和灵活的处事方法。

职业能力分析是贯彻以就业为导向教学理念的有力支持,课程开发应建立在职业能力分析的基础之上进行职业特征研究,科学分析职业的性质与要求,围绕职业定位分析并确定培养目标、开发课程、组织教学、建立多元评价的新型课程体系。职业能力是指人们从事一门或若干相近职业必备的本领,以及在工作、生活中所表现出的科学思维和为人处世的态度,又称为"综合职业能力"。我国职业教育培养的是高素质劳动者和技能型人才,其核心就是要培养学生的综合职业能力。确定和表达专业所对应的职业能力,是职业院校进行专业设置、专业建设、课程开发以及课程实施与评价的基础和关键。因而,运用科学的职业能力分析方法,显得尤为重要。

二、开展职业能力分析的目的

开展职业能力分析的目的是实现职业教育的"五对接"。职业能力既是行业企业用人的要求和标准,也是职业教育人才培养的目标,是职业院校与行业企业有机联系的重要纽带。以产教深度融合为重要特征的现代职业教育,其专业设置要与职业岗位对接、课程内容要与职业标准对接、教学过程要与生产过程对接、毕业证书要与职业证书对接、职业教育要与终身教育对接,实现与体现这"五对接"的关键因素就是职业能力。发达国家的国家职业标准很健全,对职业能力描述非常具体,职业院校就可以依据职业标准建立课程标准、开发课程内容等。我国在国家职业分类和职业资格证书的开发方面尚处于起步阶段,职业分类的合理性及职业标准的覆盖率、权威性、实时性都有待进一步提高。这一源头性的资源缺失,使得职业能力分析成为我国职业教育专业建设必不可少的工作。只有系统、清晰、准确地描述职业能力,才能真正建构起职业教育特色的课程体系,才能培养出具有综合职业能力的人才。开展职业能力分析的具体目标如下:

1. 确定专业应培养的职业能力

职业能力是专业人才培养目标、课程教学目标的重要内容,是明确人才培养规格的重要依据。通过职业能力分析,有层次地、清晰地表达职业能力,而且这些能力是可评可测的。既提高了职业教育人才培养目标的可操作性和导向性,也使得目标成为专业评估评价的重要依据。

2. 确定职业岗位的典型工作任务

职业教育培养的是应用型人才,职业教育课程不仅要关注让学生获得哪些职业知识,而且要关注学生以什么结构来获得这些知识。毋庸置疑,课程结构是影响学生职业能力形成的重要变量。职业教育的课程结构要与工作的结构有机地对应起来。由此,基于工作过程的课程开发孕育而生。开发基于工作过程的课程,必须确定职业岗位的典型工作任务,因为职业活动中的典型工作任务是形成职业能力,使能力构成的知识、技能、态度三要素结构化的重要载体。通过职业能力分析,找寻典型工作项目、任务,获得胜任工作的职业能力,可以明确职业岗位对知识、技能和态度的要求,为课程体系建构和课程内容开发奠定扎实的基础。

三、构建高职老年护理人才培养目标的依据与原则

1. 依据

护理教育的培养目标必须全面贯彻落实党的教育方针,包括教育的指导思想、培养人才的基本规格及实现教育目的的基本途径,是教育政策的总概括。党的教育方针可保证具体培养目标的方向性,避免发生各种偏差。在培养目标中,应有明确的专业方向,明确该层次护理人才的具体培养规格和要求,参照《三年制高职教育护理专业领域技能型紧缺人才培养指导方案》和护理专科教育目标等文件。护理人才的培养不是"一次教育"所能完成的,把培养目标定得过低和过高,要求与规格相脱离,都会给实施培养计划带来困难,达不到预期效果。本研究设立的培养目

标,是能在医疗卫生服务第一线从事护理、预防、保健、康复、宣教、助产、老年照护、健康管理等工作,德、智、体、美、劳全面发展的创新型、复合型、发展型高素质技术技能人才。

2. 原则

(1) 能力本位原则

全面考虑高职老年护理职业角色,借鉴国外能力本位教育理论(Competence Based Education,CBE),使学生正确掌握老年护理核心能力和树立专业发展观,从而充分认识老年护理与健康、社会、经济之间的关系,具有健康的职业态度与价值,提高老年护理人才的综合素质,最终实现知识、能力和素质融为一体的培养。

(2) 就业导向原则

老年护理专业建设要以满足卫生人力市场需求为立足点,考虑用人单位需求,参照国家执业护士资格考试和高级及以上养老护理员考试要求,关注国内外老年护理发展动态,从而科学、有针对性地发展高职老年护理教育。同时专业方向要根据人才培养需求变化而变化,进而与社会经济发展需要接轨。

(3) 学生主体原则

教育以培养对象为主体,全面认识培养对象的认知、兴趣与经验,以培养对象的全面发展为中心,营造以卫生人才市场需求和专业发展前景为中心的学习资源。

(4) 与时俱进原则

汲取国内外老年护理教育先进办学经验,顺应老年护理专业教育动态与趋势,及时调整培养目标,注重本专业的新知识、新方法、新观念,从而统一本专业的适应性与科学性。

四、康养老年护理人才培养目标

目前老年护理工作的重点是家庭、医院及各级各类养老机构。按照工作领域的不同老年护理岗位大体可分为医院护理、养老机构护理及居家护理三大类。通过对老年护理岗位/岗位群的认真分析,进一步将老年护理岗位进行细化,得出老年护理岗位群。老年护理人才培养目标定位于培养面向各种形式的养老机构、医院老年病房、居家照护、社区老年护理岗位,培养具有护理学基本理论和专业知识,掌握老年人的身体和心理特点,具备规范、熟练的基础护理和老年护理专科操作技能及良好的服务态度,并能顺利通过国家执业护士资格考试和老年护理专业人员资格考试的高素质、高技能、应用型人才。

1. 知识目标

具有专业必备的医学基础知识、人文社会学科知识和相关法律知识;具有内科护理、外科护理、老年期护理、妇产科护理、儿科护理、急重症护理等基本理论、基本知识和预防保健知识;具有护理伦理,心理护理,人际交往的基本理论、基本知识;具有老年人生活环境营建和健康指导的相关知识;具有一定的组织、管理知识。

2. 能力目标

能够以护理对象为中心,具有初步运用护理程序实施整体护理的能力;具有正确实施基础护理技术和专科护理技术的操作能力;具有对常见病、多发病、慢性病的治疗效果及不良反应进行有效观察的能力;具有运用专业知识和技能,按照人的基本需要和生命发展不同阶段的健康需要,向个体、家庭、社会提供整体护理和保健服务,并进行健康教育的能力;具有对老年人进行躯体、心理、社会、生活质量和活动能力进行评估的能力;具备国家执业护士资格水平,胜任老年护理工作岗位。

3. 素质目标

具有良好的职业道德和医德医风,具有全心全意为人类健康事业服务的奉献精神;具有健康的身心状态和稳定的情绪,有较强的意志、毅力和挫折耐受能力;具有较强的社会活动能力、良好的团队合作精神和乐观向上的精神,对老年护理事业抱有积极的兴趣和态度;具有较强的自我实现欲,勤奋进取,对新知识、新技能有较强的学习欲望。

4. 老年护理人才职业范围

专业人才需求调研结果显示,我国养老护理人员严重供不应求,无论是人员数量还是人员素质都不能满足老年护理的需求。目前我国多数的养老机构中,看护人员大多没有接受过老年护理的专业培训,不具备老年护理的专业知识和技能,只能进行一般性生活照顾,不能满足老年人的身心健康需求。而高职高专教育是以具有一定专业理论知识和较强实践能力,面向基层、面向服务第一线职业岗位的,以培养实用型、技能型专门人才为目的的一种教育体系。因此,加强高职高专护理教育,加快老年护理专业人才的培养,培养贴近社会需求的、高质量的护理人员,是当前护理教育事业发展的主要方向之一。

老年护理人才的就业岗位及职业方向见表9-1。

表9-1　　　　　　　　老年护理人才的就业岗位及职业方向

序号	就业岗位	职业方向
1	养老机构的护理员	主要为各级养老机构提供养老护理员培训,为养老机构的老年人提供养老护理,为老年人提供一对一的私人护理
2	养老机构的心理咨询员	从事养老机构老年人心理咨询工作,也可对老年人提供一对一私人心理咨询。主要岗位是养老机构的心理咨询师、社区服务人员
3	康复保健师	可在养老机构从事健康咨询工作;可提供私人保健服务。主要岗位是养老机构医疗及康复人员、社区医疗及康复人员
4	养老机构管理员	在养老机构从事管理工作
5	老年产品及老年产业营销员	从事老年产品的开发与营销工作
6	营养师	从事与老年疾病有关的营养工作
7	社会工作师	从事社会救助、社会福利方面的社区管理与服务工作

第二节　康养服务类专业人才培养方案的设计

2019年,我国正式开启中国特色高水平高职学校和专业建设计划(简称"双高计划"),该计划是指集中力量建设一批引领改革、支撑发展,具有中国特色、世界水平的高等职业学校和骨干专业(群),是一项推进中国教育现代化的重要决策。"双高计划"旨在打造技术技能人才培养高地和技术技能创新服务平台,引领职业教育服务国家战略,融入区域发展,促进产业升级。

一、智慧康养专业群的构建思路

1. 专业群与产业的对应

随着人口老龄化的加剧,为了满足老年人的物质、文化、精神需求,养老产业不断发展成熟,目前已逐渐形成了以养老服务、老年医疗保健、养老地产、老年用品、老年文体娱乐、老年金融理财等板块为主的产业链。其中养老服务是养老产业链的核心,直接为老年人群体提供服务,满足老年人多样化的养老需求。

智慧康养专业群横跨公共管理与服务和医药卫生两个专业大类。面向养老服务产业,以智慧健康养老服务与管理专业对应养老护理岗位和居家老年照护岗位,以康复治疗技术专业对应老年康复岗位,以护理专业对应老年疾病护理岗位,以健康管理专业对应智慧康养及养老服务运营管理岗位。

2. 专业群人才培养定位

(1)专业群契合全方位、全周期医养健康战略和产业发展

专业群对接医养健康产业健康服务领域的典型岗位群。医养健康产业包括医疗服务、健康教育与管理、健康养老、生物医药、医疗器械与装备、中医中药、体育健身、健康旅游、健康食品、健康大数据十大重点领域。根据产业业态划分,可统分为生产制造与维护(生物医药、医疗器械与装备等)和健康服务(医疗服务、健康养老、健康教育与管理等)两大产业领域。面向健康服务产业领域,以现有护理、康复治疗技术、助产专业为基础组建专业群,对接医疗服务、健康养老、健康教育与管理等典型岗位,可有效满足人民群众全方位全周期的健康服务需求。因此,专业群定位契合医养健康产业健康服务领域岗位需求。

(2)专业群契合医养健康人才培养新定位

专业群主要面向黄河三角洲地区医养健康产业,培养拥护党的基本路线、具有扎实理论知识、精通医养健康服务技能、能熟练进行健康宣教管理、具备信息技术素养、具有良好职业道德和职业生涯发展基础的,在医疗服务、健康教育与管理、健康养老、健康大数据等医养健康产业服务领域,从事医疗服务、健康养老、健康管理等工作,掌握丰富的健康知识、技术技能等全面发展的"创新型、发展型、复合型"高素质技术技能人才。

3. 专业群的组群逻辑

(1)专业群服务领域相同、技术技能相互支撑

专业群主要面向医养健康产业的健康服务类岗位,三个专业均培养医疗服务、健康教育与管理、健康养老等领域的高素质技术技能人才,服务领域相同。护理、助产、康复治疗技术专业的健康照护、健康恢复、养生保健等技术技能相互融通。三个专业服务领域相近、技术技能相互支撑,共同促进医养健康产业发展。

(2)专业群职业通用能力相同,教学资源共享

专业群的三个专业同属于医药卫生大类,服务于医养健康产业一线岗位,培养的人才需具备应急救护、健康评估、健康教育与指导、心理疏导与咨询、研究创新能力等相同

的行业通用能力,其专业基础课程、专业核心课程教学资源以及师资、实习实训等保障条件均可共享。

二、智慧健康养老服务与管理专业群的建设方向

1. 践行医养结合,助力大健康战略

生活照料和医疗护理是老年人需求的重要组成部分。"医养结合"型养老服务模式,将"医"与"养"有效连接,既包括传统的生活护理服务、精神心理慰藉、老年文化服务,又包括康复保健服务、健康咨询服务、疾病诊治、护理服务、大病康复服务以及临终关怀服务等。

智慧康养专业群以护理专业和康复治疗技术专业对应"医",以智慧健康养老服务与管理专业和健康管理专业对应"养",在专业组群上践行"医养结合"。面向养老服务产业,覆盖机构、社区、居家三种主流养老模式,以信息化技术平台为依托,满足老年人生活照护、健康管理、心理慰藉、康复训练等多维度的需求,弥补养老服务产业对复合型人才需求的短板,助推居家养老、社区养老和机构养老全生态发展,为养老服务产业提档升级提供复合型人才支持,助力大健康国家战略。

2. 贯穿智慧康养,实现信息化服务

专业目录是职业教育教学的基础性指导文件,也是专业设置、招生、统计以及用人单位选用毕业生的基本依据。2021年3月,教育部印发《职业教育专业目录(2021年)》,在该专业目录中,将原有的老年服务与管理专业(690301)更名为智慧健康养老服务与管理专业(590302)。从专业命名上明确体现了智慧康养的特点,确定了专业未来的发展方向。专业群将智慧康养贯穿始终,以信息安全与管理专业为依托,利用物联网、云计算、大数据等新一代信息技术产品,促进个人、家庭、社区、机构与健康养老资源的有效对接和优化配置,推动健康养老服务智慧化升级,提升健康养老服务质量。目前,在我国以居家养老为主体、社区为依托、机构为补充的养老模式背景下,智慧养老通过技术手段从远程监控、实时定位、统一平台信息交互等角度多方位打造信息化养老服务系统,满足老年人及其家庭的现代化、科学化和人性化的养老需求。

综上所述,在智慧康养专业群的组建中,应坚持"医养结合"与"智慧康养",组建专业面向相通、岗位需求互补的高水平专业群。通过专业群的组建充实专业内涵,优化专业结构,提高人才培养综合质量。

三、建设目标

服务国家健康战略,助力区域产业转型升级,成立健康学院,创新校企合作机制,对接医养健康优质社会资源,打造"产学研训创"深度融合智慧康养综合体;创新"产教融合·校企耦合""双主体"分层次人才培养模式,提升人才培养质量;深化"1+X"证书制度试点,推进"双元"教材建设,实施多元化教法改革;基于人才培养目标及岗位标准,构建专业群新型育人体系,构建"四位一体"专业群培养体系,开发集教学、培训、评价于一体的教学资源,深化"五化相融"教学模式改革;内培外引,跨界整合,打造高水平、结构化教师教学创新团队;多元办学,开放共享,推进专业群实践教学基地提质建设;共建黄河三角洲医养健康技术技能创新平台;靶向发力,精准对接,定向带动,提升社会服务;"引进来"与"走出去"并重,提升国际交流与合作水平;形成成熟完善的可借鉴、可推广的专业教学标准和教学模式,为社会输送一批优秀的技术技能拔尖人才,率先建成国内领先、国际有影响的高水平专业群;培养一批在业内具有影响力的高端人才,综合实力处于全国同类专业群领军地位,为医养健康事业发展提供优质人才资源支撑。

第三节 康养服务类专业课程体系的构建

一、创新校企合作机制,打造"产学研训创"深度融合智慧康养综合体

践行"共享共建,全民健康"思想,政、校、企、行合力,同心探索命运共同体体制,致力于打造"产学研训创"深度融合的智慧康养综合体国家样板工程。

1. 高标准建设滨州职业学院智慧康养服务中心

滨州职业学院通过土地融资,争取政府支持、企业注资,围绕"智慧康养"的现代生活理念进行规划,建设滨州职业学院智慧康养服务中心,采取混合所有制模式进行科学运营,设立专门特色医疗服务、康复理疗、健康养老、养生保健、健康管理、运动调理等机构,将健康、养生、养老、休闲、教学科研等多元化功能融为一体,并以此中心为基地,辐射滨州市社区智慧康养服务,为专业群人才引进、人才培养、科学研究、社会服务、学生

就业等方面提供平台。

2. 与优质企业合作共建 3 个颐养型高端生产性医养机构

与国昌控股集团有限公司合作,投资 5 亿元共建以"生态养心、科技养身、智慧养性"为目标,具备高端养老服务、应急救护等能力的国昌怡心园,服务地方养老产业发展,同时与滨州职业学院实施订单培养计划;与愉悦家纺有限责任公司合作,遵循"以产品为主导"和"以服务为主导"的预防保健产业主线,投资 10 亿元共建滨州欣悦康复医院,服务区域人群保健康复需求,同时开展健康服务及教学、实习、科研等业务;与滨州市妇幼保健院共筹共建共享滨州母婴保健促进中心,服务滨州地区母婴保健需求,同时具备教学、实习、培训、母婴照护等功能的,实行教学资源、校企师资共享,打造"医、康、养、学、研"五位一体的"医养结合智慧康养"集团。

3. 招资引智共建创新型"康养技术技能研发中心"

联合愉悦家纺有限责任公司,共建"康养技术技能研发中心"。开展保健预防、人体机能衰老研究、康养器械研发等科技创新,开发医养健康教育等系列资源,将技术成果与资源应用于人才培养和"智能化康养服务中心",同时与相关企业开展技术联合与项目合作,实现技术成果转换和推广应用。

4. 赛教融通,建设共享型"智慧康护实训中心"

由滨州职业学院为主体投资方,根据医养健康人才培养要求、结合先进的虚拟仿真技术、融入 SP 教学管理理念,建设"智慧康护实训中心"。承担本校、区域院校及社会人员的实训教学任务,承接各级医养健康技能大赛和考试任务,打造技能大赛国家样板。

5. 深入开展国际交流与合作,建设"智慧康养国际人才培养基地"

贯彻实施《国家职业教育改革实施方案》,联合北京诺浩国际科技有限公司合作建立"智慧康养国际人才培养基地",借鉴日本等国在健康和老年服务与管理人才培养方面的理念和经验,合作开展"中日医养结合中高端康养国际人才合作办学项目"和"中日医养结合中高端康养国际人才合作培训项目",进行康养专业骨干教师培训、"1＋X"职业技能等级证书培训及中日合作办学等,将基地建设成为具有中国特色、世界水平、辐射作用的创新型产教融合基地,为中国健康和老年服务领域培养具有国际视野、先进服务理念和各项专门技能的中高级管理人才及各类专门人才。

6. 探索"产学研训创"一体化发展的产教命运共同体体制机制

由滨州职业学院和民政局、卫健委等政府相关部门牵头,联合国昌控股集团有限公司、山东京博控股股份有限公司、愉悦家纺有限公司、北京诺浩国际科技有限公司、华录出版传媒有限公司等行业优势企业和中国人民解放军总医院、滨州医学院附属医院等三级甲等医院,共同成立综合体"智慧康养产教融合理事会",由政、校、企三方主要领导担任理事长与副理事长,制定理事会章程以及《综合体人事管理制度》《综合体绩效考核办法》《综合体人才培养质量评价管理办法》《综合体实践教学管理办法》等一系列制度,形成产教融合服务管理平台。引入社会资本,创新合作机制,通过实体化运行,实现产、学、研、训、创的一体化运行。

二、创新"产教融合·校企耦合""双主体"分层次人才培养模式

1. 校企共育,"双主体"育人

滨州职业学院和医养健康企业同为人才培养的主体,根据企业岗位需求,融合"1+X"证书标准,明确专业群人才培养目标,针对不同生源及培养层次实施各具特色、相互联系和衔接的教学模式与育人方式,通过课堂教学、校内实训教学、校外实践教学三段式培养,实现校企共育,提高人才培养质量。

2. 分层次实施高质量人才培养计划

(1)实施"高质量高职培养计划"

按照"人才链对接岗位链"的要求,医养健康产业转型升级,推动职业技能证书与人才培养方案、职业培训、学分银行相融通,完善师资及实训基地建设等人才培养条件保障,培养知识范围广、专业技能扎实、技术应用能力强的高素质技术技能人才。

(2)实施"职教本科专业试点计划"

扎实推动职业教育本科专业试点,重点实施目标定位、培养模式、课程体系、教师队伍、实验实训、技术研发、质量管理等"六项升级",完善人才培养保障条件,培养具备扎实理论基础、跨岗位复合能力、技术应用能力的高层次技术技能人才,与中职、专科高职的技术技能人才有机衔接,形成支撑产业转型升级的人才链。

3. 探索"长学制"贯通培养模式,多渠道助力学生学历提升

按照"一体化"培养要求,积极探索"3+2"(3年高职+2年本科)人才培养模式,服务区域医养健康产业发展,对接医疗服务、养生养老、健康教育与管理等典型岗位,培养

具有扎实理论功底、技能操作规范熟练、能够满足医养健康产业岗位需求的创新型、复合型、发展型高层次技术技能人才。

三、基于人才培养目标及岗位标准，构建专业群新型育人体系

1. 构建"四位一体"专业群培养体系

（1）构建"全课融入、实践培育"立德树人体系（图9-1）

深化课程思政改革，将德育典范融入通识课程和职业教育，将职业道德和专业伦理融入专业课程，将习近平新时代中国特色社会主义思想和社会主义核心价值观以及"关爱生命呵护健康"理念融入第二课堂，在教育教学中贯穿思政教育，建成"全课融入、实践培育"立德树人体系，培养德才兼备的高素质技术技能人才。

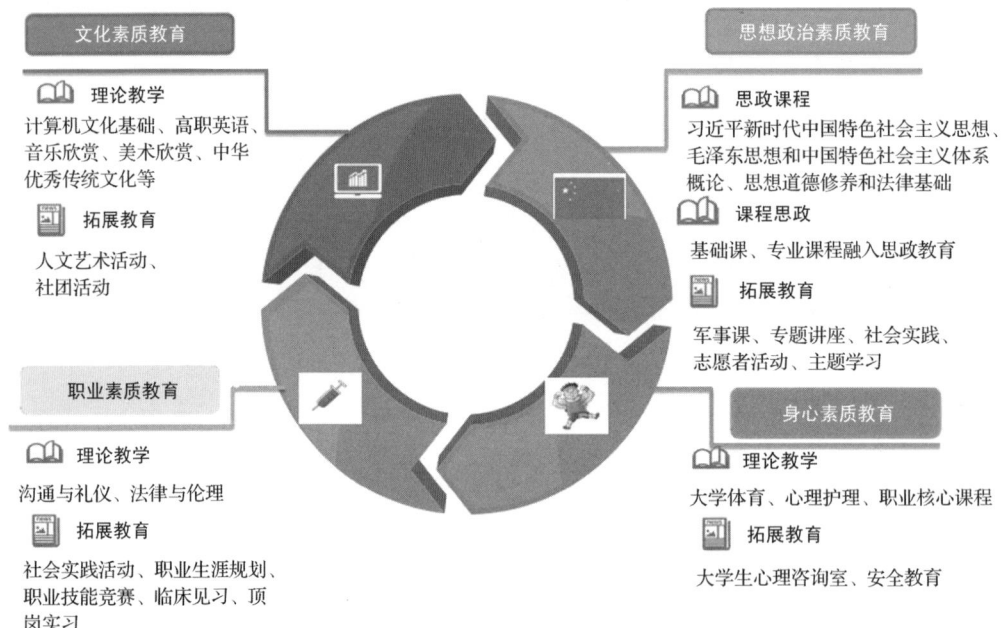

图9-1 "全课融入、实践培育"立德树人体系

（2）构建"专业基础共享、专业能力相融、专业方向分立、职业技能延伸"专业群课程体系（图9-2）

①专业基础共享

针对医养健康产业健康服务领域的岗位共性要求，明确专业群共同的专业基础知

第九章 康养服务人才培养模式的构建

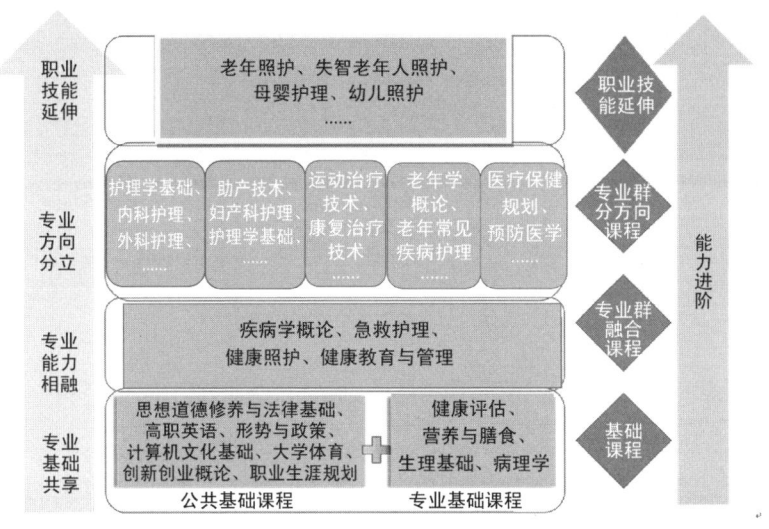

图 9-2 "专业基础共享、专业能力相融、专业方向分立、职业技能延伸"专业群课程体系

识、基本技能,设置通用共享的公共基础平台课程和专业基础平台课程。公共基础平台课程设置思想道德修养与法律基础、高职英语、计算机文化基础、创新创业概论等课程,培养学生文化素养和基本职业素养。专业基础平台课程设置生理基础、病理学、营养与膳食和健康评估等课程,培养学生行业通用能力和可持续发展能力。

②专业能力相融

设置疾病学概论、急救护理、健康照护及健康教育与管理等专业能力融合课程,以满足医养健康产业内医疗服务、健康教育与管理、健康养老、健康大数据等领域的相近岗位需求,培养学生的应急救护、健康评估、健康教育与指导、心理疏导与咨询、研究创新能力等相融职业能力。

③专业方向分立

针对专业群学生自身发展需求和能力偏向,设置分方向核心能力课程,培养学生不同岗位所需的专业知识及技术技能。

④职业技能延伸

对接"X"证书能力培养标准,细化职业能力培训知识点,将"X"证书融入人才培养方案和课程标准,完成相关"X"证书基本知识与操作能力培养后,利用业余时间,集中进行强化训练,实现"课证融合、教辅互补",全面提升人才培养质量。同时,将"X"证书培训与国家学分银行充分对接,逐步实现以证代考。

(3)构建"智能化模型实训＋SP实训＋岗位实践"实践教学体系(图9-3)

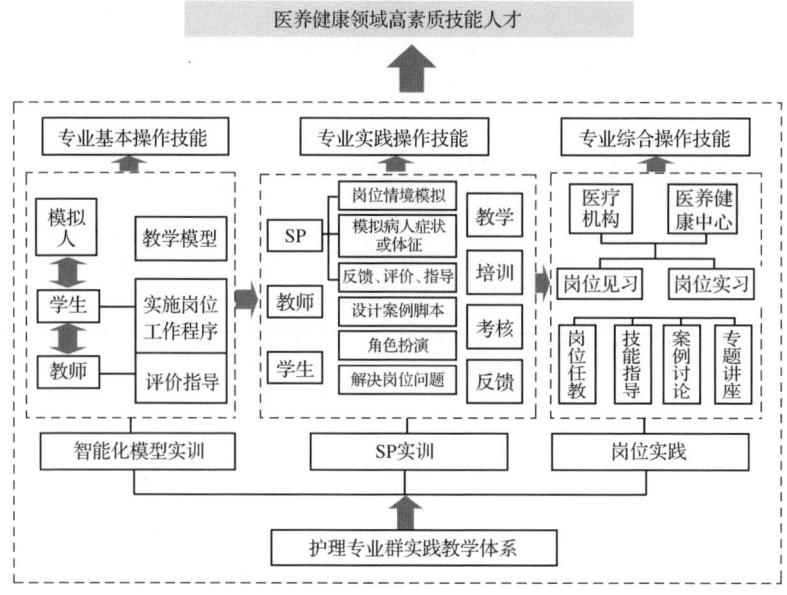

图9-3 "智能化模型实训＋SP实训＋岗位实践"实践教学体系

①智能化模型实训——虚实结合仿真实训

借助VR技术及模型,学生反复练习,熟悉操作步骤、技巧和规范,练习沟通交流,初步培养学生的基本操作技术和团队协作能力,为SP实训奠定基础。

②SP实训——双向互动模拟

SP按照真实的临床案例进行表演,模拟可能出现的各种情况。学生在SP身上开展真实操作,与SP进行双向沟通交流,学习处置各种常见问题,培养应急处理能力和发现问题、解决问题的能力,提升学生的实践操作技能、沟通能力、"以人为本"的职业素养。通过以上两个阶段的训练,学生可具备良好的沟通技巧和专业实践操作技能。

③岗位实践——综合岗位实训

学生进入真实岗位环境开展工作,进一步强化临场处置能力、沟通技巧和健康教育能力,培养职业素养和职业情感,培养学生的岗位适任力,使学生一毕业就能顶岗,实现学校教育与企业岗位的"无缝对接"。

(4)依托康养技术技能研发中心,构建"产教融合、四层递进"创新创业体系(图9-4)

第九章 康养服务人才培养模式的构建

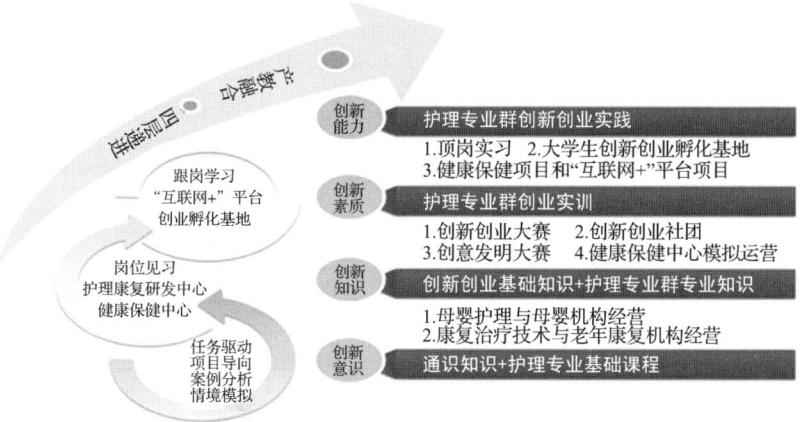

图 9-4 "产教融合、四层递进"创新创业体系

把创新创业教育融入专业群人才培养过程,构建意识、知识、素质、能力四层递进的创新创业体系。通过设置创新创业通识课程和在专业课程加强创新创业教育,培养学生创新创业意识和知识。在实践和实战中培养学生创新创业素质和能力,将技能大赛项目、科研课题、创业实例融入课程内容与教学环节。举办创新创业大赛,成立"赢青春"等创新创业社团,开展健康保健模拟实战和实体运营,实施健康保健项目和"互联网+"平台项目。依托康养技术技能研发中心,师生共同参与,创新康复医疗器械研发和康养设备研发;结合"1+X"培训,推进开展"X"职业技能创业项目。

2. 深化"五化相融"教学模式改革

（1）教学内容模块化

基于知识特征、认知规律及专业群岗位需求,模块化设置课程,将课程划分若干模块。以"健康照护"为例,共划分为日常照护、疾病照护、功能障碍康复锻炼等模块,各模块由若干子模块支撑,每个子模块包含教学目标、教学策略、教学内容、教学资源等完整教学要素,采用情境模拟、项目导向、任务驱动等多种教学方法开展"教、学、做"一体化教学。

（2）教学过程协作化

基于教学内容模块构建专兼结合、分工协作的多个结构化教学团队,依据专业特长分工,聚焦模块,深入探讨、分析、研究教学内容与方法,共同制订教学实施方案并开展教学活动。采用集中备课及相互听课的方式,清空知识死角,打通重、难点最后阻碍。

(3)教学评价过程化

打破期末"终审"评价机制,每个模块讲授结束,任课教师从知识与技能、过程与方法、认识感受和实践等方面综合完成该阶段评价。同时在教学过程中教师在教学诊改平台及时完成教学诊改活动,学期末形成教学整改报告,从而进一步提升教师教育教学水平。

(4)学生考核综合化

在评价过程中强调质性评价,全面、深入、真实地再现学生的特点和发展趋势。强调参与互动、自评与他评相结合,增进相互了解和理解,实现评价主体的多元化。通过云班课平台核查学生课前、课中及课后学习情况。每个模块学习结束后,对学生进行学习过程与学习成效的综合性评定,平时成绩、模块化学习成绩与期末成绩按比例核算总评成绩。

(5)教学模式混合化

积极开发模块化课程线上资源,全面实施线上线下混合式教学模式,进一步完善教学过程四个环节,即课前线上学习、课中线上线下教学、课中检验再学习、课后拓展学习再检测(图9-5)。

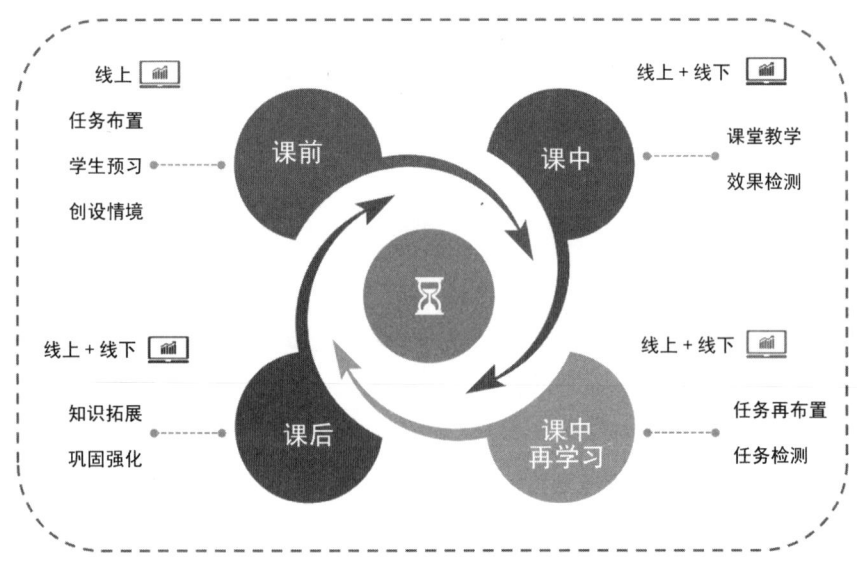

图9-5 线上线下混合式教学模式

3. 开发集教学、培训、评价于一体的教学资源

将"X"证书标准融入课程,结合健康服务岗位需求和技能大赛项目,模块化设置课程,联合行业企业,联合开发一批面向学生、教师、社会成员,集教学、培训、评价于一体的具有鲜明医养健康产业特色教学资源。优先建设老年照护、失智老年人照护、母婴护理、幼儿照护4门一体化课程资源,将课程标准、课程设计、技能标准以及教学视频、动画、课件等教学资源建成课程包,全面应用于教学及培训,同时采用任务式学习方法,对每一部分内容考核评价后进入下一部分内容的学习(图9-6)。

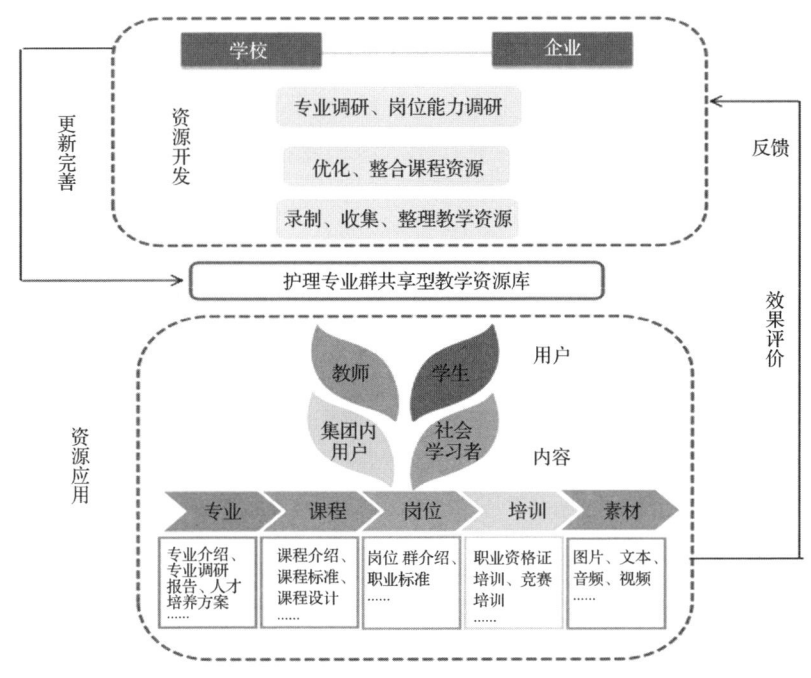

图 9-6　智慧康养专业群共享型教学资源库

四、深化"1＋X"证书制度试点,推进"双元"教材建设,实施多元化教法改革,提升人才培养质量

1. 打造"课证融合、赛教融通"人才培养体系

根据教育部"1＋X"证书制度试点要求,与北京传统推拿治疗研究学会联合申报推

拿按摩职业技能等级证书试点,制定等级证书、课程、师资培训、证书考核等标准。依托校企融合行企资源,联合中国社会福利与养老服务协会、北京中福长者文化科技有限公司、北京中民福祉教育科技有限责任公司及济南阳光大姐服务有限责任公司等行业企业,制定老年照护、失智老年人照护、母婴护理、幼儿照护等多个职业技能等级证书相关标准,推进"1+X"证书制度试点顺利开展。贯通学分互认通道,参与国家"学分银行"建设,开展学历证书和职业技能等级证书所体现的学习成果认定、积累和转换。

(1)对接"X"证书,实现课证融合

根据"X"证书培养要求,将"X"证书培养标准融入专业课程,设置模块化专业课程,实现专业课程的交叉融合;在岗位核心能力培养上,设置分方向课程群打造"1+X"证书制度试点实施专业教师队伍,完成配套教材、教学标准开发工作,教学模式与教学方法灵活调整,实现教学内容有机融入日常教学实践,全面提升教学质量。如将"老年照护"职业技能等级证书的生活照护、急救技术等内容融入"护理学基础""急救护理"等课程,真正实现课证融合。

(2)大力办赛,实现赛教融通

以国内大赛为平台,面向国际舞台,积极参赛办赛,主动承办各级医养健康技能大赛,继续举办护理技能大赛、现场救护技能大赛等赛事,通过大赛与行业前沿紧密对接、与教育教学改革紧密对接,大赛举办过程中不断提升专业建设水平、协调运作水平、组织管理能力,实现"以赛促改,以赛促建"。联合民政局等政府机构,积极创设技能竞赛平台,开发对接职业技能证书的竞赛项目,积极将竞赛成果转化成教学资源,并广泛应用于教育教学的全过程,提高教育教学水平,真正实现赛教融通。

2. 推进"1+X"证书试点,共建动态调整"双元"教材

严格专业群教材选用标准,加强优秀教材的选用。依托健康学院,与中国人民解放军总医院、山东京博控股股份有限公司等企业联合开发"双元"教材。学院教师和产业导师共同组成教材编写团队,以"模块化"教材设计为基础,将行业发展前沿、产业实际需求、真实案例、技术技能标准等融入教材,过程中进行配套信息化资源、案例和教学项目的开发,提高院校教材内容的"技术跟随度",建设共享型立体化教材,教材开发融入对学生职业精神和自主学习能力培养内容,推动适应"X"证书制度建设的教材改革创新。

3. 以行动为导向,推动教法改革,提升教师教学能力和教学质量

(1)基于虚拟仿真等信息化模拟系统的案例教学和情境教学法

以专业群岗位典型案例和工作任务为依据进行设计,与来自医院和医养健康产业的专家共同开发教学案例,基于虚拟仿真等信息化技术模拟真实情境,教师依据案例需求,借助计算机输入相应程序,使高仿真模拟人表现出相应的症状和体征,学生以团队形式对模拟人进行专业处理,教师依据学生操作及处理实时调整模拟人的反应,强化学生的评判性思维,提升学生应急处理能力,培养学生人文素养和团队合作精神,通过现场直播实现参与学生自我点评、观摩学生点评及指导教师总结。课后教师进行教学反思与提升,学生进行回顾与反思。整个过程体现学生主体、教师主导作用(图9-7)。

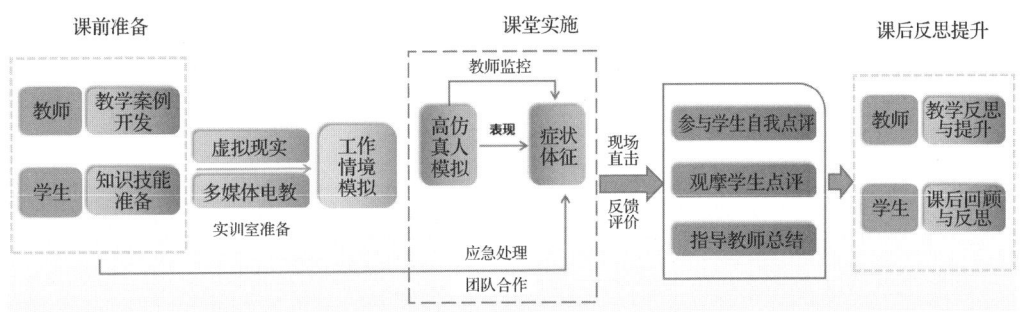

图 9-7 情境教学法

(2)基于工作过程的"项目导向、任务驱动"教学法

护理专业群课程的教学设计以真实工作任务及工作过程为依据整合、序化教学内容,科学设计学习性工作任务,建立项目化教学内容。以"言语治疗技术"课程为例:以常见言语障碍实例为依据,设计构音障碍、失语症、语言发育迟缓、口吃、吞咽障碍五个工作项目,根据教学要求每个项目进一步构建多个典型工作任务,再依据工作任务开展教学。任务驱动贯穿在所有项目中,学生参与任务学习,完成任务后其评价指标达良好之上,该任务教学过程结束。

(3)强化学生综合能力培养,实施标准化病人(SP)教学法

在基础操作、康复理疗、健康评估等实践教学中开展 SP 教学法。课前,教师依据教学标准设置脚本、培训 SP 并共同制定评价标准,教学过程中 SP 病人按照脚本内容模拟病人症状、临床突发事件,学生对 SP 进行病史询问、体格检查、实践操作等,SP 对

学生灵活提问、咨询并全面评估,实现"医患"之间交流。教师全程监控评估教学过程。SP作为模拟者、评估者与指导者参与整个教学过程,全面提升学生临场反应、解决问题、表达沟通、人文素养等综合能力,增强教学效果。

第四节 康养服务类人才培养质量保障体系的构建

一、内培外引,跨界整合,打造高水平、结构化教学创新团队

1. 引进与培养并举,培育专业群带头人、骨干教师及技术技能大师

(1)培育专业群带头人

完善专业群带头人选拔机制,创新培养模式,通过名校访学与领军企业研修相结合、名师引领与专家指导相结合、专题研修与教学实践相结合、课题引领与研究学习相结合等方式,培养具有国际化职教视野、产业战略眼光、把握专业群建设总体规划的领军性专业群带头人。

(2)培育骨干教师

根据学院骨干教师"攀登计划",落实《滨州职业学院青年骨干教师选拔管理办法》,每年通过选派教师参加国内外研修、实践锻炼、企业挂职、参与企业生产与技术研发等,有计划地开展分层次、递进式、有针对性的培养培训,提升教师教学业务水平。根据教师发展阶段层次,对青年骨干教师、专业带头人和"教练型"教学名师实行定期考核、动态管理。鼓励教师攻读博士学位,提升学历学位层次。

(3)培育技术技能大师

贯彻实施培训技能大师"名匠计划",依托"康养技术技能研发中心"与"智慧康养国际人才培养基地"及滨州医学院附属医院等区域龙头医养机构等平台,校企合力培育具有社会影响力的技术技能大师。

2. 实施"校企互聘互兼计划",建设专兼结合的"双师型"教师队伍

建立健全学院兼职教师聘任制度,推动高技能人才和院校教师双向流动,落实《滨州职业学院兼职教师聘任与管理办法》,深化校企合作体制机制,完善兼职教师培训体系,选派专业教师到企业锻炼提升,实现校企岗位互通、人员互聘和双向流动。聘任

5名以上行业企业一流人才和具有创新实践经验的科技人才、技能人才等担任产业教授,聘请行业企业专家和"技术能手"担任产业导师。

3. 实施教学创新团队引领工程,促进教学团队建设

适应"1+X"证书实施和模块化课程建设,跨专业组建专兼结合、分工协作的结构化教师教学创新团队,教师分工协作,负责教授学生职业技能模块,形成团队合作的教学组织新形式。实施教师企业研修与轮训制度,教师每年至少有1个月在医养健康产业相关单位研修锻炼,落实教师5年一周期的全员轮训制度,形成"双师素质"培养和"双师结构"专业教学团队建设的长效机制,提升教学团队模块化课程开发能力和面向职业岗位的教学能力。在产业教授与行业一线专家支持下,落实"三教"改革要求,加强课程、教学、评价等方面的衔接研究与创新,推动教师参加结构化课程和行动导向教学法的国内外培训。

二、多元办学,开放共享,推进专业群实践教学基地提质建设

1. 以大健康战略为依托,共建综合性附属医院,全面提升教学质量

联合滨州市人民医院、滨城区人民医院等共建集医疗、教学、科研、预防、保健、康复为一体的综合性附属医院。校企双方共同制定《学生见习实习管理办法》《学生实习实践管理办法》《学生实习质量评价管理办法》等一系列制度,医院定期接受学校相关管理评估,设置专职教学科研管理办公室,负责学生的见习、实习管理与教学工作,学校定期对医院带教教师进行培训考核,打造"临床+教学金团队",确保人才培养质量。

2. 依托智慧康养综合体平台,建设开放共享型校内实践基地

由学校为主体投资者,根据医养健康人才培养要求,结合先进的虚拟仿真技术,融入SP教学管理理念,建设融"教学、培训、社会服务、科研创新、技能大赛"多功能于一体的综合性校内实践教学基地。

(1)完善标准化病人(SP)实训中心建设

设立标准化病人培训、实践操作、脚本编辑等功能区。主要开展理论与实践一体化教学,开展师资培训、承办SP教指委组织的各项国内外医学会议、SP教学培训活动或赛事,培养一批高素质的标准化病人,建立标准化病人库。

(2)专业实训室升级改造

全面论证规划专业群发展方向,在现有实训室基础上,根据医学基础、技能基础、创

新创业等功能需求构建专业实训功能区,建设专业群基础实训中心、专业群核心技能实训中心、护理实训中心、助产技术实训中心、医疗技术实训中心、专业群人文素养与心理实训室和创新创业实训中心,采用VR技术等现代化信息技术和先进的实训设备,全面升级专业实训室,满足实训教学需求。

(3)新建医养健康赛训一体化实训中心

对接"1+X"证书培训和医养健康技能大赛,学校投资新建集社会培训、技能大赛于一体的综合性赛训实训中心。面向学生及社会承接举办护理、康复等春季高考培训及考试,老年照护、母婴护理等"X"证书培训,护理技能大赛、现场救护技能大赛等各级各类医养健康技能大赛,同时面向退役军人、下岗职工、在职员工、社会成员等开展月嫂培训、家政服务等社会培训活动,服务社会。

3. 探索"院中校"建设模式,打造紧密型校外实践基地

(1)试点"院中校"建设

与滨州市妇幼保健院、愉悦家纺有限公司等试点开展"院中校"人才培养项目。学校与校外实践基地紧密合作,助产、健康管理和智慧健康养老服务与管理专业学生自第四学期开始进入医院进行专业课程的学习,采用专任教师驻点及临床带教教师互补的管理教学模式,学生在校外实践基地医院完成专业学习,做到理论学习与临床实践无缝链接,双方共建教学方案、教学过程,采用过程性评价和终结性评价两种模式,培养高质量人才。

(2)高质量扩增校外实践基地

根据专业群人才培养目标及医疗服务、健康养老、健康教育与管理等领域企业岗位要求,与三级甲等医院、滨州杏林医养健康管理中心等医养健康领军企业深度合作,共同制定人才培养方案及《学生实践管理办法》,建设紧密合作型校外实践基地。

三、共建黄河三角洲医养健康技术技能创新平台

(1)实施健康促进计划,共建"研发中心"

与中国康复中心、中国导乐工具研究中心、北京医模科技股份有限公司、天津天偎科技股份公司、滨州医学院附属医院等机构成立康复医疗器械研发中心,开展可穿戴监测设备、职能养老监护设备、智能化可穿戴康复器械、智能轮椅、残疾人辅助器具等健康器械的研发,满足医疗、保健、养老需求,通过"互联网+"模式,促进信息技术与医养健康产业深度融合,助推智慧医疗、远程医疗更好地服务医养健康产业新业态;与愉悦家

纺有限公司共建健康睡眠研究中心,开展人体健康体征数据库、睡眠大数据中心的建设和睡眠健康技术研发攻关,制定《居家健康睡眠环境标准》。

(2)强化专业技能培养,发挥"一平台"传承与创新作用

发挥山东省护理技艺技能传承创新平台作用,加强护理技能研究和传承创新,通过有计划地安排青年教师下企业实践,专任教师与企业兼职教师的岗位互换,专任教师和兼职教师共同承担或参与教改科研项目、专任教师参与横向科研项目等途径,提高教师的业务素养和实践教学能力、行业服务能力和行业影响力,并将护理绝技绝艺和创新技能操作法及时总结推广,形成教学科研成果,并在全省高校、企业和社会相关领域中推广。

四、多方协同,形成闭环,建立健全专业群可持续发展保障机制

1. 成立健康学院,加强党建引领,为专业群建设提供强有力支撑

加强党的领导,落实党建带动作用。整合形成党组织战斗力,积极发挥党建工作的引领示范作用,明确办学方向,凝聚办学向心力。组织实施党组织"三进"工作模式,即党组织进课堂、进宿舍、贴近学生,靠前管理,实现班级管理的整体提升;党组织进实习基地、就业单位,增强学生的归属感,拓宽就业视野,助推学生发展;党组织进帮扶院校,发挥专业和教学优势,发挥辐射带动作用,帮扶贫困地区教育。

2. 完善专业群管理机制,助理专业群持续发展

依托智慧康养综合体,政校行企多元协同,建立和完善智慧康养专业群可持续发展保障机制。制定《健康学院章程》《健康学院学生顶岗实习管理办法》《健康学院校企产学研合作实施细则》《健康学院实习实训基地建设与管理办法》《企业教学管理办法》《校企合作项目经费使用管理办法》《健康学院工作考核制度》等规章制度,规定合作各方的权利与义务。完善定期会议机制、联系沟通机制和工作机制。

充分发挥健康学院产教融合作用,实现区域内行业企业各方资源共建共享,与滨州市中医康复医疗联盟等机构深度合作,推进现代学徒制,校企共同开展一体育人;与解放军总医院等企业合作深度融合开展"订单班",为企业培养"三型"人才;与企业共建校外多功能实训基地,开展实习就业。

3. 完善专业群内部质量保证体系

完善由三个环节、四个层面组成的专业群内部质量保证体系,注重输入质量、过程

质量和输出质量三个环节,围绕专业群、课程、教师、学生四个层面建立完整且相对独立的自我质量保证机制。开展行业调研,分析岗位需求,制定人才培养标准和课程标准,输入教育教学过程;注重过程质量,加强监督管理,从专业群、课程、教师、学生四个层面进行诊改并反馈,提高过程质量;通过学生毕业考试、职业技能等级考试等检验输出质量。

4. 建立资金保障机制和监督体系

合理规划和统筹使用中央、省和市财政项目建设专项资金,严格遵守学校各项财务制度,对项目建设经费实行专项管理,专款专用。积极争取行业企业的资金支持,建立项目资金预算年报制和预算执行预警机制,实行绩效评价和风险预警机制,接受审计检查小组全过程、全方位监督。

在大健康背景下,养老服务业逐步从机构延伸至社区和家庭,形成了"治疗—护理—康复"的服务链。各专业技术领域相近,职业岗位相关,突显了专业群组建的必要性。针对"双高计划"院校对养老服务专业群建设的相关要求,高职院校的人才培养必须按照新的需求优化专业结构,与区域产业、产业集群的发展形成互动关系,将专业群建设摆在更加突出的位置,实现跨专业、跨岗位复合型养老服务人才培养,为各养老服务企业培养出一批留得下、用得上的养老服务技术技能人才,进而更好地服务老年人群体。

第十章

康养服务人才培养的对策和建议

第十章　康养服务人才培养的对策和建议

康养服务人才的工作对象,也即康养事业的服务对象,在养老、养生相关行业中,以60岁以上的老年人群体为主,45～60岁人口群体为潜在服务对象;在养育相关行业中,以育儿涉及的婴幼儿与育龄妇女为主。同其他消费群体相比,康养事业服务的对象群体在生理、心理、经验等方面都具有明显的特点,并且会受到年龄、健康情况、经济实力等因素的影响。而他们之间对于健康保养、医疗护理、行动安全、物质生活和精神层次等方面的需求,又具有明显的差别,这就对康养服务人才的文化素养、知识储备、专业技能、服务理念、业务水平、资质学历、职业道德、个性品质、信念态度等提出了更高要求,也对康养服务人才的培养提出了更高的期待。

随着人类科技、经济、文明的不断进步,医疗条件和水平的不断改善,社会各方面得到迅猛发展,人口老龄化也随之成为全世界必然的发展趋势。我国老龄化进程亦在逐渐加快,这是今后较长时期内我国的基本国情。因此,全社会对人口老龄化的积极应对,就能为实现经济高质量发展提供必要保障,也是维护国家安全和社会稳定的重要举措。在"健康中国"战略的提出及实施这个大背景下,各级政府的多项政策措施纷纷出台、落地,康养产业迎来了前所未有的发展机遇,这也是康养服务人才培养的新机遇。培养一批自身身心健康、专业化素质过硬、职业化程度较高、康养康育技能精湛,且对康养产业充满热情的专门人才,是推动康养产业发展、升级,进而促进全社会经济高质量增长的重要支柱。然而,目前对康养服务人才的培养,还存在一些现实痛点需要尽快加以解决,以便有效助力康养事业的发展。本章将针对目前康养服务人才培养现状中突显出来的痛点问题,在借鉴国外相关经验的同时,提出有针对性的解决建议。

第一节　国外康养服务人才培养概况

有些发达国家在康养服务人才培养方面,已有比较丰富的理论探索和实践经验,对我国的康养服务人才培养具有较高的理论参考价值和较强的现实借鉴意义,可为我们所用。这些康养服务人才队伍培养的成功做法和有益经验,能够作为推动我国康养服务人才培养的"他山之石",促进"健康中国"战略目标的实现。

一、完善康养服务人才培养体系,发展康养服务人才培养的学历教育

美国注重多层次康养服务人才的培养,自 20 世纪 70 年代起,美国的高等院校相继开设了老年学课程本科、研究生的学历教育,相关的研讨、培训班也大量涌现,并广泛实行分级培训制度。同时,美国社会对养老服务从业人员的要求也在逐渐提高,学士学位是专业技术人员的最低学历门槛。发展到目前,业已形成一支包括学士、硕士、博士在内的,由老、中、青不同年龄阶层组成的梯队式养老护理专业人才队伍,能够满足各年龄段、身体状况和不同养老护理需求的老年人对养老市场的需求。

日本也高度重视养老服务从业人员的专业素质,对于养老服务人才队伍的培养从 20 世纪 70 年代开始,后根据现实情况不断调整政策,出台相关法律,从而推动养老服务人才队伍建设持续健康发展。

二、构建康养服务人才能力认证体系,健全职业能力评价与培训机制

美国内布拉斯加州大都会社区学院开设有长期照护助理护士课程,其属于助理护士资格培训课程。该课程包括课堂讲授、实验室应用、临床实践等。学员们可以在这里学到为老年人提供照护所需要的基本技能。培训方式包括论文/讨论、测试、实验室展示、观看教学片、临床实践、角色扮演、补充讲义材料等。评价内容包括出勤情况、阅读任务、测试、实验室/临床实践成绩、期末能力评估。

1987 年,日本颁布实施了《社会福祉士及介护福祉士法》,继而在 1989 年开始实施国家资格认证考试。日本养老护理人才可分为两类:一类是从事管理、咨询的护理人才,如社会福祉士、护理支援专门人员和医疗机构社会工作者;另一类是承担具体护理服务的护理人才,如介护福祉士和访问护理员等。其中,从事老年护理服务的人员,主要是介护福祉士和社会福祉士。日本的介护制度自 2000 年起实施。介护士主要从事一线的护理服务工作,需要通过国家认证资格考试,且收入稳定。例如社会福祉士的培养为自愿报名,培训对象包括普通全日制大学毕业生和社会福祉专业大学毕业生,然后由政府出资,接受 88 学时(56 学时理论培训+养老院 32

第十章　康养服务人才培养的对策和建议

学时实习)的资格培训,考试合格后获得职业资格证书,到居住所在地的相关部门登记注册,等待上岗。因为设置了科学规范的职业资格认证体系,日本养老服务从业人员的素质水平得到了提高,保证了从业人员的专业性。目前日本已有500多所介护士培训机构,包括学校和规模较大的民营企业,学科门类已较为齐全。培训内容主要包括基础科目、专业科目、技能实训、介护实习。

德国、日本和韩国等立足西医理论开展现代"森林康养",不仅带动了当地住宿、餐饮、交通等行业发展,还催生了康养导游、康养师、康养治疗师等职业的市场需求,其开办理念、技术水平、标准及认证体系等方面都在日臻成熟。例如韩国为促进"森林康养"行业的发展,成立了国立自然休养林管理所,在森林教育、康养、治疗等基地认证方面有完善的标准体系,同时在森林讲解员、治疗师的培训与资格认证等方面也有严格的标准。

三、打通职业发展路径,促进职业培养与高技能人才之间的流动

美国为护理人才提供了较为广阔的职业发展空间,如上述培训使学员能够在长期照护机构就业,凡接受过养老护理培训的学员,都可以通过参加养老护理认证考试(由美国护士认证中心 ANCC 组织),成为专科护士和开业护士。

第二节　畅通康养服务人才培养通道

随着社会工业化、信息化的发展,更多的人久坐缺乏运动、作息不规律、吸烟、酗酒等不良生活方式也持续蔓延,使各种慢性非传染性疾病的发病率和致残率居高不下且日益年轻化,心脑血管疾病、慢性呼吸系统疾病、糖尿病等慢性非传染性疾病患者的病后康复、工作能力恢复及生活质量提升等方面带来的家庭负担和社会问题的形势也越来越严峻。此外,在今天市场化的经济社会,以及"独生子女"遇上"三胎"生育政策的背景下,年轻人快节奏的工作压力大,工作方式透支健康,同时,"4+2+3"(4位老人、夫妻2人、2~3个孩子)的家庭结构导致生活压力也非常大,因此,年轻人对养生保健的需要愈发显现出来。

因此,要"实施健康中国战略。构建养老、孝老、敬老政策体系和社会环境,推

进医养结合"。但据有关报告测算得出,到 2025 年"十四五"规划完成时,我国 65 岁及以上的老年人将超过 2.1 亿,约占总人口的 15%。其中,85% 的老年人同时患有 2 种主要慢性非传染性疾病,50% 同时患有 3~4 种,这些老年人的养老需要与医疗护理、康复治疗及健康管理相结合。在 2019 年发布的《中国养老服务行业报告》显示,中国至少需要 1 000 万名养老护理人员,然而实际从业人员仍不足 100 万。而各类养老机构中,具备必要医疗服务能力的只占 20%,因此,康养服务人才总量严重不足,全国养老服务专业人才需求缺口巨大,康养服务人才培养面临巨大的挑战。

一、政策保障

应当认识到,我国养老服务各相关行业人力资源紧缺的问题,将会是一个长期存在的问题。因此,康养服务人才培养首先要解决的现实问题,应该是着力提升从业者的基数。为促进康养事业发展,保障康养服务人才培养数量,政府层面应增加对康养服务人才培养的政策支持,加大政府扶持力度,实施政策保障。具体建议如下:

(一)推出人才战略规划

国家层面已经出台了《国家中长期人才发展规划纲要(2010—2020 年)》(教党〔2010〕17 号),但各地市还缺乏针对康养服务人才的专项规划。因此,各级政府应尽快制定符合当地区域康养服务人才发展的战略规划、专项政策和实施细则,要从战略高度和全局视角,对康养服务人才培养、使用、考核和发展等环节做出战略性部署,结合实际加快人才建设体制机制创新。以当下国情、省情、市情为出发点,基于当地具体的实际情况,对本地康养服务人才现状展开调研,深入分析目标群体的特点、规模和结构。康养服务人才战略规划制定的关键,应聚焦于尽快扩大康养服务人才规模,通过院校培养、职业培训、发展志愿者队伍等多种渠道充实康养服务人员数量,平衡现存的供需差距。

另外,人才培养规划属于战略性规划,必须具有前瞻性,要充分预测未来养老机构康养服务人才的供需情况和康养服务市场的变化趋势,使得人才战略规划既能适应社会发展的规律,又能起到促进社会发展的作用。由于康养服务的内容及形式极其复杂,人才发展规划的制定又要具有可操作性,例如,一线、二线城市和县乡镇的经济发展水平、老年人的养老观念、家庭可支持程度等方面均存在较大差异。因此,要针对当地客观实际,制定与康养服务人才战略规划相适应的实施细则,并且要对政策实施全过程进行监督管理,以便及时修订和完善发现的不足之处。各地方康养服务人才相关工作部门要根据本地区的实际,因地制宜地加以调整和落实,可从针对乡村医生、全科医生、家庭医生的人才发展规划中寻找灵感,加以学习和借鉴。要保证规划制定和调整的连续性,建立从短期规划、中期规划,再到长期规划的渐进模式,逐步推进。

(二)加大资金投入力度

政府要加大对康养服务人才发展工作的扶持力度,从院校办学、养老等康养服务机构的基础建设、人才教育培训等方面着手,建立康养服务人才培养的专项资金库,加强对院校办学的资金投入。首先,对民政部门扶持办学的相关院校要设立相应的经费支持项目,确保办学硬件和软件设施齐全。学校要预留一部分资金用于购买实验实训设备和实训场地建设。其次,充分利用政策杠杆优势,创新招生机制,想方设法扩大生源,如借鉴南京、上海已经开始实施的通过学费减免、发放助学金、建立大学生入职补贴制度等政策来吸引学生报考,从而扩大招生规模,缓解康养相关专业招生难的问题。例如,实施康养服务人才的"免费定向培养",推动学校和康养企业签订培养协议,学生在读期间可以享受免学费、提供各项补贴等,毕业后按照协议规定到康养行业从事相关工作。通过实施一系列的优惠政策吸引学生报考,逐步扩大康养服务人才培养规模。

二、培养通道

养老服务人才队伍建设是一个漫长过程,不应追求速度而忽视了质量和发展的合理性。一方面,政府应当通过政策和舆论引导,吸引更多高素质人才进入康养领域,提升行业整体的专业化水平;另一方面,政府和企业应当秉承建立标准、先行试点、查漏补缺、稳步推进的发展思路,政府要做好顶层设计,为企业和市场提供指引,维护养老服务人才队伍建设健康发展。对康养服务人才培养的总体要求,应做到宽口径、厚基础、强技能。一方面,可以通过短期培训和院校教育相结合的方式,逐步扩大人才来源;另一方面,可以将更多农民工、下岗人员、家庭妇女等闲散劳动力聚集到康养机构,通过短期的职业技能培训尽快入职上岗,缓解当下人才紧缺的问题。

第三节 构建康养服务人才培养模式

目前,各相关高校及培训机构对康养服务人才的培养,呈现出培养体系尚不完善,专业和课程设置与市场需求尚有差距,与行业发展尚不匹配的现状。例如:人才培养体系制定得不够健全,课程培养目标层次较为单一;师资来源与素养多样,队伍力量薄弱,培训水平参差不齐,影响人才培养质量;校企合作机制尚不成熟,缺乏实践性强的战略规划,未能广泛实现"双元"培养;人才对知识技能的储备不足,导致职业适应有难度,职业认同受影响,进而导致人才流失严重。

在"互联网+"的时代背景下,康养产业也在向专业化、精品化、高端化、网络化、智能化、集团化、连锁化的方向发展。人们对养育、养生、养老的需求是多样化、多层次的,生理、心理、社会、道德的"四维健康"标准,要求康养服务人才必须是"一专多能"的复合型人才。依据其职业范围、职业特点、职业能力,现代康养产业人才需要具有扎实的相关医学、心理学、营养、康复、保健、育婴等知识,还需要有较强的康复训练指导能力、心理关怀意识、保健宣传及预防技巧等,同时应具备问题解决、项目开发、宣传报道等多方面的实践能力。

此外,康养高端专业人才极为紧缺,不能满足当下人们对高端育儿、高端养老、精准营养、保健健身等的需求,这对康养服务人才的分类培养提出了挑战。

要解决这些问题,就必须大力构建更加科学、更加符合发展需要、更加适合我国康养产业发展的服务人才培养模式,为康养服务人才的培养提供支持和保障。

我国社区康养事业需要进入高质量发展阶段,既是党和政府的要求、人民群众的期待,也是康养服务业发展的内在需要。社区康养职业人才具有较强的实践性、应用性,职业核心能力体现为社会资源的整合能力和开拓创新能力,因此其培养过程需要政府部门、院校、行业协会、社区和社会组织等多方协同,建立产教深度融合的人才培养体系,从教育源头入手,通过全方位教育类型供给,推动和支持社区康养职业人才队伍建设跨越性发展。

第十章 康养服务人才培养的对策和建议

一、完善现有康养服务人才培养体系

(一)加快发展学历教育,健全康养服务人才培养体系

目前我国康养服务人才缺口巨大,应当从教育源头入手,适应供给侧结构性改革需要,结合对未来需求的预测,加快发展梯级养老专业人才学历教育,建立以高职教育为主体,中职、高职、应用型本科和研究生教育相衔接,形成梯级的康养服务人才教育培养体系。有计划地在高等院校和中等职业学校增设老年医学、护理学、营养学和心理学等与养老服务相关的专业和课程,扩大人才培养规模,把养老服务人才的培养融合到学历教育、职业培训系统中。积极发展养老服务专业应用型本科教育、专业硕士教育,建立以职业道德、基础知识、生活照料、基础护理、康复护理、心理护理、护理管理、培训指导等为主体的课程体系,同时进一步深化产教融合、校企合作。支持研究型大学在社会学、老年学、护理学、康复治疗学等博士招生专业中,增设康养研究方向,为养老机构和院校培养、输送业务骨干和高层次教学研究人员。

同时,深入推进全方位产教融合。康养服务人才具有较强实践性、应用性,其培养过程需要政府部门、高等院校、行业企业等多方协同,建立产教深度融合的人才培养系统工程。鼓励技工院校、技师学院等以市场需求为导向,打造特色专业,采取校企合作、订单培养等方式,实现专业链与产业链、人才培养规格与企业岗位需求密切对接,为康养产业发展提供人力资源支撑。

(二)重视继续教育的人才培养质量,加大规范化、标准化社区康养职业人才培养

虽然院校学历教育培养社区康养职业人才需要一定的周期,短时间增长有限,但目前在社区、社区医院、街镇公共卫生服务中心、体检中心、健康管理公司、养老机构等为社区居民开展康养服务的是一个较大的在职人员规模。我国可以学习借鉴日本培养介护福祉士的成功经验,对具有社区居民康养服务经验和经历的社会人员进行统一课程标准的继续教育培养,并进行国家资格考核,为社区康养职业人才的知识技能要求、从业资格、职称等级评定和薪酬调整标准等建立一套人力资源管理制度,这样就可以在较短的时间内培养出一批具有社区实践经验的规范化、标准化的社区康养职业人才队伍。

(三)拓宽社区教育的人才培养渠道,挖掘志愿型、补充型社区康养职业人才培养

目前,社区居民应急知识普及和公民意识教育、健康科普知识宣传和传播仍是一个短板,社区教育在这方面可以大有作为。社区中有很多"健康达人",社区志愿者中也有很多是从卫生教育系统退休下来的专业技术人才,专职社区教育工作者参与社区治理的经验能力与社区康养工作也比较匹配。这是一个能够扎根社区、服务社区的康养职业人才"蓄水池"。建议在社区教育中加强对此类志愿型、补充型社区康养服务人才的挖掘和系统培养,将其纳入社区康养职业的国家资格考试范围,加大发挥其"身在社区"的宣传示范引领作用,推进居民参与社区治理,实现政府治理和社会调节、居民自治良性互动。

总之,针对不同类型的人员需分层分类培养。针对不同学历的学生需要分门别类、有侧重地进行培养,例如中高职院校的学生毕业后主要从事一线的照护工作,这类人员需要亲身接触老年人,对他们的培养则侧重对护理、康复、心理、保健、健康管理、营养等知识的培养,提高实践操作技能;中高层管理者则需要本科、研究生等高学历人才,对其培养要融合社会学、管理学、法学等交叉学科的综合学习,例如先进管理理念和实践案例的学习,提高决策、判断、人际沟通等技能;针对学历低、年龄偏大的护理员,主要采取技能培训考核的方式,使其逐步取得资格证书,持证上岗。

二、提高学校人才培养模式的适应性

针对康养行业的产业链、产业结构和产业范围内各个领域的人才需求,进行对口人才培养。目前,康养服务人才的高校培养模式与地方经济发展出现断层与错位现象。这需要高校和企业加强合作、共同研究,将康养产业各个发展领域与高校的人才培养相互配合,协调整合社会资源,最终形成康养行业各个领域人适其才、人尽其才的风貌。

(一)专业设置符合产业需要

高校为康养行业进行人才培养应以康养市场的需求为导向。提高人才培养模式及适应性要解决的核心问题,是将目前现有的学校专业设置实现质变,在各学校

把健康意识、全生命周期意识、保健意识、预防意识融合到专业设置当中。在知识整合基础上培养康养综合人才,一方面整合康养专业理论,另一方面整合康养管理理论,以培养"复合型、懂康养、会管理"的人才为目标,为行业输送综合性人才。

（二）提高人才培养的技术深度

提升康养行业的科技水平是进行康养行业人才培养技术基础;将3D打印技术、AI技术等科技前沿知识引入康养行业,对行业本身发展和人才培养模式进行技术改进。

（三）提高人才培养的领域深度

提升康养行业人才培养的专业化水平和精细化程度,与市场需求保持一致性,实现纵贯全产业的精细化人才培养。

（四）提高人才培养的人才层次

康养服务人才分级培养,培养出适合不同层次、不同领域优质人才。鼓励高校从科研院所、企业等机构聘请高级产业人才担任产业教授,促进科技成果转化和科技人才投入人才市场。

三、建立康养服务人才能力认证体系

在康养从业人员资格认证方面,首先要为康养服务人才建立专门的职业资格认证制度,建立健全职业能力评价制度和培训机制,并成立专门部门完成职业认证方面的规划、监督、管理等工作。推动康养行业从业人员工资待遇与专业技能等级、从业年限挂钩。对于在养老机构执业的专业技术人员,实行执业资格和注册考核制度,定期或不定期地开展培训和考核。推动实施职业技能等级认定制度,科学设置康养行业专业人才评价标准,完善技能人才评价工作。

以国家"康复治疗士、护士资格证、1+X等级资格证"为"知",以"养老岗位典型工作任务"为"行",构建与课程相符的"融入医德—精讲理论—实训巩固—见习提升"的"德技兼修、书证融通"的教学模式。课岗对接,建立专业教学标准和职业岗位标准联动的课程开发机制,进行课程体系设计、课程模块开发、课程整合,按照课程在人才培养过程中所发挥的功能重构课程模块,建立包括人文修养与素质教育、专业群共享课程、专业核心技能课程和创新创业教育的"模块化、多方向"课程体系框架。在高年级融入"1+X"证书内容,明确培训任务分工,制定培训实施细则,形成课程融入方案,编写培训教材。实现课岗对接的靶向教学,实现人才与岗位的最优配置。

四、建立"终身成长"的师资培训制度

教师素质对人才培养质量起着关键作用,因此,学校应重点关注教师队伍的培养与教学质量的提高。

(一)进一步完善师资专业技能提升体系

在授课时,学生对实践课更加有兴趣,纯理论课堂显得生硬和枯燥。现阶段,康养专业更偏向于培养应用技术型人才,因此,需注重实践能力培养,可以从养老机构中遴选一批具备丰富工作经验的专业人员或管理者到学校授课或开设讲座,让学生从理论的高度逐渐下沉到实践层面;学校也要定期遴选一批教师深入养老机构内部参观和学习,让教师再将在工作中的所见所闻带到课堂,利用"校企合作"的方式充实师资队伍。另外,政府和行业协会要牵头,联合院校和机构的力量,共同开设研修班、周末班、研讨班等培训班,通过物质激励等方式,专门培养一支既能回归到课堂教学又能亲临工作一线的康养专业教师队伍。主要包括四个方面:

1. 建设一流的专业教师队伍

各院校应广纳贤才,在扩充专业教师队伍的同时提高教师聘任门槛,积极建设高质量、高要求、高学历的专业教师队伍,优化专业教师队伍结构,涉及年龄、专业、职称、学历学位等内容,狠抓教学、科学研究能力、授课质量、专业素养等。

2. 形成良性竞争与淘汰制

科学合理管理教师队伍,在教师队伍内部形成良性竞争与淘汰制。将人才引进与人才综合能力评估相结合,逐步打破"铁饭碗"定律,实行淘汰制,各院校要支持和鼓励青年教师创新创造教育教学模式,以老教师、高职称教师带动青年教师,以青年教师辅助老教师,将传统与创新、专业与创造充分结合,推动健康管理专业的发展,提高人才培养质量。

3. 建设高水平的健康管理专业科学研究团队

各院校应建立建设并培养一批高学历、高职称的专业教师学术团队,负责健康

管理相关科学研究,在提升整体综合实力的同时,为健康管理专业建设发展、健康管理人才培养不断献计献策。

4. 建立健全健康管理专业教师队伍培训、进修机制

基于专业教师队伍的专业性的不完善、构成不合理等问题,各院校应建立健全相应的培训、进修机制,定期或不定期外派专业教师去值得借鉴的院校、企业、健康产业进行培训、进修学习,及时引进先进的理念和方式方法,确保自身健康管理专业发展不过时、不落后。

(二)大力引进企业专业技术人员

通过企业引进有实践经验的专业技术人员兼课,实行校企双带头人制度,加强师资队伍建设,将兼职教师纳入专业教学团队进行同工同酬绩效考核,遴选行业领军企业进行康养类"双师型"教师培训基地建设等。实施五年一周期"双向培养、双向流动"的教师轮训制度,对教师开展入职教育、专家教学、校友讲座、学术交流、暑期医疗服务等,将教师的教学能力提升与养老行业发展相融合。

(三)以技能大赛带动师资培养

一方面,专业教师通过指导学生参加技能大赛,对在校生和康养机构工作者开展理论和实践操作比赛的指导。在对学生语言表达、综合分析、自我控制、逻辑思维等方面能力,以及病案问诊、健康评定、康复治疗、案例分析、抢救技能等方面情境进行强化培训的时候,教师个人的专业素养、技能水平、应变能力等也都可以得到提高,做到以赛促学、以赛促教、赛教融合。

另一方面,教师教学技能大赛可推动教师的教育教学改革,提升实践教学水平,加强自身操作水准、临床思维、随机应变、医患沟通技巧、人文关怀等职业能力。

(四)重视科学研究,推动成果转化

鼓励重视教师的教学、科学等研究工作的开展,加强各项研究,积极推动成果转化。应立足于康养行业与相关学科的关系,做好相关科学研究,避免重复的、低质量的、低水平的科学研究,鼓励专业教师积极构思,多做可行性强、水平高、质量高的原创性研究,提高科研成果质量,通过"校-企""校-校""校-产业"等方式,紧密围绕"健康中国2030"规划纲要,结合当前"乡村振兴"新格局,推动科研成果的转换与应用,提高科研成果转换率,将科学研究的价值最大化。

总之,现阶段,我国康养服务人才培养尚存在医疗护理水平不足、专业性不强、服务质量不高、学历较低、结构不合理等问题。首先,新型的康养服务人才应能够熟练掌握专业知识,胜任行业工作,适应当今老龄化背景下的时代发展要求;其次,康养服务人才应以基础知识与基本技能为基石,以康养专业为基础纵深发展;最后,康养服务人才培养应在相关学科设置中增加技能的学习。这样培养出的人才,才是康养产业真正需要的人才,才是适应康养行业多样化需求的人才。

第四节　改善康养服务人才从业待遇

在我国,康养服务工作普遍存在社会地位低、劳动强度大、职业发展空间小、工资收入低等现实情况,康养服务人才的社会认可程度堪忧,导致高校的相关专业在招生时,面临学生和家长因对相关职业存在认知偏见而不愿意报考的状况。这一方面影响了康养服务人才队伍发展的规模,另一方面也会影响高校对相关专业的建设及师资培养,这些情况都会严重制约康养服务人才培养的水平和专业化队伍的培育。

(一)应加强政策及法规保障

康养服务人才在就业过程中,尤其是一些临时聘用人员,经常出现社会保险未缴纳、公积金缺失、工资增长不稳定、职业晋升困难、职业得不到认可等现象,这严重影响了人才队伍的稳定。国外发达国家,例如日本等已经出台了《护士执业法》《护理保险法》等相关法律,已形成了规范的康养服务人才发展制度体系,这不仅能明确康养服务人才的权利和义务,还能体现其社会地位和劳动价值,而我国目前还只有《中华人民共和国老年人权益保障法》《中华人民共和国劳动法》等相关法律,康养从业者的权益还得不到政策与法规的全面保护,因此,应尽快加强相关立法工作。政策及法规的制定要真正把康养从业者纳入社会保障体系,严格遵守保险、津贴、公积金等社会保险办理程序,政府要利用激励政策鼓励用人单位为从业人员购买社会保险,要把购买保险这一项标准纳入养老机构康养服务综合质量评估,即使是临聘人员也要延续其社保账户,让康养从业人员享受到社会公平的待遇和保障。同时,要做好舆论宣传工作,加强对康养相关政策条款的宣传解读,加强社会公众的理解和认可,增强从业者和公民的法律意识。

加大对养老机构的扶持力度。康养事业本身具有一定的福利性和公益性,尤其是一些中小型养老机构在运营时投入的成本较高,但短时间内回报较少,因此必须加强政府扶持。要对养老机构在纳税、水电、房屋、用地等各方面实施优惠和减免;要建立康养服务人才薪酬补贴制度,对不同级别、不同岗位的从业者发放相应补贴,建立"基本工资＋岗位津贴＋奖金＋政府补贴"相结合的薪资发放机制;部分或全部免除用人单位员工的职业技能培训费用,鼓励更多人员参与康养相关职业培训,通过以上方式帮助减轻机构运营成本。民政、人社等部门要定时对相关政策的实施加以抽查和监督,保证政策如实执行。

(二)要打造系统的人才发展体系

关于康养服务人才队伍职业技能等级认定,需要贯通"员""士""师"三级职业培养与高技能人才之间的流动。畅通技能人才成长通道,允许技工院校毕业生参加专业技术职称评审,构建技能人才与专业技术人才成长的"立交桥"。对其他相关职业从业人员进入康养从业人员队伍要基于开放的通路管理,力争在国家资历框架体系下,建立康养从业人员与卫生专业技术人员(医师、护师、药师、技师)、高级管理人员、教育产业从业者等相关产业从业人员的贯通机制。从业者可以通过学习提升自身专技水平,考取相应职业证书,晋升到更高级别的岗位,并享受相应的福利待遇。

(三)支持加强行业协会作用

行业协会作为一种民间性组织,具有代表、沟通、监督、公正、研究等职能,能协调同行之间的经营行为,帮助营造一种良好的行业生态。相较于劳动部门和行业主管部门,行业协会与市场的联系更为密切。在很多国家,是由行业协会负责制定职业标准,并承担职业技能鉴定和证书发放等事务的。在职业资格认证体系建设中,要建立由行业协会带头制定的职业认证制度,建立以行业为主导的职业能力评价体系。因此,康养行业也要积极牵头组织康养服务人才职业技能培训工作,做好人才培训考核和康养服务综合质量评估。因此,加快推进康养行业规范化和职业化建设,要积极发挥行业协会作用,建立健全行业法规和行业标准,营造良好的行业生态。

注重发挥行业组织人才需求预测作用,建立信息共享平台,为院校招生、就业和机构招人、用人等发布动态信息,发挥其在人才队伍建设中的信息传递作用,把市场供求比例、就业质量作为引导学校设置调整学科专业和培养规模的重要依据。加强企业、行业,尤其是行业协会在专业技术和技能人才评价中的作用,建立以行业协会为主导的能力评价体系。加强行业协会在推进康养学科建设、理论研究和实践操作中的作用,促进从事康养相关活动的企业、团体和研究机构间的交流与合作,创造活跃的行业生态。加强康养服务人才对外交流与合作,在康养产业科研、决策咨询、理论研究、学科调整、专业设置、教材编写、培养规划、教学培训和科普宣教活动中积极发挥作用。

第五节　康养人才培养的特色发展

康养行业的服务对象,如老年人、妇女儿童、康复期患者等,大多属于社会的弱势群体,在身体、心理、精神、社会适应能力等方面存在一定程度的不足,需要所涉及的各行业能够以最大力量给予呵护和照顾,这就对康养从业者职业素养提出了更高要求。结合我国优先的传统文化,发展有中国特色的康养服务产业,是康养市场和行业发展的共同需要。

一、强化医德教育,塑造中国特色的康养文化

培养适应现代康养产业发展的复合型人才是时代之需,是整个社会发展的集中诉求。培养康养服务人才的过程中,应不断提高康养类人才培养的质量,其中既包括专业水准又包括人文素养,为实现"老有所养、老有所医、老有所乐"的美好愿景贡献力量。

因此,康养服务人才培养过程中,应非常重视学生的素质教育和人文关怀等观念的灌输,除了要为服务对象提供医疗、护理、康复、营养、照护、娱乐等常规的服务项目外,还要重视对他们的心理疏导和精神慰藉,为他们解除身体病痛和提供心理安慰,带去安全感和归属感。学校要培养学生的耐心、爱心、同理心、责任感等,在学生建立专业认知和专业自信的过程中,进行人文关怀、社会主义核心价值观等理

念的渗透,拔高学生综合素质,以潜移默化的方式让学生摒弃对康养服务业的传统偏见,把康养行业看成一种崇高的为国家老龄事业做贡献的职业,树立职业道德和职业自信。

康养产业隶属于大健康产业,康养服务人才的很多工作领域与医疗行业有交叉。因此,对康养服务人才的德育还可以基于人本主义理论,对应医疗服务高要求的医务工作者职业素养,实施医德"三融入",将医德教育融入课堂、融入实践教学环节、融入学生日常行为规范中,加强学生职业道德培养和人道主义灌输。以"大医精诚、救死扶伤"作为价值引领,将优秀医院文化、优秀校友文化、劳模精神、工匠精神引入校园,塑造学生的优秀品质。以思政教育为靶点,精准挖掘敬老、孝老、爱老、尊老的思政因素,将思政教育融入课程教学和改革的各个方面和环节,激发学生的敬老、助老热情。以传统文化为支点,通过开设"孝经""弟子规"等优秀传统文化选修课,努力营造爱老尊老的环境氛围,以润物细无声的教育方式,在学生心中埋下高尚的道德情操种子,激发学生尊老、爱老情怀。

二、继承传统文化,彰显"治未病"的中医康养优势

西医治病成效显著,特别是传染疾病和创伤急救,目前康养产业也大都以西医护理模式为主,但西医对慢性病却有一定的局限性,几乎要终身服药,可见康养不是西医的强项。而中国传统康养文化具有丰富且博大精深的内容,理论以"阴阳平衡""形神统一""寒热虚实"等传统哲学思想为基础,发展"五行五脏"理论,即用五脏治病等独特思想精华,融合了中医药、药食同源、经络穴位等诸多康养方法。中医康养的理念是中国传统文化宝库中重要的组成部分,融合各种防病、治病、健身等方法于一体,体现了中华民族特有的哲学思维、文化品格及民族心理。中医康养更能发挥治未病、预防疾病的健康养生优势。随着人口老龄化及亚健康人群的增多,国人对健康养生服务需求更加强烈,优秀中医康养服务人才能满足国人治未病、健康长寿的康养需求。因此,中医康养产业将成为明日之星。《中医药发展战略规划纲要》的实施,为中医药健康服务产业迎来了发展契机。中医康养产业发展首重人才,提升中医康养服务人才培养质量是值得深入研究的课题。

目前中医康养服务人才培养尚存在一些问题,如人才严重短缺,服务质量差,难以满足需求,这主要是因为课程培养目标层次单一、人才培养体系不健全,影响

了人才培养质量,特别是欠缺高质量的服务人才,难以满足高端人口的康养需求。康养服务人才不足又质量欠佳,严重制约康养产业的发展。又如,从业人员学历较低,专业技能弱,难以提高更高层次,想要培养现有康养从业人员,因普遍年龄大又无学历,造成培训上的诸多困难,不利于康养服务人才的培养。此外,中医康养师资缺乏,难以培养优秀人才,高校能担任中医康养教学的专业教师严重不足,只能由校外临时聘请具中医专业的教师兼职授课,师资队伍极不稳定。学校授课以理论为主,导致教学内容枯燥,实践性不强,学生无法掌握实用的康养技能,影响了学习的积极性,从而影响优秀中医康养服务人才的培养质量。最后,培训体系尚未完善,专业院系少,难以培养中医人才。由于高校培养中医康养存在服务人才的师资队伍不足、课程设置缺乏统一标准、实训基地建设困难等诸多问题,因此中医康养专业院系数量偏少,人才培养难成规模。

培养优秀中医康养服务人才模式应具备专业知识、动手技能、感知能力及创新思维四种专业知识与能力,其培养路径也是多方面、多渠道的。中医康养服务人才应懂得中医康养专业知识,习得经络穴位动手技能,心怀视病犹亲和感知能力,还要有创新思维能力。这就要求中医康养服务人才培养能够做到:

1. 建构中医康养理论及实践课程体系

中医康养服务人才应具有完善的理论知识及精良技能。高校培养中医康养服务人才时要在学科基础课程中增设"阴阳五行养生文化""黄帝内经理论"课程;在专业课程中开设"医康养""方剂学""药膳养生"等专业的方向性课程;在实践课程方面开设经络穴位实操,如刮痧、拔罐、推拿、指压等技能课程,强化学生动手技能。

2. 大力开发中医康养教学资源

从多方面强化中医康养教学资源,教学素材除一般教科书课本外,还可从古代的历史名人轶事、诗词佳句等,增加课程的趣味性,提高学生学习意愿。善于利用中医题材的影视剧或纪录片,如《老中医》《本草纲目》《大国中医》等,深入挖掘其中的康养意涵,这对提升学习兴趣大有裨益。在建设一流课程的热潮下,要让中医康养文化在视频公开课、微课、慕课等教学资源上进行积极探索。大力开发中医康养教学资源,完善课程教育,采用合适的教学形式授课,提升教学质量,是高校强化培养中医康养服务人才的关键。

3. 多方壮大中医康养师资力量

改善高校的中医康养师资力量短缺的问题,可聘任国家级或地方级非物质文化遗产的文化传承人,如经络推拿、针灸、药浴等民间高手,或邀约知名优秀技能大师来校讲课,定期开展科普讲座、技能讲解、技术指导、授课教学等活动,多渠道增强师资队伍力量。也可鼓励教师采取考取各类康养资格证书、参与外出培训、外派康养机构学习或实习等方式来强化中医康养师资力量。高校要与康养机构交流,教师要与业界教师沟通,应用"双师"模式,打造出既懂理论又有精湛技能的"双师"队伍,提高师资队伍的整体竞争力。

4. 强化校企合作深度,实现产教融合

在产教融合的背景下,打造高校与康养产业深度融合、发展校企培养中医康养服务人才的模式具有重大意义。高校应主动与康养机构深化合作,学校为企业提供学习场所、教学资源和师资力量,并在课程设置、教材编写、技能培养、实习实训、创新创业等方面紧密融合;企业积极把专业技术、设备设施、实践经验、管理方法融入理论和实习教学中,共同促进人才培养与开发。

5. 打造实体与网络双实训基地

高校可从实体与网络打造实训基地。其一,高校要建设先进的康养实体实训基地。高校与康养机构双方联手建设结合教学实践、社会服务及技能培训于一体的实训基地,把康养产业新技术、新设备纳入理论和实训教学,强化学生实习实训成效,提高学生康养岗位适应能力,培养学生成为康养机构实用的高端技术技能型人才。其二,建立网络实训基地,建设灵活多变的虚拟仿真网络实训基地,落实"互联网+职业教育"的发展需求,培养学生适应时代要求,懂人工智能、大数据、互联网等新兴移动医疗和智慧养老技能,结合网络平台资源和实习实训资源的共建共享,增强学生健康信息库管理、指导操作先进设备、实施远程医疗、健康宣传科普制作等能力。

参考文献

[1] 丘广辉,胡耿.20世纪中国教育思想的新变化——百年教育思想演变回顾[J].嘉应学院学报,2007(04):122-126.

[2] 盛夏,肖金星,叶雅萱.登台、退出与返场——中国教育传统现代性的"前世今生"[J].教学研究,2022(5):7-13.

[3] 王兆祥.中国教育现代化思想的历史演进与思考[J].理论与现代化.2006,5:108-110.

[4] 孙秀玲.社会教育与教会学校的本土化[J].山东师范大学学报(人文社会科学版).2014(59):124-131

[5] 辛彦怀.对中国近代教会学校的认识与评价[J].河北师范大学学报.1993(1):78-82.

[6] 刘桂林.中国近代职业教育思想研究[M].北京:高等教育出版社,1997.

[7] 石伟平,匡瑛.中国教育改革40年·职业教育[M].北京:科学出版社,2019.

[8] 许竞.职业技能形成·跨学科理论与国际比较[M].成都:西南交通大学出版社,2019.

[9] 傅志明.基于自我设计与开发的高素质应用型人才培养模式研究[M].北京:社会科学文献出版社,2014.

[10] 刘立新,周凤华.新职业教育培养面向未来的人才[M].北京:中国人民大学出版社,2019.

[11] 刘健,王春,李奎山.应用型人才的层次及其实践环节的培养[J].黑龙江高教研究,2005(8):126-128.

[12] 刘耘.务实致用:对地方大学应用型人才培养模式的探索[J].中国高教研究,2006(5):7-9.

[13] 周敏.独立学院本科应用型人才培养模式研究[D].武汉理工大学硕士论文,2006.

[14] 金国华.高校应用型人才培养新探[M].上海:上海社会科学院出版社,2007.

[15] 郭庆,海莺,徐翠锋,等."三维四层"跨学科复合应用型人才培养模式的探索与实践[M].西安:西安电子科技大学出版社,2001.

[16] 周绍斌.高等院校培养本科应用型人才的问题与对策研究[D].西南大学硕士论文,2007.

[17] 潘懋元、石慧霞.应用型人才培养的历史探源[J].江苏高教,2009(1).

[18] 李瑨孺.基于能力结构的应用型人才培养研究[D].大连理工大学硕士论文,2011.

[19] 刘亮.我国应用型高等教育新探:概念与历史——基于《国际教育标准分类法(2011)》的视角[J].河北师范大学学报(教育科学版),2017,19(06):106-111.

[20] 石伟平,匡瑛.中国教育改革40年·职业教育[M].北京:科学出版社,2018.

[21] 张立忠.内蒙古地方本科院校应用型人才培养研究之二——应用型人才培养对策分析[J].赤峰学院学报(汉文哲学社会科学版),2020(2):97-101.

[22] 何春艳.地方本科高校应用技能型人才素质要素构成探讨[J].合作经济与科技,2015(1):89-90.

[23] 郭广军,龙伟,刘跃华,等.高素质应用型技术技能人才培养模式探索与实践[J].中国职业技术教育,2015(5):70-76.

[24] 杨晓冬.康养高技能人才培养迫在眉睫[J].中国人才,2021(1):30-32.

[25] 鲁玥池.居家康养模式下湘西农村住宅适老化改造研究[D].江南大学,2020.

[26] 屠其雷,李晶,赵红岗.康养服务与管理行业人才需求与职业院校专业设置匹配分析研究[J].中国职业技术教育,2022(19):9.

[27] 康养产业统计分类(2020)[J].中华人民共和国国务院公报,2020(11):15.

[28] 中国老龄科学研究中心老龄经济与产业研究所课题组.需求侧视角下老年人消费及需求意愿研究报告[R].北京:中国老龄协会,2019.

[29] 国家社会科学基金课题组.康养消费与康养产业发展研究[R].北京:中国社会科学院,2016.

[30] 中共中央国务院关于加强新时代老龄工作的意见:国务院公报〔2021〕34号[A].2021-11-18.

[31] 民政部关于进一步扩大康养服务供给促进康养服务消费的实施意见:民发〔2019〕88号[A].2019-09-23.

[32] 韩静,唐娟,张晓萍,等.康养护理员核心胜任力评价指标体系的编制与评价[J].护理研究:下旬版,2017,31(11):3.

[33] 苏吉儿,夏雅雄,方仕婷,等.康养机构护理员岗位胜任现状及影响因素分析[J].护理学报,2016,32(17):3.

[34] 刁文华,许虹.浙江省康养护理员培训标准构建研究[J].护理研究:下旬版,2017,31(2):6.

[35] 王希晨,吕欣桐,周令,等.医养结合视角下康养护理员培训相关研究进展[J].中国护理管理,2016(10):5.

[36] 韦迪,刘翔宇,张敏,等.肿瘤专科护士核心能力现状及其影响因素分析[J].护理学报,2016,23(03):5-8.

[37] 张玲芝,郭晶,陈凌玉,等.浙江省康养护理员队伍现状调查分析[J].中华现代护理杂志,2015(25):4.

[38] 陈冰洁,李萍,聂玉琴,等.医养结合型康养机构康养护理员核心胜任力与一般自我效能感的相关性分析[J].中华现代护理杂志,2021,27(17):6.

[39] 钟萍综述,戴艳萍.自我效能感理论及其在护理领域中的研究展望[J].护理学报,2009,16(8):4.

[40] 任秀亚,谢薇,董画千,等.基于大健康背景下老年护理人才培养的探讨[J].中国卫生产业,2019,16(35):191-193.

[41] 李燕萍,周裕婧,祁俊菊,等.基于大健康背景下的康养机构护理人员胜任力素质模型的构建研究[J].重庆医学,2021,50(12):2074-2078.

[42] 房红,张旭辉.康养产业:概念界定与理论构建[J].四川轻化工大学学报:社会科学版,2020,35(4):20.

[43] 赵颖新,李松.加快培育康养产业体系的建议[J].创造,2022,30(3):3.

[44] 肖豫粤.新形势下武汉市保健品消费市场存在的现状、问题及对策[J].武汉学刊,2013(5):2.

[45] 赵颖新,李松.加快培育康养产业体系的建议[J].创造,2022,30(3):3.

[46] 张涛,魏洁.休闲体育与康养产业融合发展研究[J].当代体育科技,2022,12(17):3.

[47] 张笑雨.养生新赛道:保健品向"下",食品向"上"[J].中国药店,2021(10):74-75.

[48] 刘佳宁,包彦婷.内蒙古康养产业发展路径研究[J].黑龙江人力资源和社会保障,2022(16):3.

[49] 陈晓艺,吴智慧,叶永珍.康养家具中医用病床产品的应用现状与发展趋势[J].家具,2021(9):1-5.

[50] 张涛,罗锐.健康中国背景下休闲体育与康养产业发展研究——以四川省为例[J].当代体育科技,2022,12(15):3.

[51] 杨秋芬.森林康养产业生态发展模式探究[J].农家参谋,2022(5):153-155.

[52] 何莽.中国康养产业发展报告(2018)[M].北京:社会科学文献出版社,2019.

[53] P Z Pilzer. The Wellness evolution: How to Make a Fortune in the Next Trillion Dollar Industry (2nd Ed) [M]. New Jersey: John Wiley & Sons, Inc., 2007.

[54] M Radvansky, V Pálenik. "Silver Economy" as Possible Export Direction at Ageing Europe — Case of Slovakia[J]. Eco Mod, 2011: 3280.

[55] 杨立雄,余舟.养老服务产业:概念界定与理论构建[J].湖湘论坛,2019(1):24-38.

[56] 徐程,尹庆双,刘国恩.健康经济学研究新进展[J].经济学动态,2012(9):120-127.

[57] 郭德君.中国健康产业国际化的思考以中华养生文化及中医药产业国际化为

分析视角[J].社会科学,2016(8):43-50.

[58] 石智雷,杨雨萱,蔡毅.大健康视角下我国医养结合发展历程及未来选择[J].人口与计划生育论坛,2016(12):30-32.

[59] 丁小宸.美国健康产业发展研究[D].长春:吉林大学,2018.

[60] 张毓辉,王秀峰,万泉,等.中国健康产业分类与核算体系研究[J].中国卫生经济,2017(4):5-8.

[61] 张车伟.关于发展我国大健康产业的思考[J].人口于社会,2019(1):18-22.

[62] 陆杰华.我国老龄产业研究评述及展望[J].北京大学学报(哲学社会科学版),2002(1):135-140.

[63] 陈柯.林下养生产业社会需求分析[J].林业经济,2015(12):54-60.

[64] 杨金龙."亚健康"状态的养生业[J].中国商贸,2007(7):22-23.

[65] 鄢行辉.我国民族传统养生产业开发研究[J].人民论坛,2010(8):168-169.

[66] 王敬浩,胡冠佩,刘朝猛.广西养生健身产业研究[J].体育文化导刊,2009(6):66-72.

[67] 胡振宇,黄艳.中医健康养生保健服务产业存在的问题与对策[J].企业经济,2015(12):114-117.

[68] 李海英,梁尚华,王键,等.中医药养生文化产业创新发展的多维度思考[J].世界科学技术-中医药现代化,2018(10):1900-1904.

[69] 高杰.中国-东盟养生产业合作开发路径研究[J].中国西部,2019(2):44-51.

[70] 李后强.生态康养论[M].成都:四川人民出版社,2015.

[71] 周永.康养产业融合的内在机理分析[J].中国商论,2018(9):160-161.

[72] 何彪,谢灯明,蔡江莹.新业态视角下海南省康养旅游产业发展研究[J].南海学刊,2018(3):82-89.

[73] 戴金霞.常州市康养旅游产品开发与产业发展对策研究[D].南京:南京师范大学,2017.

[74] 王鹏,毛笑非,张帆.关于攀枝花阳光康养基础设施建设的研究[J].攀枝花学院学报,2016(S1):53-54.

[75] 王佳怡.从供给侧角度浅谈四川攀枝花市康养产业的优化措施[J].中外企业家,2018(4):50-51.

[76] 钟露红,王珂,阮银香.攀枝花"康养+"产业融合发展研究[J].现代商贸工业,2018(8):8-9.

[77] 雷鸣,钱卫,高升洪,等.攀枝花阳光康养产业发展模式研究[J].攀枝花学院学报,2018(3):6-11.

[78] 张旭辉,李博,房红,等.新冠肺炎疫情对攀西康养产业发展的影响及对策建议[J].决策咨询,2020(2):90-92.

[79] 申曙光,曾望峰.健康中国建设的理念、框架与路径[J].中山大学学报(社会科报),2020(1):168-178.

[80] 范巍,高原,赵宁.加快我国康养人才队伍职业体系建设研究[J].中国人力资源社会保障,2019(11):20-22.

[81] 刘淑娟.我国养老服务人才培养现状及对策研究[D].河北科技师范学院,2016.

[82] 赵宁,高原,范巍.外国康养人才队伍建设及其启示[J].中国人事科学,2019(06):78-86.

[83] 张雪永.推进人才职业化管理 提升康养服务质量[J].质量与认证,2019(10):68-69.

[84] 徐希云.社会发展趋势与职业院校康养专业建设分析[J].智库时代,2019(38):136-137.

[85] 王艳霞.环京津康养产业人才供需矛盾及破解之策[J].经济论坛,2019(09):36-42,153.

[86] 李琪.我国国家资历框架建设的关键问题及对策研究[D].华东师范大学,2022.

[87] 韦家瑜.高校康养人才培养过程中存在问题与策略分析[J].福建茶叶,2020,42(02):271-272.

[88] 闫丽,赵晶.康养专业:构建康养人才培养全体系[J].考试与招生,2021(02):42-43.

[89] 程秀宇.基于康养专业群建设下的人才培养模式构建[J].吉林医学,2022,43(08):2240-2242.

[90] 高惠霞,王晶晶.高职院校现代康养人才培养现状与对策[J].教育与职业,2020(23):100-103.

[91] 徐少俊,郑江淮.信息化如何影响中国劳动力市场的技能溢价——基于就业升级和就业极化双重视角的分析[J].经济问题探索,2022(2):158-170.

[92] 单林.康养养老专业人才教育模式研究[J].大学,2020(37):10-11.

[93] .人力资源社会保障部有关司局负责同志就组织实施"康养职业技能培训计划"答记者问[J].家庭服务,2020,(11):24-28.

[94] 张弛,赵良伟,张磊.技能社会:技能形成体系的社会化建构路径[J].职业技术教育,2021(13):6-11.

[95] 张艳芳,黄登红.技能型社会的高职劳动教育:应然意蕴、实然境遇与必然选择[J].职业教育研究,2022(07):13-19.

[96] 韩通,郄海霞.面向2035:我国技能型社会建设的内涵实质、现实逻辑与机制路径[J].职业技术教育,2022,43(19):20-26.

[97] 高文杰."教育2030行动框架"旨归及其对我国职业教育现代化的战略启迪[J].职业技术教育,2017,38(36):26-31.

[98] 雷世平,谢盈盈,乐乐,等.从学历社会到技能社会:历史必然与推进策略[J].职教通讯,2022(1):39-46.

[99] 王默,范衍,苑大勇.全球教育治理走向"共同利益"——论联合国教科文组织《反思教育》报告的人文主义回归[J].中国职业技术教育,2016(33):74-76.

[100] 张振.我国高职教育发展的现状审视与前景展望——基于《教育2030行动框架》的分析[J].职教论坛,2016(34):21-25.

[101] UNESCO. Records of the General Conference of UNESCO, Third Session, 1947,v. 2:Resolutions [R]. Paris:United NationsEducational, Scientificand Cultural Organization,1947:22.

[102] UNESCO. A Survey of UNESCO's Activities Concerning Technical and Vo-

cational Education[R]. Paris:United NationsEducational,Scientific and Cultural Organization,1959:6.

[103] 滕珺,李敏谊.联合国教科文组织职业技术教育政策的话语演变——基于N-Vivo 的文本分析[J].教育研究,2013(1):139-147.

[104] 联合国教科文组织.联合国教科文组织关于职业技术教育与培训的第二届国际大会的建议[EB/OL]. http://www.moe.edu.cn/edoas/website18/06/info906.htm,2009-11-24.

[105] 刘英霞.技能型社会背景下技术技能人才要素模型与培养路径[J].教育与职业,2022(10):62-65.

[106] 周张宁,沈佳英,潘云菲,等.基于大健康背景下的高校医康养人才培养模式改革初探[J].中国农村卫生,2022,14(06):29-33.

[107] 张丽莉.康养类专业现状分析与品牌研究[J].品牌研究,2020(01):109-110.

[108] 国务院关于印发《国家职业教育改革实施方案》的通知.国发〔2019〕4号.中国政府网.2019-05-26.

[109] 教育部关于印发《职业教育专业目录(2021年)》的通知.教职成〔2021〕2号.教育部官网.2021-03-12.

[110] 李涛."双高计划"背景下高职护理专业群建设策略研究[J].教育教学论坛.2020(09):358-359.

[111] 刘云云.供给侧视域下高职健康养老服务专业群发展路径研究[J].船舶职业教育.2019(04):77-79.

[112] 杨根来.历史发展视域下中国养老服务专业发展和人才培育工作研究[J].社会福利(理论版),2020(4):15.

[113] 闫智勇."1+X"证书制度的治理意蕴及误区规避[J].职业与教育,2019(15):6.

[114] 郭鑫.基于"1+X"老年照护职业技能等级证书考试的康复课程标准探讨[J].江苏经贸职业技术学院学报,2021(4):24.

[115] 闫智勇.职业教育行动逻辑课程的时代意蕴和构建思路[J].职教发展研究,2019(1):29,28.

[116] 姜大源.论高职教育工作过程系统化课程开发[J].徐州建筑职业技术学院学报,2010,10(1):2,4.

[117] 闫智勇.工作过程系统化课程视角下应用型大学教师专业化发展对策[J].中国大学教学,2017(8):80.

[118] 刘芳婧,刘阿娜,丁一芳.环雄安新区康养服务人才培养模式探讨[J].北华航天工业学院学报,2020,30(02):53-56.

[119] 赵宁,高原,范巍.外国康养服务人才队伍建设及其启示[J].中国人事科学,2019(06):78-86.

[120] 高惠霞,王晶晶.高职院校现代康养服务人才培养现状与对策[J].教育与职业,2020(23):100-103.

[121] 陈社育,蔡平.疫情防控亟需培养社区康养职业人才[J].南京广播电视大学学报,2020(01):1-4.

[122] 甄臻,乔晓鸣,魏巍.产教融合背景下高职医养人才培养策略研究[J].科教导刊,2021(07):43-45.

[123] 杨一帆,巩奕辰,张容嘉.当前高校为康养行业培养人才过程中存在的问题与对策[J].科教导刊(下旬),2018(27):26-27.

[124] 王云,韦朝霞,罗厚成.基于康养贵州背景下健康管理专业人才培养策略研究[J].成都中医药大学学报(教育科学版),2021,23(04):34-36,69.

[125] 陈彦彰,翁锦栋,郑伟,等.探究中医康养服务人才培养质量的提升[J].就业与保障,2021(23):118-120.

[126] 陆献峰.德国乡村振兴与森林康养的启示[J].浙江林业,2018(09):40-41.

[127] 陈隽情.学国外,重点在"养"不在"游"[J].中国林业产业,2016(05):40-41.

[128] 韩树全.中国高校产学合作模式的历史考察[J].教育与考试,2013(03):68-71.

[129] 蔺玉堂.最早的校办工厂在河北发现[N].光明日报,2003-3-1.

[130] 荣泳霖.在清华控股有限公司成立大会上的发言[EB/OL].2005-12-30.

[131] 何东昌.中华人民共和国重要教育文献(1949-1975[M].海口:海南出版社,

1998:857,1396,1400.

[132] 中共中央国务院关于教育工作的指示[N].中国教育报,2002-12-3.

[133] 王绍喜.关于高校校办产业内部三项制度改革的思考[J].广西大学学报,1999(1).

[134] 江忠仪,顾鸣敏,马进,等.国内外知名大学医学教育办学管理模式的比较分析[J].医学与哲学,2005(02):27-29.

[135] 潘楠."新医科"背景下医学高校师资队伍建设的问题与对策[J].就业与保障,2020(01):130-131.

[136] 杨恺欣.我国临床护理师资培训研究进展[J].中外女性健康研究,2020(10):15-16.

[137] 陈瑞鹏.老年服务与管理专业双师型师资队伍建设[J].科技视界,2020(16):83-84.

[138] 陈艳,潘翠环,龙大宏.康复治疗学专业作业治疗方向师资培养与实践教学初探[J].中国康复理论与实践,2013,19(08):791-793.

[139] 张永林.高职院校构建实训条件建设与实训教学运行一体化管理机制探析[J].青岛职业技术学院学报,2015,28(01):31-34.

附　录

附录一　医养一体　两院融合

——欣悦健康打造"一张床·医康养"医养结合新模式

目前,越来越多的老年人在家庭、养老机构与医疗机构之间奔波辗转,造成老年人受罪、子女受累、费用较高的现象。实现医养紧密结合,成为多年来我国有老家庭梦寐以求的期盼。针对以上现状,探讨新型康养模式从未停止。滨州欣悦医康养综合体(简称欣悦健康)把多年探讨的医养结合模式向各主管部门反映,终于在2022年3月,其用"一张床"来解决医养无缝衔接问题的意见,得到了滨州市主管部门的认可和采纳,并将欣悦健康纳为试点单位,打造出了医养紧密结合的新模式——"一张床·医康养"。

一、大布局:把追求民生福祉作为第一使命

截至2021年年末,我国60岁及以上人口为2.68亿,占总人口的18.9%。老年产业的规模到2030年将达到22万亿元,因此,国家对新医养模式的追求将更加迫切,对养老产业的发展也充满信心。欣悦健康从2015年就开始对医养新模式进行调查研究,努力寻求"医疗＋康复＋养老"的中国模式。为突破养老机构和医疗机构互不衔接、相互独立的现状,于2017年开始布局建设医康养联合体,先后建设滨州欣悦康复医院、映寿滙康养服务中心、映寿滙营养服务中心、万物生颐福园、黄河谣植物园,开展健康医疗、健康养老、健康居家、健康农业、健康养生五大领域的工

作,形成了完整的医康养服务链和产业链。

一是滨州欣悦康复医院。作为现代化二级康复医院,该院拥有12个临床科室和7个医技科室,建成了"两大平台与三大中心"(医疗保障平台、互联网诊疗平台和理疗康复中心、健康睡眠中心、健康管理中心),突出实体医疗、互联网医疗与慢病管理、长护管理相结合,重点提供高端健康管理、高级康复理疗、高龄慢病预防及护理等业务。

二是映寿滙康养服务中心。融合国际专业的照护技术及日本先进的介护技术,创造性地提出"北元介护""自立支援""循环陪护"等康养新模式。把机构养老与公寓式居家养护相结合,把医养与康养相统一,把医疗和康复融为一体,创造了医康养相结合的主动健康典范。

三是映寿滙营养服务中心。营养医师对该中心内的居民进行体质、健康状况评估,由专业营养师依据营养医师的医嘱对居住者提供均衡、健康的营养膳食,为每个人建立膳食管理档案。

四是万物生颐福园。整合养生、养老、医疗等资源,基于园内300余项医疗康养服务项目,为居住者提供全龄化、全生命周期服务。

五是黄河谣植物园,培育种植20多种五谷杂粮,50多种瓜果蔬菜,几十种珍贵中草药,为医康养联合体提供药食同源、生态绿色的营养食材。

三年内,欣悦健康将在包括高新区在内的各县区建成20个以上医康养综合服务中心,涵盖机构养老、社区养老、居家养老、日间照料、护理人员培训、适老化改造等服务,将覆盖近百个生活社区,服务上百万市民,造福更多的家庭,为滨州打造老年人友好型城市和实现康养示范城市做出贡献。

二、国际化:把追求品牌建设作为第一命脉

在建设过程中,欣悦健康坚持国际化与中国化相结合,时代性与传统性相衔接。与日本映寿汇等世界顶级品牌机构合作,与国际高端潮流接轨,聚焦"三新"协同推进。

一是新模式。以民生福祉为使命,以引领市场为导向,医康养服务业一起步就瞄准品牌建设,努力打造服务新模式。"一张床·医康养"模式,既全面解决了长者老有所养、所医、所乐、所为、所安等终身养老问题,又实现了"医食住行康乐购、健学旅友帮理为"全场景服务。创造了医康养"三治三护"模式,在医疗康复环节上,

适应性：需求与供给——康养服务人才培养研究

实行前有治未病、中有治已病、后有治慢病的全生命周期"三段式"服务；在养老养生环节上，实施医护、介护、陪护的全天候身心"三护一"服务。

二是新标准。在工作实施中，欣悦健康对标国内外先进标准，建立内部管理标准化，梳理形成工作人员考核等规章制度；推行业务办理标准化，细化首问负责制、限时办结制、服务承诺制等制度；强化服务行为标准化，制定45条文明用语、工作人员"十不准"，开展"微笑服务、真诚服务"专题培训；实施特色服务标准化，积极推行一窗受理、帮办代办、延时办理等特色服务；实施硬件设施标准化，着力推进标识标牌、大厅风格、窗口布局、办公用品摆放、窗口人员着装、工作牌制作等方面的标准化；开展效能监察标准化，充分利用电子监察、投诉电话、网络媒体等，畅通家属投诉渠道；形成服务标准化，制定入住流程、职业道德规范、岗位职责、护理服务礼仪规范、工作规范等流程服务手册。上述措施有效满足了多层次、多元化的服务需求，打造了"一张床·医康养"服务品牌，奠定了较好的标准化工作基础。

三是新技术。欣悦健康拥有一支80余人的养老护理团队，2019年，欣悦健康派8名核心成员前往日本知名康养机构映寿会学习，首创"北元介护"模式，讲求"自立支援""循环陪护"，讲求"食药同源、固本培元"，全面提升生命品质。在治疗性家庭病床"一张床·医康养"试点工作中，把这些创新技术，用标准的形式固化下来，实现了科技创新专利化、专利标准化、标准产业化。

欣悦健康全面贯彻落实习近平总书记关于以人民为中心的发展思想，坚持以保障人类生命安全和提高人类健康质量为宗旨，为人们提供全周期、全方位、全过程的生命健康服务，保障人们的生命安全，提高人们的健康质量，从而打造延年益寿、身体长青的健康福地。为此，欣悦健康提出"笃志主动健康事业，孝忠国人生命福祉"的愿景。为实现这一愿景，欣悦健康三管齐下，同时推进机构养老、居家养老、社区养老三种模式。

一是机构养老（又称集中养老）。欣悦健康将旗下的映寿滙康养服务中心打造成服务高端、配套完善、设施先进的长者乐龄之地，做到了康养、就诊随时转换，服务、支援"3分钟"直达，映寿滙4大康养中心300余项医疗康养服务支撑，365×24小时私人医生健康咨询指导，50间豪华套房奢华体验，"一对一"或"多对一"专业、全面、贴心服务，能够充分满足长者从健康活力期、慢病照护期、失能护理期、生命礼赞期的所有养老需求。

二是居家养老。以万物生颐福园为代表的居家养老实行居住与医护联动，24小时私人管家入户服务、365天健康关怀，让现代科技与人文关怀相得益彰。居家养老充分考虑宜居长者的生活需要：适老化的设计，让所有空间及家居均满足无障碍适老化需求；智能的居家养老系统，实现了亲情陪伴、健康管理、生活服务、紧急呼叫等功能集成，品质尊崇的管家入户服务、三级医疗联动的生命健康保障服务。在这里，亲子广场、四季花厅成为必不可少的组成部分，道路明晰、人车分流、建筑合理规划，功能完善布局。

三是社区养老。以社区为载体，以资源嵌入、功能嵌入和多元运作方式嵌入为理念，在社区内嵌入市场化运营的养老机构，整合周边养老服务资源，为老年人就近养老提供专业化、个性化、便利化的养老服务。既可以为社区老人提供送餐、助浴等上门服务，又可以提供日托、常住等护理服务，打造了"养老不离家"的新模式，着力实现社区托养、医养结合、家庭支持、生活服务等"一站式"综合养老服务。

医中有养、养中有医的医养融合发展，是提高老年人生活水平的一条有效路径。在实际推行中，需进一步细化养老服务领域医疗、财政、优惠扶持等政策。相信未来在政策扶持、护理人员培训等方面将会更加完善，欣悦健康也将在建设医养结合模式的道路上不断探索创新，着力打造独具特色的医养结合新"名片"。

附录二　康养中心护理员核心胜任力调查问卷

尊敬的养老护理员：

您好！本次调研的目的是了解康养中心护理员的现状，为以后的培训提供建议。您的所有答案我们会做到绝对保密，请您放心。请您依据个人的情况如实填写，在适当的选项上打"√"或在"＿＿＿＿＿＿"上填写内容。

作答时请勿遗漏，非常感谢您抽出宝贵时间来完成这份调查问卷，谢谢合作。

（一）一般人口学资料

1.性别［单选题］*

○男

○女

2.您的年龄（岁）［填空题］*

＿＿＿＿＿＿＿＿＿＿＿＿＿＿＿＿＿＿

3.您工作的地方［单选题］*

○家乡

○外地

4.您的婚姻状况［单选题］*

○未婚

○已婚

○离异

5.您的学历［单选题］*

○小学及以下

○初中

○高中

○中专

○大专

○本科

○本科以上

6.您所在的岗位[单选题]*

○管理岗（请跳至第8题）

○护理岗

7.您是否持有养老护理员证[单选题]*

○是

○否

8.您的职称[单选题]*

○无职称者

○初级养老员

○中级养老员

○高级养老员

9.用工性质[单选题]*

○正式在编

○聘用合同制

○临时工

10.您的工作年限(年)[单选题]*

○1

○1~3

○4~6

○7~9

○≥10

11.您的月收入(元)[单选题]*

○<2 500

○2 500~4 000

○4 000~7 000

○7 000~10 000

○≥10 000

12.您所在康养中心的名称[填空题]*

(二)康养护理员培训现况

1.你是否参加过相关岗位培训[单选题] *

○A.是

○B.否(请跳至第5题)

2.您所参加的培训主要是由以下哪个机构或团体组织的[单选题] *

○A.养老机构岗前培训

○B.民政部门

○C.培训机构或社会团体

○D.其他_____

3.您所接受的主要培训方式[单选题] *

○A.讲座

○B.理论讲授

○C.现场操作演示

○D.理论＋操作演示

○E.网络学习(视频学习)

4.您入职前的培训时间[单选题] *

○A.≤1周

○B.≤1个月

○C.≤2个月

○D.≤3个月

○E.3个月以上

5.您目前接受培训的频率[单选题] *

○A.每周一次

○B.每两周一次

○C.每月一次

○D.每季度一次

○E.半年一次

○F.每年一次

○G.几年一次

○H.目前工作中未接受过培训

6.工作中您接受业务考核的频率[单选题] *

○A. 每周一次

○B. 每两周一次

○C. 每月一次

○D. 每季度一次

○E. 半年一次

○F. 每年一次

○G. 几年一次

○H. 目前工作中未接受过培训

7.您接受过以下哪种理论知识的培训[多选题] *

☐A. 养老护理职业道德与法律法规

☐B. 老年人基础护理知识

☐C. 老年人常见病症的观察与护理知识

☐D. 老年人心理护理与疏导

☐E. 老年人康复护理知识

☐F. 创伤与急救知识

☐G. 老年人安全知识

☐H 老年人用药知识

☐I. 临终关怀相关知识

☐J. 老年人营养知识

☐K. 养老服务人际沟通

8.您接受过以下哪种技能操作的培训[多选题] *

☐A. 卧床老人更换床单

☐B. 院前急救与心肺复苏术

☐C. 褥疮的预防

☐D. 老年人更换卧位

☐E. 鼻饲与营养

☐F. 排尿与排便(留置导尿集尿袋和肠瘘粪袋的更换)

☐G. 助行器的适用

☐H. 消毒灭菌相关知识

☐I. 床上洗头

☐J. 体温、脉搏、血压、呼吸的测量

9. 您对培训是否满意[单选题] *

○A. 非常不满意

○B. 不满意

○C. 满意

○D. 很满意

○E. 非常满意

10. 您觉得培训需要分层吗[单选题] *

○A. 培训按职称分层

○B. 培训按护龄分层

○C. 培训按照文化程度分层

○D. 培训按照照顾老年人的特点分层

○E. 不需要分层

11. 您认为目前我省养老护理员入职前培训存在的主要问题[单选题] *

○A. 缺乏规范化、针对性的岗前培训

○B. 缺乏相关培训师资与教材

○C. 培训课程体系设置与实际需要存在偏离

○D. 培训内容"重理论、轻实践"

○E 培训内容"重技能、轻理论"

○F. 其他 _____

12. 您认为您/养老护理员应加强以下哪些理论知识[多选题] *

☐A. 职业道德和相关法律知识

☐B. 老年人的日常生活护理

☐C. 老年人急救知识

☐D. 老年人心理护理知识

☐E. 老年人康复护理

☐F. 老年人安全知识

☐G. 老年人用药知识

☐H. 临终关怀相关知识

☐I. 消毒灭菌知识

☐J. 老年人文化知识

☐K. 其他：_____

13. 您认为您/养老护理员应加强以下哪些技能操作[多选题] *

☐A. 清洁卫生、饮食、排泄照护

☐B. 安全用药

☐C. 消毒、灭菌

☐D. 冷热应用

☐E. 急救技术

☐F. 心理护理

☐G. 肢体康复

☐H. 危重病护理

☐I. 病情观察与应变能力

☐J. 其他

14. 您认为影响养老护理员培训效果的因素有[多选题] *

☐A. 养老护理员学历水平

☐B. 养老护理员年龄

☐C. 培训师资水平

☐D. 培训课程设置

☐E. 培训资金投入

☐F. 培训时间安排

☐G. 培训监管力度不足

☐H. 其他 _____

(三)核心胜任力调查

一、个人品质

1.您认为您身边的护理人员是否仪表端庄、服装整洁[单选题] *

○不具备＝1

○小部分具备＝2

○部分具备＝3

○大部分具备＝4

○完全具备＝5

2.您认为您身边的护理人员是否具备沉着自信、动作轻柔的素质[单选题] *

○不具备＝1

○小部分具备＝2

○部分具备＝3

○大部分具备＝4

○完全具备＝5

3.您认为您身边的护理人员是否具备工作态度认真、积极主动的素质[单选题] *

○不具备＝1

○小部分具备＝2

○部分具备＝3

○大部分具备＝4

○完全具备＝5

4.您认为您身边的护理人员是否具备待老人有高度责任感、同情心的素质[单选题] *

○不具备＝1

○小部分具备＝2

○部分具备＝3

○大部分具备＝4

○完全具备＝5

5.您认为您身边的护理人员是否具备团队精神、协作能力的素质[单选题] *
○不具备＝1
○小部分具备＝2
○部分具备＝3
○大部分具备＝4
○完全具备＝5

6.您是否具备对新知识和技术好奇和热心,并尝试学习和理解的素质[单选题] *
○不具备＝1
○小部分具备＝2
○部分具备＝3
○大部分具备＝4
○完全具备＝5

二、沟通能力

7.您认为您及身边的护理人员是否具备口齿清晰、表达清楚的素质[单选题] *
○不具备＝1
○小部分具备＝2
○部分具备＝3
○大部分具备＝4
○完全具备＝5

8.您认为您及身边护理人员是否具备能正确称呼老人、介绍自己的素质[单选题] *
○不具备＝1
○小部分具备＝2
○部分具备＝3
○大部分具备＝4
○完全具备＝5

9. 您认为您及身边护理人员是否具备能运用恰当的沟通技巧与老人有效沟通的素质[单选题] *

○不具备＝1
○小部分具备＝2
○部分具备＝3
○大部分具备＝4
○完全具备＝5

10. 您认为您及身边护理人员是否具备能够协调好与老人、家属、养老机构其他工作人员的关系素质[单选题] *

○不具备＝1
○小部分具备＝2
○部分具备＝3
○大部分具备＝4
○完全具备＝5

三、伦理法规知识

11. 您认为您及身边护理人员是否具备遵守养老机构规章制度的素质[单选题] *

○不具备＝1
○小部分具备＝2
○部分具备＝3
○大部分具备＝4
○完全具备＝5

12. 您认为您及身边护理人员是否具备知晓自己工作职责、权利的素质[单选题] *

○不具备＝1
○小部分具备＝2
○部分具备＝3
○大部分具备＝4
○完全具备＝5

13.您认为您及身边护理人员是否具备具有人道主义精神、公平对待每一位老人的素质[单选题] *

○不具备＝1

○小部分具备＝2

○部分具备＝3

○大部分具备＝4

○完全具备＝5

14.您认为您及身边护理人员是否具备知晓并尊重老人权利的素质[单选题] *

○不具备＝1

○小部分具备＝2

○部分具备＝3

○大部分具备＝4

○完全具备＝5

15.您是否具备知晓养老行业相关法规的素质[单选题] *

○不具备＝1

○小部分具备＝2

○部分具备＝3

○大部分具备＝4

○完全具备＝5

16.您认为您及身边护理人员是否具备出现纠纷时能够及时寻求专业人员帮助的素质[单选题] *

○不具备＝1

○小部分具备＝2

○部分具备＝3

○大部分具备＝4

○完全具备＝5

四、护理知识

17. 您认为您及身边护理人员是否具备说出人体各部位的名称、简要解释人体各器官的主要功能及其老化的特点的素质[单选题] *

○不具备＝1
○小部分具备＝2
○部分具备＝3
○大部分具备＝4
○完全具备＝5

18. 您认为您及身边护理人员是否具备知晓老年人常见的疾病及照护特点的素质[单选题] *

○不具备＝1
○小部分具备＝2
○部分具备＝3
○大部分具备＝4
○完全具备＝5

19. 您认为您及身边护理人员是否具备掌握老人营养需求特点及饮食注意事项的素质[单选题] *

○不具备＝1
○小部分具备＝2
○部分具备＝3
○大部分具备＝4
○完全具备＝5

20. 您认为您及身边护理人员是否具备正确指导老人用药并观察用药后反应的素质[单选题] *

○不具备＝1
○小部分具备＝2
○部分具备＝3
○大部分具备＝4
○完全具备＝5

21.您认为您及身边护理人员是否具备熟悉老人心理特点,给予老人恰当的心理支持和疏导的素质[单选题]＊

　　○不具备＝1
　　○小部分具备＝2
　　○部分具备＝3
　　○大部分具备＝4
　　○完全具备＝5

22.您认为您及身边护理人员是否具备部分养生常识,给予老人生活指导和健康宣教的素质[单选题]＊

　　○不具备＝1
　　○小部分具备＝2
　　○部分具备＝3
　　○大部分具备＝4
　　○完全具备＝5

23.您认为您及身边护理人员是否具备给予临终老人实施临终关怀的素质[单选题]＊

　　○不具备＝1
　　○小部分具备＝2
　　○部分具备＝3
　　○大部分具备＝4
　　○完全具备＝5

五、护理技能

24.您认为您及身边护理人员是否具备根据老人不同的机体情况和自理能力给予护理的素质[单选题]＊

　　○不具备＝1
　　○小部分具备＝2
　　○部分具备＝3
　　○大部分具备＝4
　　○完全具备＝5

25. 您认为您及身边护理人员是否具备掌握各项生活照护技术（口腔护理、床上擦浴、床上洗头、协助更衣、卧床病人更换床单、鼻饲管喂食、便器的使用、尿袋/粪袋的更换、轮椅的使用、拐杖的使用、约束带的使用、保护具的使用、搬运技术、尸体护理）的素质 [单选题] *

　　○不具备＝1
　　○小部分具备＝2
　　○部分具备＝3
　　○大部分具备＝4
　　○完全具备＝5

26. 您认为您及身边护理人员是否具备掌握基础护理技术（七步洗手法、大小便标本的采集、雾化吸入、热水袋的使用、煮沸/浸泡/紫外线消毒法、垃圾分类放置、生命体征测量）的素质 [单选题] *

　　○不具备＝1
　　○小部分具备＝2
　　○部分具备＝3
　　○大部分具备＝4
　　○完全具备＝5

27. 您是否具备掌握部分专业护理技术（肢体/关节被动运动、常用健身器材/理疗仪的使用、简易血糖仪的使用、简易包扎止血法、简易固定法、心肺复苏、吸氧法）的素质 [单选题] *

　　○不具备＝1
　　○小部分具备＝2
　　○部分具备＝3
　　○大部分具备＝4
　　○完全具备＝5